JN312320

スクール
ソーシャルワーク
実習・演習テキスト

米川和雄 編著
Yonekawa Kazuo

北大路書房

執筆にあたり

　本書は，2009年度より，社団法人日本社会福祉士養成校協会（以下，日本社会福祉士養成校協会）にて，認定されたスクールソーシャルワーク教育課程のスクールソーシャルワーク演習科目および実習科目に準拠するように著わされたスクールソーシャルワーク演習および実習のテキストである。本書では，わが国において，まだまだ未確立であり，範囲の狭い業務にとどまってしまいがちなスクールソーシャルワーク（School Social Work：以下，SSW）を，少しでも本来あるべき姿に近づけるために，SSW実践の方法を様々な観点からとらえている。

　なお，本書は教育課程の1科目である「スクールソーシャルワーク論」用のテキストではない。そのため，スクールソーシャルワーク論の教科内容であるSSWの歴史などSSWにおける最低限度の基本的事項を理解している方を対象としている。

客観的援助方法

　まず統計手法の観点は，社会福祉士等の国家資格取得にも必須な事項であり，エビデンス・ベースド・アプローチ（科学的根拠のある援助方法）が求められるソーシャルワーカーにとって重要な援助技術である。

　実際には，スクールソーシャルワーカー（School Social Worker：以下，SSWr）よりも整備が整っている一般のソーシャルワーカーでさえ，統計手法を用いた援助を行っていることは，そう多くはないかもしれない。しかし，心理学等の観点をも必要とする社会科学の応用領域の1つである社会福祉学を専門とするソーシャルワーカーにおいて，効果のある援助を行うためには，主観的なアプローチよりも客観的なアプローチが求められる。最低限度の統計手法の知識は不可欠である。

　SSWで用いる場合，児童・生徒へのアプローチ方法の検討だけではなく，クラス環境や学校環境をアセスメントし，児童・生徒の学校や地域にとって有効な援助計画を検討するためにも用いられる。また理論と実践を合致させるまたは高める"援助方法"は継続して求められるものであり，そのためにも統計手法は重要な援助技術なのである。

予防的・開発的な援助観

　またもう1つの観点は，問題を未然に防ぐ予防的観点，並びに子どものよりよい将来の生活をとらえたキャリア開発的観点である。これらの観点は，不登校や貧困の支援だけがSSWであるというかたよった見方を柔軟にするだろう。SSWは，子ども

たちが学校教育に関わる間だけをとらえた支援ではなく，生涯にわたったウェルビーイング（Well-being）やキャリア発達の観点をももった支援となるべきである。学校教育における様々な関わりや事項が，子どもたちの将来の人生に影響を及ぼすならば，子どもたちが自ら問題や課題を発見し，解決に取り組めるようになるために，われわれ専門職が，すべての児童・生徒を対象として行うべきこととは何かをとらえて活動することも求められる。これが予防的・開発的な観点である。

このとき，SSWrによる支援の対象は，子どもを中心としながらも，教職員，家族，地域機関等も入るということを忘れてはならない。子どもたちの周囲の環境のウェルビーイングが高まれば，子どもたちのウェルビーイングも高まるということが，予防的・開発的な観点の1つといえよう。

ソーシャルアクションとしての書

上記のようにSSWrには様々な観点を含めた専門性が求められる。本書では，この専門性とは何かを少しでも伝えられるように，本来のSSWの基本とは何か，またはSSWにおける課題とは何かを提示するよう工夫されている。これは，SSWrを目指す方々だけではなく，現在，SSWrとして活躍されている方々にとっても，大いに再認識すべき事項の提案となるだろう。

ソーシャルワーカーの基本的スタンスは，エビデンス（科学的根拠）を基盤とした科学的援助技術であるべきであり，応用的スタンスは，ソーシャルワーカー個々のストレングス（長所）を活かすようなアートとされる芸術的援助技術であるべきである。つまり，この科学性と芸術性を併せもったものがソーシャルワーカーといえる。特にSSWrは，ミクロからマクロまでの援助が求められており，援助の基盤構築が必要な点からもこれらの確立および両立が大いに求められる職種といえよう。

以上のように高度な専門性が求められる一方で，その雇用体系については，問題が山積している。SSWrが求められているSSWを実施すべき基盤が脆弱なのである。しかし，SSWrが教育現場に少しでも関心をもたれたということは，わが国のソーシャルワークの新たな側面を生み出す一手になる可能性があり，このような問題をいかに変革させるかを今，われわれが問われているといえよう。

そこで，執筆者一同が今後のSSWの発展，SSWrへの寄与として行うことができるささやかなソーシャルアクションとして本書の執筆にいたった。教育領域における多くの問題や課題，この提起だけでも，SSWに対する，それ以上に児童支援に対する関心を多くの方々にもっていただける機会になると考えたのである。また子どもたちの生活や人生を少しでも輝かせるために，われわれが，これまで蓄積してきたソーシャルワークという援助技術をいかに教育領域で用いるかということを議論いただくだけでもソーシャルアクションの意味があったととらえたい。

本書の用い方

　本書は，大きくSSWrとして必要な一般的な知識，並びにそれを専門性として身につけるべく演習方法とにわかれている。これから実習先に赴く学生には，現場で最低限，想定される専門的事項について，しっかりと学べるように工夫されている。一方，現在，実際の現場に出ているSSWr等には，自己の活動の再認識のために，並びに現在の活動外の点があれば，それを自己の活動の範疇の1つでもあると認識いただくために本書を用いてもらいたい。

　特に教育現場におけるソーシャルワーク活動については，わが国においてまだまだ学習できる場は少ない。そのため，SSWの教育を受けずに悩みながら現場で実践している方々も多い。学生及び実践者が，この点を少しでも克服できるよう，従来のソーシャルワーク教育では学習できない教育領域のソーシャルワークについて，本書では順序立てて紹介している。

　ソーシャルワークの未経験な学生においては，第1章より学習していくことを推奨する。実務経験者においても同様ではあるが，基本的事項の理解がなされている場合は，自己の求めるテーマと同じ内容の章から読まれても構わない。実習を控えている学生においては，第7章は，必須事項であるが，本書全体が実習前までに理解される事項であることと認識いただきたい。加えて，第1章からすでに実習計画作成の準備が始まっていると考えてもらいたい。各章の最後には，演習用の課題や討議事項が示されている。実際の教育課程内の演習での実施がない場合でも各自で検討する意義はある。それが実習目的や目標とつながることもあるからである。さらに第8章には，すべての章と関わりのある諸法制度や諸事項が掲載されている。各章に示される法律や倫理等について関連する事項をその都度確認していくこともSSW実習の準備には必須である。次に各章を紹介する。

各章の概要

　第1章では，ソーシャルワークの定義から，その価値についてとらえ，ソーシャルワークで求められることを概観する。次にその価値を踏まえ，学校領域のSSWrの意義について論じる。さらにSSWの配置形態による業務スタンスの違いについて紹介する。特に児童支援を行う前に自らの配置形態が適切な支援方法となるのかを検討すべきであるという提起は，SSWrの足元をすくわれる痛烈な意識付けともなろう。

　第2章では，SSWの基盤とされているエコロジカルソーシャルワークについてその理解が深められるように，領域（レベル），役割，アプローチの観点から紹介している。個人と環境に働きかける意義や方法について理解できるよう，特に"環境"に関わる様々な観点を紹介している。

　第3章では，SSWにおいて重要な援助技術であるアセスメントの理解が深められるように，SSWの展開過程をソーシャルワークの観点から概観し，さらに虐待，不

登校，いじめ，特別な支援等，SSWにとって主要な諸事項をアセスメントする方法，並びに実践事例におけるエコマップを用いたアセスメントの変化のプロセスを紹介している。これによりアセスメントの理論と実際をつなぐことができるだろう。さらに一般的なアセスメントではとらえきれない児童の心情を理解するために必要な専門的観点についても紹介している。

第4章では，SSWの基本から高度な援助技術の理解が深められるように，ミクロレベルからメゾレベルに関わる業務内容の紹介として，クライエントの把握等に役立つケース記録方法の紹介，そして熟練のSSWrにて実施されるスーパービジョン（supervision：SV）や会議運営のファシリテーション等を紹介している。SVは，実習の場で，学生が受けるものであり，実習をより自己の基本的専門性を高めるために不可欠なものである。将来，学生がスーパーバイザーとなった場合にも役立つ基本事項となろう。

第5章では，SSWrたるべくために自らが何をとらえ，何を行動しなくてはならないのかの理解が深められるように，SSWrのもつべき技量を紹介する。このとき，SSWrの技量を発揮するために学校現場での様々な職種との協働は必須である。そのために，まず協働者の中心となる教師の活動を理解できることが求められることから，教師の実践例を紹介している。さらに教育委員会やスクールカウンセラー等との協働における必要な観点についても紹介している。最後にSSWrに隣接する専門職の業務や実践についての報告を行い，学校支援に重要な資源の理解を深められるようにしている。

第6章では，社会福祉士の国家資格取得に必須となっている統計手法の基礎的な理解が深められるように，SPSSの分析方法等を加えて，調査方法や統計について紹介する。熟練のソーシャルワーカーや教授職でさえ，苦手とする感もある統計分析であるが，個人と環境への援助を行うSSWrにとって，不可欠な専門技術である。心理学領域では，当然のごとく扱われている一方で，社会福祉学領域では，それぞれにとらえかたが異なりやすい事例（個人）にばかり目を向ける傾向がある。この点をわれわれが自覚する必要がある。本書で紹介するSPSSについては，多くの書物で紹介されているため，本書においては，最低限度の統計分析の理解を深めることに焦点を置く。

第7章では，実習過程の理解が深められるように，実習前，実習中，実習後のそれぞれにおける実習生に求められる事項を紹介している。たとえば，学校等での実習の心構えや条件，また実習を有効な体験に結びつけるための記録方法等について紹介している。実習は学生にとって，大きなストレスの1つではあるが，SSWrとして自分自身が相応しいかどうかを判断する材料となるだけでなく，実習生の大きな成長をうながす道筋ともなる。実習生は，学生であっても実習先では，教育者の1人としてみなされるということを心して，本章の理解を深める必要がある。なおSSWr育成と

までいたっていない状況が多い中だからこそ，従来の社会福祉現場実習以上に，実習先への対応を慎重にすることが求められる。最後にSSWrに求められる資質について，実際の実習先及び採用側の考えを紹介する。

第8章では，教育領域でのソーシャルワーカーの意味や根拠の理解が深められるように，ソーシャルワーカーの倫理だけではなく，現状の児童の諸問題や関連する法制度を紹介している。特にSSWrの活動範囲は広いことから，従来の社会福祉法制度の範囲を広げて理解する必要がある。たとえば，教職員支援においては，労働安全衛生法やメンタルヘルスケアに関する事項の理解が求められる。

教育領域のソーシャルワークへの壁

以上が本書の概要であるが，各章では，個人と環境との接点に関わるソーシャルワークの観点から，その醍醐味の1つである子どもの環境に関わる援助方法（ミクロからマクロまで）について焦点を当てている。個別的援助技術の実施といえど，SSWrが単体で動き，終了することは稀である。なぜなら，SSWrは，援助対象となる子どもの状況・環境をとらえるために，必ずや子どもの周囲の人たちに直接的に，または間接的に働きかけるからである。また個人を対象としたどのような傾聴の仕方があるか等の基礎的事項は，ソーシャルワーカーの国家資格取得前に学習しているという前提をおいている。とはいえ，どんなに熟練のソーシャルワーカーでさえも活動領域が異なった場合は，1つひとつの活動の選択に迷いや不安が生じることはある。なかでも子どもの環境に関わる援助については理解しづらい点でもあり，SSW実践における大きな壁とも言えよう。

そこで，本書では，特に多くのソーシャルワーカーがぶち当たるだろう「教育領域のソーシャルワークへの壁」と考えられる"環境に関わる援助方法"について，理解が深められるように配慮したのである。

多くのテキストにあたり前のように掲載される環境を改善していくことが含まれる"ソーシャルアクション"ではあるが，実際はすぐに改善へ向けられるほど容易なことではない。様々な援助方法が求められるSSWにおいては，その場に応じたソーシャルワーク実践の一歩一歩の積み重ねが環境の変革，そしてウェルビーイングの向上にいたらせることが多い。

文部科学省への批判，学校（教育委員会）への批判，教職員への批判，家族への批判，子どもへの批判が氾濫する中，批判ではなく，ソーシャルワークにより，すべてのウェルビーイングを向上させるという情熱を科学的に，そして芸術的にいかに注ぐか（いかにエンパワメントするか）が，今後のSSWrに大いに求められるであろう。本書が，そのための一助となることを期待している。

米川和雄

目　次

執筆にあたり　*i*

第 1 章　ソーシャルワークの価値とスクールソーシャルワーカーの意義　*1*

第 1 節　ソーシャルワークの価値　*1*
1. ウェルビーイングの増進を目指す専門職　*1*
2. 予防的援助・開発的援助　*2*
3. ソーシャルワークの基盤的価値と手段的価値　*3*

第 2 節　スクールソーシャルワーカーの意義　*4*
1. スクールソーシャルワーカー導入の経緯　*4*
2. スクールソーシャルワーク教育課程の実施　*6*
3. スクールソーシャルワーカーによる人々への意義　*9*
4. スクールソーシャルワークの定義　*10*

第 3 節　スクールソーシャルワーカーの配置形態　*10*
1. 配置形態の分類についての留意点　*10*
2. 派遣型と配置型　*11*
3. 教育行政所属スクールソーシャルワーカーの特性　*12*

第 2 章　エコロジカルパースペクティブ―スクールソーシャルワークの人と環境の交互作用　*23*

第 1 節　スクールソーシャルワーク実践におけるエコロジカルな視点　*23*

第 2 節　人と環境との交互作用に注目したエコロジカルソーシャルワーク　*25*

第 3 節　エコロジカルな視点における環境因子　*26*

第 4 節　エコロジカルな視点の諸要素　*27*
1. 交互作用と適応　*27*
2. コーピングと防衛機制　*27*
3. 生息地と適所　*29*
4. 時間と空間　*29*

第3章　学校環境のアセスメント―包括的アセスメントを活かした視点　*33*

第1節　ソーシャルワークのアセスメント　*33*

第2節　生徒のアセスメント：家庭環境を視野に入れて　*35*
1. 児童虐待　*35*
2. いじめ　*36*
3. 不登校　*40*
4. 発達支援（特別支援）　*43*

第3節　学校環境のアセスメント　*45*
1. 学校風土のアセスメント　*46*
2. ジェノグラムとエコマップ　*47*

第4節　エコマップを用いたアセスメント事例　*49*
1. 実践事例　*49*
2. スクールソーシャルワーカーの役割とエコマップの変化　*53*

第5節　包括的アセスメントの意義とアセスメントシート　*55*
1. 包括的アセスメントの視点　*55*
2. 包括的アセスメントの具体例　*56*

第6節　アセスメントにおける専門的視点とその展開方法　*60*
1. ソーシャルワークとは何か　*60*
2. ニーズのアセスメント　*60*
3. 介入のテクニック―現象・背景技法　*61*

第4章　スクールソーシャルワークの諸業務　*71*

第1節　ケース記録の意義と方法　*71*
1. 記録の意義　*71*
2. 記録の方法　*72*
3. 記録の内容　*72*
4. 記録の文体　*73*
5. 実習生は「習うより，慣れる」つもりで　*74*

第2節　スーパービジョン　*76*
1. スーパービジョンとは　*76*
2. スーパービジョンの機能　*77*
3. スーパービジョンの実際　*77*

第3節　コンサルテーション　*79*
1. コンサルテーションとは　*79*
2. スーパービジョンとの違い　*80*

第4節　ファシリテーション（ケース会議の展開）　*81*
 1.　ファシリテーションとは　*81*
 2.　ケース会議の実際　*81*

第5節　教師（教職員）のメンタルヘルス支援　*86*
 1.　教師の「心の健康」の現状　*86*
 2.　教師のメンタルヘルス悪化の要因と背景　*87*
 3.　有効な教師支援のあり方とは　*88*
 4.　スクールソーシャルワーカーによる教師支援　*89*

第5章　スクールソーシャルワークとその職務がもつ目的と課題　*95*

第1節　学校教育におけるソーシャルワーク　*95*
 1.　学校や教育機関で働くための「構え」と知識・技能　*95*
 2.　スクールソーシャルワーカーの位置と求められる技能と課題　*96*
 3.　「教師の専門性を支えていくこと」とは何か　*99*
 4.　教師による生活指導や学習指導へのとらえ方　*101*
 5.　生活指導教師の実践から学ぶこと　*102*

第2節　子どもの支援者との協働の実際と課題　*104*
 1.　教育委員会との協働　*104*
 2.　担任との協働　*104*
 3.　スクールカウンセラーなどとの協働　*105*
 4.　チーム会議での協働　*105*
 5.　児童相談所などの地域行政機関との協働　*106*
 6.　非専門職などの地域資源との協働　*107*

第3節　学校教育に関わる様々な専門職の実践　*108*
 1.　教育相談員①　*108*
 2.　教育相談員②　*109*
 3.　学習支援指導員　*111*
 4.　キャリアカウンセラー（キャリア教育支援コーディネーター）　*112*
 5.　相談員（スクールカウンセラー補佐）　*114*

第6章　社会福祉調査統計法　*117*

第1節　社会福祉調査とは　*117*
 1.　社会福祉調査の目的　*117*
 2.　社会福祉調査の分類　*118*

第2節　量的データの分析　*122*
 1.　統計解析ソフト　*122*
 2.　データの入力　*122*
 3.　データの分析　*124*

第3節　質的データの分析　*129*
 1.　代表的な質的データの分析方法　*129*
 2.　グラウンデッド・セオリー・アプローチ　*130*

第4節　予防・開発的要因の同定　*132*
    1. 生きる力を育むための調査　*132*

第7章　スクールソーシャルワーク実習　*135*

第1節　実習の心構えと準備　*135*
    1. ソーシャルワーク実習とスクールソーシャルワーク実習　*135*
    2. スクールソーシャルワーク実習の特性　*136*
    3. 実習の課題（「なぜ実習に行くのか？」）　*137*
    4. 実習の流れ　*138*
    5. 『教育上の流れ』において行うこと―スーパービジョンを含めた視点　*139*
    6. 『事務上の流れ』において行うこと　*143*

第2節　実習課題の設定　*145*
    1. 課題設定前の実習先の理解　*145*
    2. スクールソーシャルワーカーの配置形態別スケジュール　*146*
    3. 実習計画立案の方法　*148*

第3節　実習記録と記録方法　*150*
    1. （スクール）ソーシャルワークにおける実習記録の意義　*150*
    2. 実習における記録　*150*

第4節　実習または採用時に求められるスクールソーシャルワーカーとしての資質　*154*
    1. 業務に対する志，使命感，目的意識など業務遂行の根幹を成す資質　*155*
    2. 情報収集力や関係調整力など組織的対応を推進するために基本となる能力　*155*
    3. 学校教育や学校文化への知識・理解と共感　*155*
    4. より高い専門性を発揮するために必要となる発展的能力　*156*

第8章　スクールソーシャルワークに関わる法律と諸問題　*175*

第1節　ソーシャルワークに関わる根本的な法律・制度　*175*
    1. 日本国憲法　*175*
    2. 社会福祉法　*176*
    3. 社会福祉六法　*177*
    4. 地域福祉計画　*178*

第2節　ソーシャルワークの専門職に関わる倫理と法律　*179*
    1. ソーシャルワーカーの倫理綱領　*179*
    2. 社会福祉士及び介護福祉士法　*179*

第3節　児童家庭に関わる法律・制度と諸問題　*181*
    1. 児童の権利に関する条約　*181*
    2. 児童福祉法　*182*
    3. 虐待に対する児童の権利擁護　*183*
    4. DV防止法　*185*
    5. 少年法　*186*

第4節　教育に関わる法律・制度と諸問題　*188*

1. 教育基本法　*188*
2. 特別支援教育　*189*
3. キャリア教育　*191*
4. 学校生活における諸問題　*193*

第5節　心身の健康に関わる法律・制度と諸問題　*196*

1. 健康増進法　*196*
2. 精神保健福祉法　*198*
3. 労働安全衛生法，並びにメンタルヘルス　*198*
4. ストレスと精神疾患　*199*
5. 自殺対策基本法　*199*
6. 学校コミュニティの危機と支援　*201*

引用・参考文献　*204*

索引　*211*

第1章 ソーシャルワークの価値とスクールソーシャルワーカーの意義

　本章では，第1節で，ソーシャルワークの価値について紹介し，第2節で，そのような価値をもつスクールソーシャルワーカー（以下，SSWr）の意義について論じ，本書におけるスクールソーシャルワーク（以下，SSW）の定義を行う。さらに第3節で，SSWrの配置形態や特性，そして全国動向等を紹介する。

第1節　ソーシャルワークの価値

1. ウェルビーイングの増進を目指す専門職

　ソーシャルワークの価値を論じる上で，必ず示されるものに2000年7月に，カナダのモントリオールにて採択された国際ソーシャルワーカー連盟（IFSW）のソーシャルワークの定義がある（2001年5月にコペンハーゲンで国際ソーシャルワーク学校連盟とともに合同合意したときをソーシャルワークの定義の出発点とする）。本項では，この定義を中心に，ソーシャルワーカーの倫理綱領等を踏まえ，ソーシャルワークの価値に迫ることにする。

表1-1　ソーシャルワークの定義（IFSW，2000）

ソーシャルワーク専門職は，人間の福利（ウェルビーイング）の増進を目指して，社会の変革を進め，人間関係における問題解決を図り，人々のエンパワーメントと開放を促していく。ソーシャルワークは，人間の行動と社会システムに関する理論を利用して，人びとがその環境と相互に影響し合う接点に介入する。人権と社会正義の原理は，ソーシャルワークの拠り所とする基盤である。

　特に表1-1ソーシャルワークの定義の下線部についてとらえることで，本書のSSWの基本的観点を理解することができる。なお訳は，日本ソーシャルワーカー協会，日本社会福祉士会，日本医療社会事業協会で構成するIFSW日本国調整団体によって2001年1月26日に決定された。

　定義から理解できる点で重要な点を以下に著わす。まずソーシャルワークの基盤には"人権と社会正義"があるという。これは，"人間としての権利"や日本という限られた国だけではない"人間社会の正義"を重んじるということである。次にソーシャルワークの目指す"人間のウェルビーイング（well-being）の増進"は，クライエントの生活の質を高めることに関連するが，核となる意味は，人の存在（being）の向上（well）であり，単に物質的な向上を目指すものではない。次に"問題解決を

図る"から，ソーシャルワークでは，治療ではなく問題解決に焦点を当てているということがわかる。また"人々のエンパワメントと開放をうながしていく"から（以下，エンパワメント），エンパワメント・アプローチや開放（その人の持つ力の開放と推察する）を行う専門職であると理解されよう。また"人々がその環境と相互に影響し合う接点に介入する"から，ソーシャルワークは個人と環境に働きかけるということになる。

以上のことは次の解説から，より広範囲な解釈へ繋がる。

●解説

> 様々な形態をもって行われるソーシャルワークは，人びととその環境の間の多様で複雑な相互作用に働きかける。その使命は，<u>すべての人びとが</u>，<u>彼らのもつ可能性を十分に発展させ</u>，その生活を豊かなものにし，かつ，<u>機能不全を防ぐことができるよう</u>にすることである。したがってこの意味で，ソーシャルワーカーは，社会においての，かつソーシャルワーカーが支援する個人，家族，コミュニティの人びとの生活にとっての，変革をもたらす仲介者である。ソーシャルワークは，<u>価値，理論，および実践が相互に関連しあうシステム</u>である。

2. 予防的援助・開発的援助

解説では，"人々の可能性を十分に発展させる"とある。これは，SSWでは子どもの可能性を十分に拡げ，育てるような支援をすることに繋がる。言い換えれば，子ども個々がもつ能力を開発することに関連するだろう。SSWの場合，虐待等で様々な可能性が妨げられている子どもの権利を擁護すること，また学習支援を含めた学習の保障等があてはまるだろう。現在では，小学校からキャリア教育が求められていることから，キャリア開発もあてはまるといえよう。特に生涯発達の観点からもキャリア開発は注目されているため，以下にキャリアについて紹介する。

『キャリア』とは「個々人が生涯にわたって遂行する様々な立場や役割の連鎖及びその過程における自己と働くこととの関係付けや価値付けの累積」とされる（文科省，2006）。たとえば学校の委員会活動も役割や働くことに関係するという考えである。加えて，キャリアは人生に関わることから，ライフキャリアともいわれる。そして，『ライフキャリア開発』は，「人生における役割，環境，出来事の相互作用と統合を通じて行う，全生涯にわたる自己開発」とされる（菊池，2008）。キャリア開発が学校でなされているかを見きわめることが間接的支援として，今後のSSWrに求められるだろう。なおSSWrが行うキャリア開発活動としては，子どもが将来にわたって不可欠な社会性を身に付けられるようなピアサポートプログラム（仲間［peer］を支えるための訓練と実践）等の実施が考えられる。

次に"機能不全を防ぐことができるようにする"とあるが，これはまず心身の機能不全を防ぐという予防的援助として解釈される。加えて，より広い観点からとらえれば，機能不全には，社会機能の不全を要因とした人々の機能不全も考えられる。これ

は，学校機能や家庭機能等の不全を防ぐということになるだろう。問題が起きてからの対応ではなく，問題を未然に防ぐこともSSWには求められるのである。

> 【情報プラス1】
> 「スクール（学校）ソーシャルワーク（school social work）」と「学校におけるソーシャルワーク（social work [service] in school）」という2つの用語法がある。これらの違いについて，前者は，学校や教育関係者の福祉的機能・役割の開発ないし「復権」，あるいは「学校環境の福祉化」を問い，後者は学校という実践現場に求められる有益な社会福祉援助の考え方や諸技術を問うものである。いずれにせよ，ソーシャルワークが学校や家庭（地域）に根ざすためには，ソーシャルワークと学校教育（教育技術）とを橋渡しするものに着目する必要がある。それは子どもの自立と成長・発達である。
>
> （情報提供　鈴木庸裕）

3. ソーシャルワークの基盤的価値と手段的価値

さらにソーシャルワークは，"価値，理論，実践が相互に関連しあう"という。これは，ソーシャルワーク実践が新たな理論や価値を紡いでいくということで，たとえば科学的根拠をもつ理論の構築により，これまでにない新しい視点を提供すれば，実践の方法に変化を与えるということと考えられる。これが価値の進化や浸透を進ませるといえる。もちろん価値から理論や実践に与える影響もあるだろう。なお，このときの科学的根拠には，本書でも触れる統計手法が必須となる。

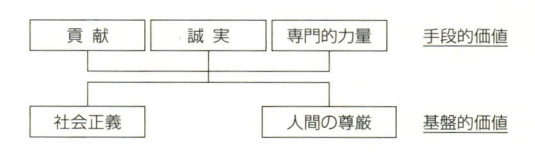

図1-1　ソーシャルワーカーの価値

価値においては，図1-1のように基盤的価値と手段的価値がある。これは，日本ソーシャルワーカー協会（JASW）のソーシャルワーカーの倫理綱領の価値と原則から，よりとらえることができる（表1-2）。

人間の尊厳では，すべての人がかけがえのない存在であり，それを尊重することが示され，社会正義では，それが自由，平等，共生に基づくものであることが示されている。また誠実は，単に人に対して誠実というものではなく，倫理に対して誠実が求められるとされる。つまり，目の前の人に誠実であるだけではソーシャルワーカーとしての価値を示していないとされよう。専門的力量には，専門性を発揮できるだけのものが自分に内在していることが前提であり，継続して高めていくことが求められて

表1-2 ソーシャルワーカーの価値と原則（JASW, 2005）

Ⅰ 人間の尊厳
　ソーシャルワーカーは，すべての人間を，出自，人種，性別，年齢，身体的精神的状況，宗教的文化的背景，社会的地位，経済状況等の違いにかかわらず，かけがえのない存在として尊重する。
Ⅱ 社会正義
　ソーシャルワーカーは，差別，貧困，抑圧，排除，暴力，環境破壊などの無い，自由，平等，共生に基づく社会正義の実現をめざす。
Ⅲ 貢献
　ソーシャルワーカーは，人間の尊厳の尊重と社会正義の実現に貢献する。
Ⅳ 誠実
　ソーシャルワーカーは，本倫理綱領に対して常に誠実である。
Ⅴ 専門的力量
　ソーシャルワーカーは，専門的力量を発揮し，その専門性を高める。

いる。スクールソーシャルワーク教育課程（以下，SSW教育課程）で言えば，単位取得だけすればよいというものではないが，しっかりと課程を修了できるだけの力があるということが求められる。SSW教育課程の認定は，社会福祉士または精神保健福祉士の国家資格取得を前提にしており，本来であれば，大学院並みの教育課程ともいえよう。貢献については，表1-2の通りである。以上のことからソーシャルワークの価値としての重要点が表1-3である。

表1-3 ソーシャルワークの価値

①ソーシャルワークは，人間の尊厳（人権）及び社会正義を基盤的価値とし，その実現に貢献する。
②ソーシャルワークは，人々と社会の福利（ウェルビーイング）を目指している。
③ソーシャルワークは，個人だけを対象とした援助ではなく，社会（地域社会）をも対象としている。
　個人（人びと）と環境（社会）との相互作用に働きかける。
④ソーシャルワークは，治療ではなく，問題解決を行う。またソーシャルワークは，予防的援助，並びに開発的援助を行う。その観点の1つとして，個人から社会までの機能不全の予防，またはキャリア開発がある。
⑤核となる援助方法の観点としてエンパワメントや開放がある。

第2節　スクールソーシャルワーカーの意義

1. スクールソーシャルワーカー導入の経緯

　SSWを主として行う専門職は，ソーシャルワーカーである。これには，社会福祉士や精神保健福祉士が該当する。社会福祉士では，「増大する，老人，身体障害者等に対する介護需要」に対応するために，「誰もが安心して，老人，身体障害者等に関する福祉に対する相談や介護を依頼することができる専門的能力を有する人材を養成，確保」することを目的として，1987年に「社会福祉士及び介護福祉士法」が成立したという経緯をもつ（塩谷，2009）。加えて，医療領域を含まない職種ともされた。一方，精神保健福祉士では，「増加する精神障害者の社会的入院からの社会復帰」に

対応するために,「精神保健の向上及び精神障害者の福祉の増進に寄与することができる専門的能力を有する人材を養成,確保」することを目的として,1997年に「精神保健福祉士法」が成立したという経緯をもつ。精神保健福祉士は,主として対象となる精神障害者に医療と社会生活の双方の支援が求められることから,医療と福祉を結ぶソーシャルワーカーとされた。しかし,双方のソーシャルワーカーの目的からもわかるように児童というよりもむしろ高齢者または精神障害者を対象とした資格制度という印象があった。

児童福祉に関わる施策においては,1990年代以降,少子化にも関連し,様々な実施がなされていった。なかでも2000年の「児童虐待の防止等に関する法律(児童虐待防止法)」,2001年の「配偶者からの暴力の防止及び被害者の保護に関する法律(DV防止法)」,2004年の「発達障害者支援法」は,教育領域においても密接に関連する法律となった。特に知的障害や精神障害でなくとも日々の生活に困難性をもつ児童や若者等の支援に注目された。これには,2002年に実施された文部科学省の調査にて,特別な支援を要すると推定される児童が6.3%いたことに影響を受けたとされる(文科省,2003)。この後,2007年の改正学校教育法に特別支援教育が位置づけられた。

このような児童支援に注目される大きな流れの中で,学校という教育領域を専門とするソーシャルワーカーの導入が求められた。特に家庭,学校と福祉を繋ぐ不登校支援の担い手として注目された。結果として,2000年以降,兵庫県赤穂市,茨城県結城市,香川県,大阪府,群馬県等におけるSSWrの導入と相まって,2008年スクールソーシャルワーカー活用事業へといたった(表1-4参照)。本事業では,30を超える都道府県(自治体)における導入がなされた(日本学校ソーシャルワーク学会,2009)。なおSSWrの雇用条件では,「社会福祉士や精神保健福祉士等の福祉に関する専門的な資格を有する者が望ましい」とされた。

表1-4 スクールソーシャルワーカーの職務(業務)内容

---
①問題を抱える児童生徒が置かれた環境への働きかけ
②関係機関等とのネットワークの構築,連携・調整
③学校内におけるチーム体制の構築,支援
④保護者,教職員等に対する支援・相談・情報提供
⑤教職員等への研修活動等
⑥学校を基盤に,教師等と協働した,ソーシャルワークの展開
⑦学校,教師,教育機関へのソーシャルワークの方法技術や相談援助技法,アセスメント,スキル等の提供
⑧ケース会議を学校内外に定着させ,関係者がチームで対応する組織やシステム,社会資源の構築
⑨学校が主体となる児童生徒支援のサポート

注:①〜⑤:文科省(2009) ⑥・⑦:岡本(2009)を修正;⑧・⑨:鈴木庸裕より情報提供

2009年度からはスクールカウンセラー(School counselor:SC)と同様に国庫事業化されたものの財源を同じくするため,その逼迫から,導入の混迷期にいたったとも

される。

　SSWrの導入の目的は，自治体により様々であるがおおむね包括的に児童，家庭並びに学校を支援するという内容である。神奈川県を例に取れば，「小学校等に社会福祉援助技術者を配置し，家庭環境や地域環境等に起因するいじめや不登校，暴力行為，児童虐待など児童の問題行動等に対し，福祉事務所や児童相談所，警察署などと連携しながら，課題解決を図るための社会福祉援助技術者の活用方法等に関する調査研究」としてモデル校へのSSWrの配置（2008年度）がされた（岡安，2009）。さらに2009年度以降も配置され，スーパーバイザーも導入された。

2. スクールソーシャルワーク教育課程の実施
(1) ソーシャルワーク専門職の1つの課程

　以上のようにソーシャルワーカーが教育分野へ導入されるにいたったが，学校援助という点での専門性をいかに担保していくかの課題があった。そこで，2009年度より日本社会福祉士養成校協会が認定するSSW教育課程が実施されることとなった。

　SSW教育課程におけるスクールソーシャルワーク専門科目群を表1-5に示した。その他の認定に求められる科目は，教育関連科目群として「教育原理」や「発達心理学」等の教育の基礎理論に関する科目，追加科目として「児童や家庭に対する支援と児童・家庭福祉制度」及び「精神保健学」がある。関連科目群等の名称や履修条件は，SSW教育課程を実施する養成校（学校）により異なる可能性があるため，詳細は各養成校に問い合わせいただきたい。なおSSW教育課程認定には，社会福祉士または精神保健福祉士の登録が前提となる。

表1-5　スクールソーシャルワーク専門科目群の教育内容（日本社会福祉士養成校協会，2010）

科目群	教育内容
スクールソーシャルワーク論	SSWrの必要性について，今日の学校教育現場の実態やSSWの専門性から理解する。具体的学習事項としては，SSWにおける価値，倫理，歴史（海外を含む），理論と方法等があげられる。
スクールソーシャルワーク演習	ミクロレベルからマクロレベルまでのSSWの観点と技術を養う。具体的演習事項としては，アセスメント，プランニング，援助の実行の他，ケース会議，コンサルテーション，スーパービジョン等があげられる。
スクールソーシャルワーク実習指導	実習の事前から事後までを通して，教育現場を理解するため，SSWの観点と技術を習得するための個別的・集団的指導を行う。具体的指導事項としては，援助技術の他，マナー，実習計画，実習記録や課題把握等があげられる。
スクールソーシャルワーク実習	教育現場における各機関や各法制度等の実際，SSWrの観点と技術の実際について，体験的に学び，理解を深める。具体的実習事項としては，個別面接，ケース会議や外部機関等の体験または見学等があげられる。

　本課程の位置づけにおいては，図1-2のソーシャルワーク専門職の諸資格制度の再編成が参考になる。基本的な専門資格として社会福祉士を置き，特化した専門職と

して，領域別（精神保健，医療，高齢者，障害者，児童家庭，スクール，司法）でのソーシャルワーカーと機能別でのソーシャルワーカー（権利擁護，退院・対処，虐待，就労）とで，それぞれの教育を受けるという構想である。

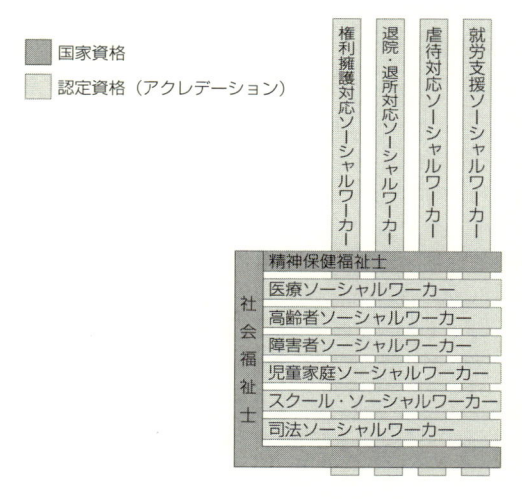

図1-2　ソーシャルワーク専門職の諸資格制度の再編成
（日本学術会議社会学委員会社会福祉学分科会，2008）

（2）基本的な専門性

社会福祉士という基礎資格から，SSWrの基本姿勢を示す指標になるものとして，2007年度に見直された（「社会福祉士及び介護福祉士法等の一部を改正する法律」）があげられる。この改正では，法律第2条第1項，並びに第47条第1項において，社会福祉士が，福祉に関わるサービス提供者（医師を含む）との連携及び調整を行うことが加えられた。また第47条第1項では，地域に即した創意と工夫を行うことも示され，地域をとらえた広範囲な業務を行う専門職としての規定がなされた。近年では，児童相談所等の児童福祉機関や発達障害者支援センター等の地域機関との関わりが当然のように求められている。さらに精神科病院等の医療機関との連携から，社会福祉士には医療保健領域の専門性も求められている。これらの点については，SSWrという特化した専門性に関わらずソーシャルワーカーの国家資格取得段階で，基本的に獲得している専門性であるということになる。

また新たに加えられた法的義務には，個人の尊厳を保持し，誠実に業務を行わなければならないとする誠実義務，サービスの総合的提供をするための地域福祉の増進への働きかけを視野に入れた連携義務，そして自己研鑽義務という3つがある。これらは，ソーシャルワークの価値にも通じ，SSWrにとっての基本姿勢となろう。

(3) 心理学も専門性の1つ

SSWrにとって必須となる専門性の1つにカウンセリング等を含む心理学的援助または心理学がある。特に財源的な問題から，わが国では，SSWrが配置される学校には，SCが配置されないという場合もあり，SSWrがSCのような業務を求められることもある。特に学校は，エコロジカルな関わりを行う最たる場所であるとされ，様々な相互作用を促進させるために，SSWrには，社会福祉学に限らず，広く隣接領域における専門性が求められる。ただし，SSWrは臨床心理士ではないので，心のケアが必要なのか，環境調整が必要なのか等をアセスメントし，単に受け皿がないために，求められるままに，それに準ずる援助者とならないようにする必要がある。

また一般的に臨床心理学が心理学であるというような認識がされることもある。しかし，心理学にも多くの領域があり，基礎的な心理学の上には，前述したソーシャルワーカーの諸資格制度の構想と類似し，特化し積み重ねられる領域と分野がある。SSWrであれば，このようなマクロ的な観点で心理学の専門性をとらえていくことも必要である。

図1-3は，基礎心理学（学習心理学，認知心理学，社会心理学と発達心理学などで基礎的な事項）をベースにし，各心理学に特化した領域と発達段階という分野を仮定し，筆者が作成したものである。このようにとらえると心理学を専門とする者がどのような領域に特化して専門性を積み重ねてきたかによって，その在り方に大きな違いが出ることがわかる。つまり心理士によって心のケアという個別的な援助を重要視する者もいれば，地域に働きかけることを重要視する者もいるということである。

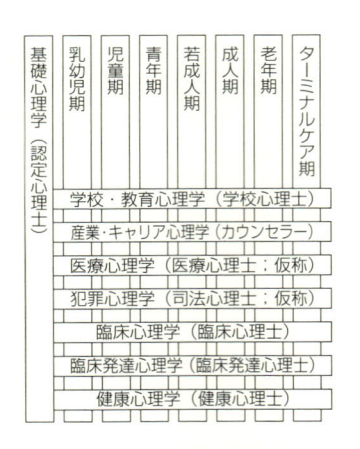

基礎心理学（認定心理士）	乳幼児期	児童期	青年期	若成人期	成人期	老年期	ターミナルケア期
	学校・教育心理学（学校心理士）						
	産業・キャリア心理学（カウンセラー）						
	医療心理学（医療心理士：仮称）						
	犯罪心理学（司法心理士：仮称）						
	臨床心理学（臨床心理士）						
	臨床発達心理学（臨床発達心理士）						
	健康心理学（健康心理士）						

図1-3 心理学専門職の諸資格制度

心理学を1つの専門性とするソーシャルワーカーは，基礎的な心理学は最低限理解されているといえよう。さらに言えば，SSW教育課程は，学校心理士のように学校

に特化した専門職の養成課程といえよう。ただし，本課程は資格認定のための課程ではない。

3. スクールソーシャルワーカーによる人々への意義

　前述のような価値及び専門性をもつソーシャルワーカーが，学校にて活動するというのには，様ざまな意義がある。1つには，児童，個人だけではなく，その児童が所属するクラスや家庭に対する関わりをもつことによる有効な問題解決，予防促進，並びにキャリア開発にいたらせるという児童にとっての意義，1つには，児童の周囲で悩みや問題をもつ人たちをも支援対象としていることから，たとえば，保護者や教師等という関係者への意義，これには地域に貢献するという点から地域の意義へも到るだろう。

　さらにアメリカのSSWでは，教育の目標達成に貢献するという考えももっている。このようにSSWをとらえれば，教育効果の促進という点から，教育の意義をももつだろう。たとえば，文部科学省では，生きる力を育むということを掲げており，SSWrがこれに貢献するということが考えられる。もちろん，問題解決能力を育むこと，またキャリア開発に貢献することそのものが生きる力の促進ともなる。

　最後に，ソーシャルワーク並びにソーシャルワーカーへの意義がある。これまで，教育分野でのソーシャルワーカーの活用は，わずかな取り組みであった。しかし，活用の場が広がることにより，新たなソーシャルワーク並びにソーシャルワーカーの在り方，または専門的な在り方を紡ぎだすことになろう。そして，これからソーシャルワーカーを目指す人たちにとって，新しい雇用の機会を生むことにもなるだろう。

　さて，すでにSSWrが地域に知られているようなアメリカにおいては，SCとSSWrの業務内容が近似しているにもかかわらず芝生争いはあまりないという報告がある（Agresta, 2004）。そして，仕事内容の決定は，基礎資格で決定するというよりは，なにを専門としているかで決定するというようである（米川，2009）。つまり，どんな資格をもつかではなく，なにができるかで異なってくるというのである。これは基礎資格である社会福祉士（心理士で言えば，認定心理士と仮定できよう）ではなく，特化した領域の専門性が問われているとも解釈される。

　上記の報告は，今後のわが国のSSWrとSCにも大きな示唆を与える。たとえば，導入期においては，それぞれがおのおのの専門性を確立する。定着期は，双方が影響を受け，切磋琢磨し，より類似した支援内容へと歩み寄る。開発期では，個々人の専門的な部分での学校貢献にいたる。このように考えるとSSWrの導入は，SC等の学校専門職の援助技術の向上をもたらせる可能性がある。つまり，SSWという範囲にとどまらず学校援助技術の質を高めるのである。SSWrの導入は，単に1つの学校専門職が増えるという以上の存在意義を示すかもしれない。

4. スクールソーシャルワークの定義

表1-6に本書におけるSSWの定義を示す。

表1-6 スクールソーシャルワークの定義

スクールソーシャルワークは，教育の目標達成の貢献を念頭に置き，子どものウェルビーイング，並びにその関係者（環境）のウェルビーイングを高めるために，教育領域にて行われるソーシャルワークのことである。その特徴としては，社会福祉学を基盤とし，個人と環境との交互作用に働きかけ，児童に関わる問題の解決，問題の予防，キャリア開発等を行うことがあげられる。

これは，わが国のSSWを捉えた定義である「児童生徒が学校生活を円滑に送れるようにするために，また，教師や学校組織が充実した教育活動を展開できるようにするために，SSWrが児童生徒や家庭，学校，地域社会に介入し支援していくための方法・技術である」（大崎，2008），並びにSSWrを捉えた定義である「ソーシャルワークの専門知識を所持し，その理念に基づいて，子どもの問題に生活の視点で関わり，学校という場を実践基盤とする専門職である」（日本社会福祉士養成校協会，2008）を包含しているだろう。加えて，アメリカのSSWにおける「教育の貢献，問題の予防的援助，子どもの可能性の開発」をも含むだろう（Allen-Meares, Washington & Welsh, 2000）。

このような考えから，ウェルビーイングには，SSWrが子どもの生活の質（存在の質）を高めるという子どもを客体者とする見方よりもむしろ，子ども自身が問題を解決し，または将来にわたって自らの力を発揮できるような能力を育成するという主体者となる見方があるといえるだろう。このとき，SSWには子どもが主体者となるための機能を環境がもつように援助していくことも含まれる。

第3節　スクールソーシャルワーカーの配置形態

1. 配置形態の分類についての留意点

全国調査（章末の資料1参照）を通して，SSWrの配置形態においては，同様の配置形態にもかかわらず「派遣型」とこたえる自治体もあれば，「配置型」とこたえる自治体もあった。これは，訪問するか否かといった「支援方法」に着眼しているか，学校に配置されるか否かといった「配置場所」に着眼しているかといった着眼点の違いに原因がみられた。

支援方法に着眼し，派遣型と配置型に分類するのであれば，現行の配置形態に矛盾が出る。というのも支援方法としての「派遣」つまり訪問し支援することと「配置」つまり待機し（来所してもらい）支援することは，対象者を支援する上で互いに補完しあうものであり，対象者の身体，精神及び社会的なニーズなどに合わせて支援方法はとられるということと一致しなくなるからである。

第3節　スクールソーシャルワーカーの配置形態

　一方で，配置場所に着眼し，派遣型と配置型に分類するのであれば，SSWの定義と大きく関係してくる。たとえばSSWの定義が「学校を基盤としたソーシャルワーク」と定義した場合と「学齢期の子どもを対象としたソーシャルワーク」と定義した場合では，まったく意味が異なってしまう。後者のように，対象が学齢期の子どもであるだけとなれば，児童相談所や社会福祉事務所の児童福祉課（児童福祉担当の係）等との違いが曖昧になる。どのようにSSWを定義するかで配置形態の分類に大きく影響を与えるのである。

　そこで本節では，配置形態を分類するにあたり，所属（領域）の観点を用いたソーシャルワーカーの定義から，SSWrの定義を仮定する。施設ソーシャルワーカー（residential social worker）は，"施設を基盤とし，利用者のためにソーシャルワークを行うもの"であり，医療ソーシャルワーカー（medical social worker）は，"病院を基盤とし，患者のためにソーシャルワークを行うもの"である。このようにとらえれば，SSWrとは"学校を基盤とし，児童生徒のためにソーシャルワークを行うもの"であると定義されよう。学校を基盤にソーシャルワークを展開するということは，学校にSSWrがどのように配置されるかで，SSWrのあり方に違いがでることから，ここでは「配置場所」に着眼し，配置形態の分類を行う。

2. 派遣型と配置型
(1) 派遣型

　派遣型とは，学校以外の施設（派遣施設）にSSWrが配置され，対象となる校区の児童生徒，学校，家庭や地域（以下，児童生徒ら）に，派遣施設より派遣され支援を行う配置形態のことである。この派遣施設には，教育委員会，適応指導教室，子どもに関する相談センターなどがあげられる。また派遣型のなかでも介入方法で分類すると外部からの派遣依頼があった際に介入する依頼派遣型と派遣依頼の有無にかかわらず対象となる校区の学校を定期的に巡回し悩みを抱える児童生徒の発掘を行い介入する巡回派遣型などがある。実際は双方を複合的に活用していることが多い。

　派遣型の特徴は，広範囲にわたる支援が可能な点である。また学校以外の施設から派遣されるということから，学校とは違った第三者としての立場で介入ができる。児童生徒や家庭への介入に距離があることや，学校以外からの派遣ということで支援に費やせる時間が限られているなどのことから，児童生徒への直接的な支援よりも担任などの周囲の関係者を支援するという間接的な支援によって，児童生徒や家庭を支援する方法が用いられる傾向がある。逆に，問題視されることとして，児童生徒や学校との関係づくりや支援へ入るまでに時間を要すること，教職員が校内の悩みを口外するのを出し渋りすることなどがあげられる。これは個人情報の流出への配慮はもちろん，校内のことは校内で解決したいという学校としての責任感からくるものが大きい。管理職の意識で大きく違うが，依然としてこれらのような問題は少なくない。

(2) 配置型

　配置型とは，対象となる学校にSSWrが直接配置され，対象となる校区の児童生徒らの支援を行う配置形態のことである。また配置型のなかでも指定された1つの学校に定められた日は常駐し，その校区の児童生徒らの支援を行う指定校配置型と1つの拠点となる学校に常駐し，その校区の児童生徒らを支援しながら，近隣校区にも訪問し支援を行う拠点校配置型などがある。

　配置型の特徴は，日々の児童生徒や学校のようすが把握できる点である。つまり，児童生徒や学校職員などの個人の情報収集はもちろん，人間関係や雰囲気，組織体制などを把握することができる。このことは，SSWを展開する上で大きな意味を持つ。ただ単に情報収集が容易ということだけでなく，顔なじみであることが児童生徒や学校にとって相談しやすく，支援者として介入する際に円滑にいくこともあるからである。また学校で起こったことに対し，柔軟に対応でき，早期発見・早期対応につながる。逆に，校内に常駐することから，児童生徒や学校職員との関係には気苦労することもある。これには管理職などの受け入れ体制が大きく関係する。校内での人間関係を上手につくっていくことに加え，学校という組織のなかにSSWrとしての立場を確立することが求められる。

　以上，派遣型（依頼派遣型・巡回派遣型）と配置型（指定校配置型・拠点校配置型）を紹介したが，どの配置形態を採用すべきかは，児童生徒がどのような環境のなかでどのような支援を必要としているかを十分検討して決定すべきである。実際には，配置形態を決定する方法として，財源状況や学校の受け入れ体制，SSWrの特性などの現状にあわせて配置している決定方法（現状型決定法）や理想的な配置形態をとらえ，計画的に配置している決定方法（計画型決定法）を取る自治体もある。なお，第7章第2節に各配置形態の一日のスケジュールを紹介している。

3. 教育行政所属スクールソーシャルワーカーの特性

　本項では，教育行政等の概要とSSWrとの関連性について触れたい。

(1) 教育行政等の概要

　わが国における教育行政は，中央教育行政（内閣府及び文部科学省）と地方教育行政（地方公共団体の長及び教育委員会）に大別できる（図1-4）。

　教育行政の役割は，教育政策の実現に向けての基準の設定，教育施設などの設置，維持，管理及び教育・学術・文化活動などの機能を果たすことで，教育に関する諸条件の整備を行うことにある。SSWrの介入先の1つである学校は，教育施設の1つであることから，その管轄内の教育委員会の維持，管理の基にある。また教育行政等の組織関係は，教育行政等の全体像（図1-4）にあるように，各組織は並列に位置し，各役割を担うことで教育課題に対して協働する関係にある。

第3節　スクールソーシャルワーカーの配置形態

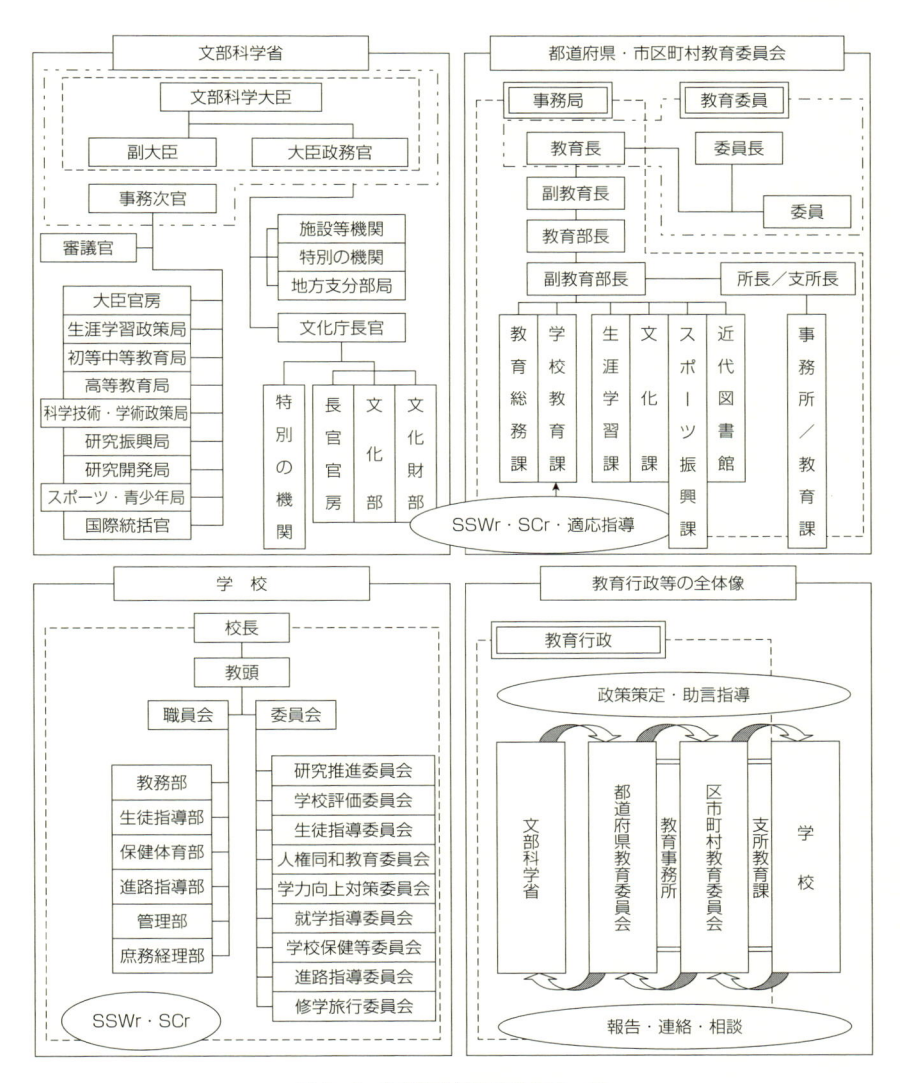

図 1-4　教育行政等の概念図の一例

文部科学省は，文部科学省HPの組織図・各局の紹介（平成21年度末）を参考に作成した。また都道府県教育委員会，市区町村教育委員会及び学校は，佐賀県及び唐津市を参考に図式化した。組織体制は，各教育委員会の実状に応じて若干の違いがある。詳しくは，各教育委員会の組織規制や各学校の校務分掌を参照していただきたい。

文部科学省の組織図（平成21年12月1日現在）では，大臣，副大臣，大臣政務官，事務次官を幹部とし，審議官（審議会）と内部部局（大臣官房や生涯学習政策局など）は，文部科学省の組織内部局であることから，事務次官から直接実線で示した。それに対し，外部局（文化庁：文化庁長官以下）やその他（施設等機関など）は，独立性の高い組織ということから点線枠から引かれた実線で示した。なお大臣，副大臣，大臣政務官は三役（通称）と呼ばれ，重責を担う。

第1章　ソーシャルワークの価値とスクールソーシャルワーカーの意義

1）文部科学省

文部科学省では，「教育の振興及び生涯学習の推進を中核とした豊かな人間性を備えた創造的な人材の育成，学術，スポーツ及び文化の振興並びに科学技術の総合的な振興を図るとともに，宗教に関する行政事務を適切に行うことを任務とする。（文部科学省設置法第二章第三条）」とその任務が規定されている。

2）教育委員会

教育委員会では，「地方公共団体における教育行政は，教育基本法（平成18年法律第120号）の趣旨にのっとり，教育の機会均等，教育水準の維持向上及び地域の実情に応じた教育の振興が図られるよう，国との適切な役割分担及び相互の協力の下，公正かつ適正に行われなければならない。（地方教育行政の組織及び運営に関する法律第一章第一条の二）」とその基本理念が規定されている。

教育委員会は，教育委員（以下，委員）と教育事務局（以下，事務局）からなっている。また教育における方針・施策は教育委員会の会議によって決まる。会議による検約の役割を担うのが委員で，実務的なことは事務局が担っている。事務局に，指導主事，事務職員及び技術職員を置くほか，所要の職員を置く。

指導主事は，上司の命を受け，学校（学校教育法〔昭和22年法律第26号〕第1条に規定する学校をいう。以下同じ。）における教育課程，学習指導その他学校教育に関する専門的事項の指導に関する事務に従事する（地方教育行政の組織及び運営に関する法律第2章第2節第19条）。そのため指導主事は，教育委員会のなかでも学校に対し直接的な関わりが深い職種で，児童生徒の抱える様々な悩みに対しても校長・教頭を通して解決にあたることも多い。

3）小中学校

学校教育法にて，「小学校は，心身の発達に応じて，義務教育として行われる普通教育のうち基礎的なものを施すことを目的とする。（第29条）」，「中学校は，小学校における教育基礎の上に，心身の発達に応じて，義務教育として行われる普通教育を施すことを目的とする。（第45条）」とその目的が規定されている。

学校の校務においては，校長の監督のもとに行われていることから，SSWを展開する上で校長との関わりは不可欠である。職員としては，校長（副校長），教頭，教諭（主幹教諭），講師（非常勤講師），養護教諭，事務長，事務員，栄養士などさまざまな職員が従事している。

表1-7では佐賀県唐津市を例に，SSWを展開していく上で特に関係する代表的な部署について紹介する。もちろん児童生徒を支援していく上で，どのような手法を用いるか，周囲にどのような協力者がいるかで，働きかける部署は変わることから，ここで紹介する部署がすべてではないことを付け加えておきたい。

第3節　スクールソーシャルワーカーの配置形態

表1-7　教育行政等の代表的な部署の概要

■唐津市教育委員会（唐津市教育委員会事務局組織規則　第7条）
〈教育総務課〉
　教育委員会内の連絡調整に関すること，教育委員会における基本的な事業計画，企画推進に関すること，通学区域及び通学路に関すること，学校教育施設の管理に関することなど
〈学校教育課〉
　学校教育の計画，指導及び助言に関すること，学校教職員の研修計画及び実施に関すること，児童生徒の就学及び転入学に関すること，特殊学級及び要保護児童生徒に関すること，教職員及び児童生徒の保護衛生に関すること，就園及び就学助成に関すること，奨学基金に関することなど
■唐津市立小学校中学校（唐津市内小中学校の学校要覧より作成）
〈教務部〉
　教育計画，学校行事，学力検査，各種研修，転出入，時間割など
〈生活指導部〉
　部活動，生徒指導（生活・集会・清掃指導，教育相談など）
〈保健体育部〉
　行事計画，健康安全教育，給食指導など
〈進路指導部〉
　進路指導（進学・就職），調査統計など
〈管理部〉
　校内の施設や備品の管理など
〈庶務経理部〉
　庶務一般，諸証明，校納金，扶助関係，給食費，教材費など
※校内組織には，各種委員会や主任主事制などの組織体制も採用されている。詳しくは担当校の学校概要（校務分掌）を参照していただきたい。

(2) 教育行政所属スクールソーシャルワーカーのジレンマとパートナーシップ

1) 教育行政所属のジレンマ

　SSWrが児童生徒の権利擁護者であることに対して，異論はない。しかし，児童生徒の権利を擁護しようとした場合，目標は同じであってもその着眼点や方法論において教育委員会と児童生徒間で意見が異なる場合もある。このような際に被雇用者としてのSSWrは，児童生徒側の権利擁護者でもあることから，2つの立場によるジレンマに陥ることがある。これは学校と児童生徒間でも類似したことがいえる。SSWrは，日々ジレンマとつき合うことになるともいえる。両者による問題のとらえ方の違いが生じることもあり，SSWrは両者の仲介者となる場合もある。児童生徒の権利を擁護していくためには，何が課題でどのような働きかけが適切か，SSWrとして常に客観的な立場に立ち，児童生徒や関係者とともに検討し，ともに理解していけるように支援することが求められる。

2) 教育行政とのパートナーシップ

　SSWrは，児童生徒の権利を擁護していく上で，児童生徒らといった個人や集団に働きかける場合もあるが，施策的な援助が必要な場合もある。施策的アプローチともいえよう。例えば，就学支援助成制度などの社会サービスを充実させていくことや地域や学校に児童生徒の居場所づくり事業を展開したり，学校・地域・関係機関との連携システムを構築するなどといった支援システムを充実させていくことなどが考えら

れる。SSWr の立場としては，他章であげられる社会福祉調査手法を用いた結果に応じて，社会活動（ソーシャルアクション）を展開していくことも求められる。

このような働きかけをしていくなかで，教育施策を担う教育委員会とのパートナーシップは重要であり，教育委員会所属であることの意義は大変大きい。

【演　習】以下の問いについて考えてみてください。

○さまざまな分野でソーシャルワーカーが活躍しているが，各分野におけるソーシャルワークの特性が問われている。SSWr は何のために何を基盤に活動するべきか考えてみよう。
○図 1-4 を参照し，所属の違いにおける SSWr の立場の違いや働きかたの違いについて考えてみよう。
○資料 1 を参照し，各配置形態における効果的な SSW の働きかけについて考えてみよう。
○資料 1 を参照し，SSWr の量的な問題である人手不足の問題と質的な問題である専門性の問題について，それらが，どのような SSW の機能不全に至らせるかを話し合ってみよう。
○資料 1 を参照し，今後の SSW スーパーバイザーにとって必要な機能について話し合ってみよう。このときテーマとして「雇用環境」「人材育成」を入れてください。

資料 1　全国における SSWr の動向（2009 年 9～10 月末現在）

都道府県 政令指定 都市等	SSWr の有無と動向	SSWr の属性	配置形態	勤務形態	SV 体制の有無
北海道	2008 年度より活用 現在 35 名	社会福祉士 精神保健福祉士 介護福祉士 元教諭　元警察	依頼派遣型◎ 拠点校配置型 指定校配置型	非常勤職員で，勤務日数は市町によってさまざまである。	有 道が 1 名，エリア SVr が 5 名で各市町で年 2 回程度
札幌市	2008 年度より活用 現在 3 名（増員）	社会福祉士 精神保健福祉士	依頼派遣型	週 2 日（年間 30 週）勤務している。	無
岩手県	2008 年度より活用 現在 10 名	元教諭	依頼派遣型	非常勤職員で，週 8 時間以内（年間 35 週以内）勤務している。	有（3 名）学識経験者，社会福祉士，校長で年間 5 回
宮城県	2008 年度より活用 現在 10 名	精神保健福祉士 ◎ 元教諭 相談員など◎	拠点校配置型	1 日 4～5 時間，週 1 回で年間 31～50 日勤務している。雇用形態は，その他枠で雇用されている。	有識者によるアドバイスを年 2 回程受けている。
秋田県	2008 年度より活用 現在 4 名	元教諭	依頼派遣型 ＊学校の実態調査より，計画的に学校訪問もしている。	1 日 6 時間（年間 96 日）勤務している。	無

第3節　スクールソーシャルワーカーの配置形態

都道府県 政令指定 都市等	SSWrの有無と動向	SSWrの属性	配置形態	勤務形態	SV体制の有無
山形県	2008年度でSSW活用事業中止。但し、県単独費用で「子どもふれあいサポーター事業」が実施され、現在21名	学校現場に関わってきた方など	指定校配置型	非常勤嘱託職員で週12時間、勤務している。	無
福島県	2008年度より活用 現在2名	社会福祉士 精神保健福祉士	拠点校配置型 依頼派遣型	非常勤嘱託職員で、1日8時間（週2日、年間35週）勤務している。	有 年2回の協議会、ケース会議
茨城県 （結城市）	2000年度より活用 現在2名	教員免許全員所持 学校心理士	依頼派遣型	常勤職員で、市に準じた日程（週5日）で勤務している。	講習会など
栃木県	2008年度より活用 現在3名	元児相談所職員 元児童自立支援施設職員 元警察	依頼派遣型	週4日で1日6時間（年間42週）勤務している。	有（2名） 弁護士、精神科医
群馬県	2007年度より活用 現在5名 なお高崎市独自で1名活用されている。	社会福祉士 精神保健福祉士 元教諭 スクールカウンセラー	指定校配置型	週3日で月12日（年間72時間）勤務している。	無
埼玉県	2008年度より活用 現在21名	社会福祉士 精神保健福祉士 臨床心理士 元教諭など	依頼派遣型	週2日で1日6時間（年間540時間）勤務している。	無
千葉県	2008年度より活用 現在5名	実務経験豊富な臨床心理士	依頼派遣型 （教育事務所）	隔週1日6時間で年間140時間勤務している。	無 ただし、5名全員が臨床心理士をSVできるほどの高度な専門性をもつ
東京都 （杉並区）	2007年より活用 現在4名	社会福祉士◎ 精神保健福祉士 保育士	依頼派遣型	常勤職員で月16日勤務と、非常勤職員で月10日勤務がある。	有 （ケース毎に面接の事前事後各1回）
神奈川県	2009年度より活用 現在7名	社会福祉士◎ 精神保健福祉士 臨床心理士	巡回派遣型を基本に、依頼派遣型も採用している。	非常勤職員で1日7時間（月4日程度／年間280時間）勤務している。	有 （年3回、ケースへの助言は随時対応）
横浜市	2008年度より活用	社会福祉士 精神保健福祉士 臨床心理士 学校心理士	指定校配置型 拠点校配置型	週1日8時間（年間208時間）勤務している。	無

17

第1章 ソーシャルワークの価値とスクールソーシャルワーカーの意義

都道府県政令指定都市等	SSWrの有無と動向	SSWrの属性	配置形態	勤務形態	SV体制の有無
川崎市 ※公募情報から	2008年度より活用されたと思われる。H21年度4名程度募集	社会福祉士 精神保健福祉士 など	不明	週4日（1日7時間程度）勤務している。	不明
新潟県	2008年度より活用 現在3名	精神保健福祉士 スクールカウンセラー 教員免許◎	依頼派遣型	特別職非常勤嘱託職員で、週4日（週30時間）勤務している。	有（1名）年6回
富山県	2008年度より活用 現在15名	社会福祉士◎ 精神保健福祉士 教員免許保持者 など	依頼派遣型◎ 拠点校配置型	非常勤職員で、週4時間（年間35週）勤務している。	無
石川県	2008年度より活用 現在5名	元教諭◎ 保護司	依頼派遣型	非常勤職員で、月20日（年間1000時間）勤務している。	有 年1回
山梨県	2008年度より活用 現在11名	社会福祉士 精神保健福祉士 元教諭	依頼派遣型	1日4時間（週3日、年間35週）勤務している。	無
長野県	2008年度より活用 現在4名	社会福祉士◎ 精神保健福祉士	依頼派遣型	非常勤嘱託職員で、1日6時間以内（年間450時間）勤務している。	無
岐阜県（多治見市）	県での活用はない。2市町が単独で活用している。多治見市では現在1名を活用	社会福祉士	指定校配置型	1日6時間（週5日、年間40週）勤務している。	無
静岡県	2008年より活用 現在13名	社会福祉士 精神保健福祉士 元教諭	主に拠点校配置型で、その他の形態もある。	週1日～4日間で時間なども市町村により異なる。	有
静岡市	2008年度より活用 現在4名	社会福祉士 福祉の実践者 教育相談の経験者 教員免許保持者	依頼派遣型 指定校配置型	1日7時間（週1日、年間40週）勤務している。	無
名古屋市	本年度より活用予定で、13名を採用予定。これまでも家庭訪問における事業は行ってきたため、長期的な家庭福祉支援をとらえて活用している。	元教諭（経歴15年以上）社会福祉士などは来年度以降活用を検討。	依頼派遣型 ＊家庭からの依頼により派遣する（多くとも1家庭週1回）。	1日6時間（週5日）勤務している。	有（2名）週1日で臨床心理士との事例検討等年間30時間の他に訪問の事前事後にSVを行う。

18

第3節　スクールソーシャルワーカーの配置形態

都道府県政令指定都市等	SSWrの有無と動向	SSWrの属性	配置形態	勤務形態	SV体制の有無
三重県	2008年度より活用 現在4名	スクールカウンセラーの経験者（臨床心理士）ソーシャルワーク経験者 元警察官	依頼派遣型	週1～3日（7.5時間×4週間×12ヶ月）勤務している。	有
京都府	2007年度から府単独費用で「まなびアドバイザー」として元教諭を採用。2009年度から社会福祉士等も加えて採用 現在28名	社会福祉士 元教員 その他	指定校配置型	非常勤職員で、週1～2日（1回6時間）または非常勤講師で、週27時間（年35週）勤務している。	有（2名）年4回の研修と随時対応
京都市	2008年度より活用 現在9名	社会福祉士◎ 精神保健福祉士 臨床心理士	拠点校配置型◎ 依頼派遣型	非常勤嘱託職員で、週8時間（年間280時間、年間35週）勤務している。	有（2名）年に4～5回程
大阪府	2005年度より活用 現在30名	社会福祉士 臨床心理士 精神保健福祉士 など	依頼派遣型 指定校配置型 拠点校配置型	1回6時間で年間35回、その他枠で謝金というかたちをとっている。	有（4名）随時
大阪市	2008年度より活用 現在6名	社会福祉士	依頼派遣型 拠点校配置型	非常勤職員で、1日6時間（週3日、年間105日）勤務している。	有（1名）定期には月1回行い、随時メールや電話で対応
堺市	2008年度より活用 現在4名	社会福祉士	拠点校配置型	1日6時間（週2日、年間140日）で処遇なし。	有（1名）年間48時間
兵庫県	2006年度より活用 現在6名（神戸市も県採用で配置）	社会福祉士	依頼派遣型	非常勤嘱託員で、週29時間勤務している。	無
奈良県	2008年度より活用 2009年度は準備中で4名採用予定	社会福祉士や精神保健福祉士などの有資格者を採用予定	依頼派遣型	非常勤職員で、1日4時間（週1日）勤務している。	無
和歌山県	2008年度より活用 現在8名	元教諭 他地域のSSWr その他（校内の相談員など）	依頼派遣型 巡回派遣型	非常勤職員で、週2～3日勤務している。	無
鳥取県	2008年度より活用 現在27名	社会福祉士 元教諭など	派遣・配置など状況に合わせて対応	1日4時間（週3日、年間360時間）勤務している。	無

第1章　ソーシャルワークの価値とスクールソーシャルワーカーの意義

都道府県政令指定都市等	SSWrの有無と動向	SSWrの属性	配置形態	勤務形態	SV体制の有無
島根県（松江市）	2008年度より各市に委託今後も継続予定　松江市9名	社会福祉士　精神保健福祉士　臨床心理士　元教諭	派遣型（福祉・心理の有資格者）　指定校配置型（元教諭など）	派遣型が合計100時間以内（1ケース20時間）。指定校配置型が合計700時間以内。	無
岡山県	2009年度より活用　現在3名	社会福祉士　精神保健福祉士	依頼派遣型1名　2名は必要により対応	1日4時間（週3日，年間504時間）。2名は，必要により対応。	無
山口県	2008年度より活用　現在1名	社会福祉士	依頼派遣型	1日4時間（週2日，年間416時間）勤務している。	無
徳島県	2007年度より活用　現在6名	社会福祉士	依頼派遣型	1ケース2時間で4～5回以内　依頼により時間は異なる。	無
香川県	2001年度より活用　現在9名　「ふるさと基金」という財源で3年は継続予定　対象：小中	社会福祉士　精神保健福祉士	拠点校配置型　依頼派遣型	配置型が1日4時間で週3日程度（年間130日）。依頼派遣型がSCrと同様。	有（2名）不定期：1校区7回以内で行い，他に運営協議会がある
香川県	2005年度より活用　現在3名　対象：高校生	精神保健福祉士	指定校配置型	週1日4時間（140時間）勤務している。	無
愛媛県	2008年度より活用　現在20名	社会福祉士　元教諭など	派遣・配置型＊各市町村により異なる。	非常勤職員で，1日4時間（年間105日）勤務している。＊各市町村により異なる。	無
高知県	2008年度より活用　現在26名	社会福祉士　精神保健福祉士　臨床心理士　元教諭など	依頼派遣型　指定校配置型　拠点校配置型	有資格者が1日4時間程度で週2～3日程度（年間360時間以内）。その他が年間900時間以内。以上の時間は，個人で異なる。	有（4名）連絡協議会と県内ブロック会議を各年2回の参加と各市町への訪問1回
福岡県	2008年度より活用　現在12名（延べ13名）	社会福祉士◎　精神保健福祉士	拠点校配置型	非常勤職員で，週8時間勤務している。	有（1名）年1回の会議と随時対応
北九州市	2008年度より活用　現在2名	社会福祉士　精神保健福祉士	依頼派遣型	1日7.5時間（週4日，週30時間）勤務している。	無　＊運営協議会で事例検討などは行う。年4回

第３節　スクールソーシャルワーカーの配置形態

都道府県政令指定都市等	SSWrの有無と動向	SSWrの属性	配置形態	勤務形態	SV体制の有無
福岡市	2008年度より活用 現在4名（増員）	社会福祉士	拠点校配置型（中学校区を対象で小学校配置）	嘱託職員で，週4日（週27.5時間）勤務している。	有（1名）年3回
佐賀県	2008年度より活用 現在14名（述べ15名）	社会福祉士 精神保健福祉士 臨床心理士 元教諭　など	依頼派遣型 指定校配置型 拠点校配置型	月16日以内勤務している。	無
長崎県	2008年度より活用 現在6名	社会福祉士 元教諭◎ その他	依頼派遣型◎ 拠点校配置型	非常勤職員で，1日6時間（週3日，年間35週）勤務している。	無
宮崎県	2008年度より活用 現在7名	社会福祉士 精神保健福祉士	依頼派遣型 拠点校配置型◎	1日6時間（週2～3日，年間90日）でその他として雇用している。	無
沖縄県	2008年度より活用 現在6名採用し，2009年度はあと2名採用予定	社会福祉士 精神保健福祉士 元教諭 福祉の実践者	依頼派遣型（6つの教育事務所に配置し，教育委員会に派遣）	非常勤嘱託職員で，1日6時間（月15日以内）勤務している。	無

◎は，もっとも多い傾向のもの
情報は2009年9月から10月のものであり，人数など各情報は日々変更となる可能性がある。そのため本表の情報は，確定的な情報としてではなく流動的な情報としてとらえる必要がある。加えて時給は，社会福祉士または精神保健福祉士資格所持者の平均を基本として算出したため，それ以外の資格所持者の情報を除いている。また賃金形態は，同様の活動時間数であっても社会保険の有無があったり，資格により活動時間の差があったりと一概に時給が高ければよいというものではない。SSW教育課程の履修者が，全国的な動向をあくまでも概観するための情報となろう。

情報提供自治体	49
SSWr導入自治体	52

全国給与平均		エリア別時給平均	
時給（32）	3438円	北海道・東北	4425円
月給（6）	229833円	関東	2762円
		信越・北陸	3047円
		東海	2417円
		近畿	3367円
		中国	3795円
		四国	2940円
		九州・沖縄	2883円

＊全国給与（時給）平均・エリア別時給平均は特に掲載がない場合，日給は，1日労働時間に換算し，月給は，1ヶ月（4週）に換算にしている。各エリア別で平均を算出している。（　）内は地域数である。

第2章 エコロジカルパースペクティブ―スクールソーシャルワークの人と環境の交互作用

広範囲な実践が求められるソーシャルワークでは，個人や集団（家族）を対象としたミクロソーシャルワーク，組織や地域，社会全体を対象とするメゾソーシャルワークやマクロソーシャルワークというエコロジカルパースペクティブ（つまり生態学的な視点のこと）を基盤にしたソーシャルワークが展開される。このような視点は，スクールソーシャルワーク（以下，SSW）においても重要な視点である。そのため，本章ではエコロジカルな視点，並びにそれに関わる諸要素等について紹介する。

なおエコロジカルな視点では，類似語として，レベル，アプローチ，プラクティスやソーシャルワーク（すべてエコロジカル〜とされることがある）といったことばがあるが，本章では，領域範囲的な観点をレベルで分類し，実践的（技術的）な観点をアプローチ（プラクティスと同義ととらえる）とし，ソーシャルワークは，このレベルとアプローチ等を包含した総称的観点であると定義する。

第1節　スクールソーシャルワーク実践におけるエコロジカルな視点

エコロジカルな視点では，援助対象やアプローチにより，大きくミクロレベル，メゾレベル，マクロレベルに分けられる（表2-1；図2-2参照）。そして，メゾレベルはミクロレベルを，マクロレベルはミクロレベルとメゾレベルを包含する。表2-1は，エコロジカルな視点における各レベルでのソーシャルワーカーの対象，役割，技術（アプローチ）を示したものである。

またエコロジカルな視点には，児童生徒等を主体とした見方と援助職を主体とした見方がある。本章では，エコロジカルソーシャルワークを理解する立場から，後者を中心に紹介する。

スクールソーシャルワーカー（以下，SSWr）と環境との関係性に焦点を当てレベルをとらえると，SSWrと児童・生徒の関係がミクロレベル，SSWrと児童・生徒の環境となる学校（組織）との関係がメゾレベル，SSWrと学校の環境となる地域との関係がマクロレベルとなる。

つまり，SSWrの活動（つまり，SSWのこと）を虐待事例で示すならば，まず，ミクロレベルの活動としては，親から虐待を受けている子どもの人権を保障していくために，SSWrは子どもの立場に立って代弁，擁護していくことで，親自身が虐待行

第2章 エコロジカルパースペクティブ—スクールソーシャルワークの人と環境の交互作用

表2-1 エコロジカルな視点における各システムレベルの分類と実践内容

包括範囲		対象	役割（機能）	技術（アプローチ）
ミクロレベル		個人	カウンセラー，教育者，コンサルタント，連携者，権利擁護者，分析者，代弁者	個別援助技術（アセスメント等）
		集団（家族）	コーディネーター，ファシリテーター	集団援助技術（集団アセスメント，家族力動等）
		個人や家族，学級などのグループ（集団）を対象として，直接の子どもや家族への援助		
メゾレベル		組織	運営管理者，育成者	社会福祉運営法
		学校内組織による子どもや家族の援助や学校内での援助チームの組織化等		
マクロレベル		地域	先導者，交渉者，弁護者，	地域援助技術
		法律・制度	策定者	社会福祉調査法　社会計画法
		地域内での支援づくりとして，保育所，幼稚園，学校，病院，福祉機関，ボランティア団体，町内会や近隣などの地域（community）を対象として，見守り支援ネットワークづくりや親に向けた子育て支援づくりなどを目指した関係機関や団体の組織化，住民の組織化，社会資源の創設等。これに関連し，社会福祉調査を通したニーズ把握等による制度や施策の改善，構築等，現状をより良いものに変革していく取り組みがある。		

為をせずに良好な親子関係を築けるように働きかける。または，親子間の関係性から虐待が改善されない場合には，児童養護施設への入所や里親制度などによる親子分離などを行う手続きの支援等があげられる。

次にメゾレベルの活動としては，虐待を受けている子どもに対する校内援助チームの立ちあげとチームによる援助（各専門職の専門性を活かし，カウンセリング，教育，養護等），虐待防止のための個々のクラス対応ではなく学校全体での取り組みへの促進，また子どもの生きる力を育むための学校機能の増進を求めた調査委員会の立ち上げ等があげられる。

最後にマクロレベルの活動としては，虐待を受けている，あるいは疑いのある子どもが生活する家庭に対する，地域内での見守りや支援ネットワークの構築などがあげられる。たとえば，虐待する可能性（虐待リスク）の高い家庭に対して，近隣の民生・児童委員による訪問や地域のインフォーマルな資源（ボランティア団体や市民グループ）による子育て相談の場づくりなどがあげられる。さらにマクロレベルの取り組みとして，行政措置としての子どもの一時保護や親への養育に関する指導や教育を行う資源の整備，または児童虐待を未然に防ぐ諸施策の整備への提言，社会への啓発活動などがあげられる。

このようにSSWrは，個人と生活環境との関係を重視する視点から，子ども，家庭，学校，地域，社会への働きかけを行い，子どもたちの生活の質（ウェルビーイング）を高めることを目標とする包括的な支援者であるといえる。

なお各レベルのうち，メゾレベルに組織から地域までを対象範囲として含むとらえ方がある。このようにエコロジカルな視点については，識者によって，対象等様々な

違いがあるが，本章では，SSW教育課程（日本社会福祉士養成校協会，2009）に準拠するよう表2-1のように分類した。

第2節　人と環境との交互作用に注目したエコロジカルソーシャルワーク

「ケースワークの母」ともよばれるリッチモンド（Richmond, M.）は，著書『ソーシャル・ケースワークとは何か』のなかで，ソーシャルワークを「人と環境との間を個別に，そして意識的に調整することを通してパーソナリティを発達させる諸過程である」と定義づけ，人と環境との2つの要素を視野に入れることの必要性を示唆した。その後，この考えを基にし，多くの研究者によって，「人」と「環境」との関係性についての理論化がなされた。その研究者の1人がジャーメイン（Germain, C.B.）である。彼は，システム理論の概念や生態学的な視点の導入によって，「人」と「環境」との関係性についての理論化を試みた。そして，ジャーメインは，人と環境との相互作用に焦点を当て，環境に対する人の対処能力（coping ability）と，人のニーズの充足に向けての環境側の応答性（responsiveness）を重視する「生活モデル」からなるエコロジカルソーシャルワークの中心的な研究者として知られるようになった。生活モデルとは，それまで主流とされた利用者に検査および診断をして治療するという医学モデルに対して，人と環境との交互作用のなかで，利用者を生活の主体者としてとらえることに注目するものである。

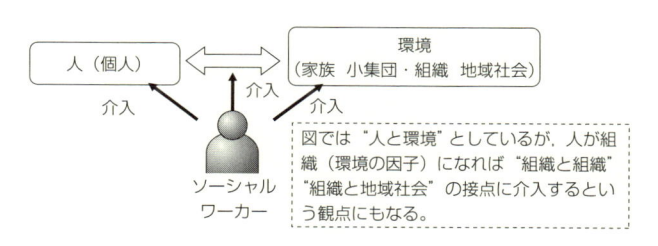

図2-1　人と環境に介入するソーシャルワーカー

エコロジカルソーシャルワークの特徴は，図2-1に示すように，ソーシャルワーカーが人と環境についての全体的なとらえ方をもち，さまざまな活動や技術を駆使しながら，個人，家族，小集団，組織，地域社会に対して介入していくことにある。また，ソーシャルワークがとらえる"人"と"環境"との"関係"については，人が環境に影響を与えたり，あるいは環境が人に影響を与えたりといった原因と結果に基づく2者間の関係からの作用（相互作用）ではなく，むしろ人と様々な環境とが相互に影響し合っている関係からの作用に重きをおく。それを交互作用関係（transaction）

としてとらえる。すなわち，環境の中にいる，人の様々な交互作用の関係性を改善していくことを目指すところにエコロジカルソーシャルワークの特徴がある。

第3節　エコロジカルな視点における環境因子

エコロジカルな視点における「環境」とは，私たちを取り巻くものすべての総称であり，自然環境，物理的環境，社会的環境，家族環境，人的環境，その他に分類できる。それぞれは，私たちの生活や生き方に影響を与えるものである。なお，ジャーメインは，環境を大きく「人間環境」，「社会環境」，「自然環境」に分けて示している（表2-2）。

表2-2　エコロジカルな視点における「環境」の種類

環境	人間環境	二者関係　家族　近隣　集団　ネットワーク　地域	
	社会環境	政治・社会体制	
		経済的環境	
		法・行政的環境	医療・保健システム　教育システム　司法・更生システム　労働システム　交通・通信システム，他
		文化的環境	芸術　宗教　レクレイエーション，他
		物理的環境	建物　交通手段・通信システム　地勢・採光　動植物の配置　空間デザイン　メディア利用
	自然環境	光　温度　大気　水・河川　土壌・山　森林	

また，SSWrが学校環境をとらえる場合，米川（2009）の児童・生徒環境，家族（父母会等含む）環境，教師環境，自然を含む社会環境，養護教諭やスクールカウン

セラー等の専門援助職環境というとらえ方が参考となる。

第4節　エコロジカルな視点の諸要素

　上述してきたエコロジカルな視点には，さらに重要な概念として「交互作用と適応」，「コーピングと防衛機制」，「生息地と適所」，「時間と空間」がある。ここではこれらについてそれぞれ説明を加える。

1．交互作用と適応

　ジャーメインは，「交互作用」（transaction）と「相互作用」（interaction）を区別して用いており，絶え間ない相互の影響の及ぼし合いを意味する「交互作用」の概念を重視している。人と環境との交互作用において，それが適応的であるときは人の成長と発達，身体的・情緒的なウェルビーイング（well-bing）が増進されていく。

　しかし，環境破壊や社会の混乱のように，両者の関係性が不適応的であるときは人の成長と発達，身体的・情緒的なウェルビーイングは損なわれ，人が交互作用する環境も破壊されていくことになる。エコロジカルソーシャルワークでは，適応的な"人と環境"との交互作用を増進し，不適応な交互作用を予防あるは修正していくことを目指す。

2．コーピングと防衛機制

　小杉（2002）は，セリエ（Selye, H.）の考え方より「ストレスとは，何らかの外力によって心理的に，身体的に歪みを生じた状態であると定義している」と述べている。すなわち，人は誰でも，何らかの外圧が加わったときに，異物（ストレス要因やスレッサーともいう）に対して心や身体が防衛的に反応（ストレス反応ともいう）する過程をもつ。それがストレスであるというのである。しかし，外部からの圧力は日常的なことで，誰もが日々経験していることである。したがって，ストレスが問題にされるのは，それが，その人にとって，過剰であり慢性化する場合である。

　エコロジカルソーシャルワークでは，人と環境との間で生じるストレスに介入し，働きかけを行うことになる。人と環境との交互作用におけるストレスには，環境からの要求に対する個人の"認知的評価（cognitive appraisal）"や"コーピング（対処行動）"という概念が大きく関わると考えらえる（表2-3）。「認知的評価」とは，人が

表2-3　コーピング（対処行動）の特徴

①コーピングは，安定したスタイルや特性ではなく，状況によって変化する動的なプロセスである。
②コーピングは，意識的な努力であり，無意識レベルでなされる防衛機制とは異なる。
③コーピングの内容とコーピングの結果に関わらず，対処行動であれば，それをコーピングとみなす。

表2-4 防衛機制の種類と具体的内容（いとう総研資格取得支援センター，2008より）

1	逃避		不快な場面，緊張する場面から逃げ出してしまうことで，消極的に自己の安定を求める
		例	○学校へ行きたくない子が，朝腹痛になったりする ○体が不調のときに医師に診察してもらうことを嫌がって，自分でいろいろ考えて診断して気を休める
2	退行		より以前の発達段階に逆戻りして，甘えるなどの未熟な行動をとる
		例	すぐ泣く，大声でわめくなど
3	抑圧		自分にとって都合の悪い要求や衝動を意識に上らせないようにする
		例	虐待の経験やトラウマなどを，無意識のうちに追いやる，否定する，なかったことにする等
4	代償		欲しいものが得られない場合，代わりのもので我慢する
		例	気に入ったものが高くて買えないときに，他の安いもので我慢するなど
5	補償		ある事例に劣等感をもっている際，他の事例で優位に立ってその劣等感を補おうとする
		例	○学業成績の悪い学生が勉強する代わりにスポーツに熱中する ○家族で悩む児童が趣味の専門性で他の児童に負けないようにする
6	注意獲得		自分の存在と価値を他人に認めさせたいため，他人と異なった行動をとる傾向をいう
		例	○わざと奇抜な格好をする ○暴走族に入る
7	合理化		自分の行動や失敗を自分以外のところに原因があるとし，都合のよい理由をつけて自分の立場を正当化する
		例	社会福祉国家試験に合格しなかった人が，「大学4年間で合格させようとする大学が悪い…」と自分は真面目にやっていることを主張する
8	昇華		性欲や攻撃欲など，そのままでは社会的制約を受けるものを，芸術，文化，スポーツ，などの社会的に承認される行動に振り替える
		例	失恋の悲しみを仕事に向ける
9	同一視		他者のある一面やいくつかの特性を，自分のなかに当てはめて，それと似た存在になること
		例	○学生が，尊敬している教師の口まねや手振り，服装のまねをしたがる ○子どもが，あこがれている歌手の服装に似た服装をしたがる
10	投影・投射		自分のなかの認めがたい抑圧した感情をある他者に所属するとみなすこと
		例	○自分が嫌いな人に対して，「あの人は私を嫌っている」と言いふらす ○出世欲の強い人が優秀な人について，「あの人は出世しか頭にない」などと思うこと
11	固着		欲求が満たされなくても，なお同じ目標に向かって行動する
		例	○7年浪人して東大を目指す学生 ○「白馬の王子などの理想の男性」があきらめられない女性
12	置き換え		ある対象に向けられた欲求・感情（愛情・憎しみ）を，他の対象に向けて表現する。代償，補償，昇華等も関連する。
		例	子どもに無視され，犬を溺愛する高齢者
13	反動形成		知られたくない欲求や感情と反対の行動をとることによって，本当の自分に目を覆ったり隠そうとする
		例	○弱気な人が強がったり，嫌いな人に猫なで声を使ったりする ○自分の弱さを認めたくなく何でもできるからと他人の援助を拒否する
14	攻撃		妨害になっていると思われる人や状況に反抗や攻撃を示す
		例	八つ当たり，かんしゃく，弱いものいじめ，皮肉，言われたことに従わない

環境からの要求（外部からの圧力）に直面したときの肯定的・否定的な評価のことである。つまり，人が環境からの要求に直面した場合，それが「有害」，「脅威」，「対処不可能」という3つの認知的評価をしたとき，否定的な情動（たとえば，不安，抑うつ，怒りなど）が喚起される。一方で，「無害」，「対処可能」と評価したとき，ストレスがない，またはストレスが肯定的なものとなり，自尊心やものごとを達成していく期待感などが膨らむことになる。

「コーピング（対処行動）」とは，人が何らかの積極的な解決策を見つけて行動するときの行動のことである。またコーピングとは結果を重視するのではなく，その人が大きな負担であると評価した圧力に対処する持続的な努力であり，建設的あるいは順応的な処理（過程）である。不安や苦痛に対処する情動焦点型と問題に積極的に働きかける問題焦点型のコーピングがある。一方，心理学分野では，否定的あるいは好ましくないと認知的評価されるストレスに無意識レベルで対処する心理的メカニズムを「防衛機制」としてとらえている（表2-4）。

3. 生息地と適所

「生息地」（habitat）とは有機体の巣づくりの場所やテリトリーなどの場所を意味する。人（という有機体）の生息地は家庭，近隣，職場，学校，地域である。たとえば，学校での子どもの生息地は，教室や運動場，図書室，保健室といった場所であろう。したがって，学校や家庭が子どもの成長や発達，健康を妨げるような生息地であれば，子どもは孤立や混乱，失望を抱えてしまうことになる。

一方，「適所」（niche）とは，環境の中での人の居場所や状態を表わすことばである。たとえば，家庭が子どもにとって良い適所でない場合には，子どもは良い適所を探し求めて徘徊するか，家庭内暴力として行動化をみせるかもしれない。また，学校が良い適所でない場合には，子どもは不登校やひきこもり，いじめや学級崩壊という問題行動による行動化をみせるかもしれない。

したがって，エコロジカルソーシャルワークでは，子どもの発達に有益な生息地や適所を発見したり，開拓することになる。

4. 時間と空間

エコロジカルな視点では，前述したミクロからマクロレベルの広がりに時間的変数，または空間的変数を組み入れた視点がある。まず，時間的変数を組み入れたものがクロノシステムとされる。これは，それぞれのレベルでの交互作用と人間の成長過程（人間の発達と生活の広がり）とが連動するという考えをもつ。つまり「時間」を子どもの発達や成長としてとらえ，「時間」を軸にして，子どもの状況を把握することになる（図2-2）。

また，ジャーメインは，「空間」には「物理的空間」と「社会的空間」の2つがあ

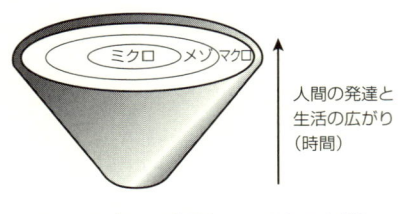

第2章 エコロジカルパースペクティブ—スクールソーシャルワークの人と環境の交互作用

図2-2 人間の成長とシステムの広がり（クロノシステム）

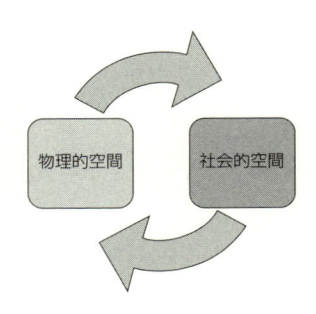

図2-3 物理的空間と社会的空間の交互作用

表2-5 ライフステージにおける空間（ジャーメイン・小島，1992）

乳幼児の空間	乳幼児は母（あるいは父）との一体的な世界の中で安定した生活空間を生き（自他の区別がないため一体的な空間となる），その他者との一致体験（笑いの共有や相互の応答等による情動的な一致：安心感・安全感とも言える）を通して，「基本的信頼感」が育まれる。このことは，将来の社会的空間を認識する原始的な段階だといえる。そして，生後1年目までに，子どもたちは自分の身の回りの物理的空間を，手と膝（自分の思い通りに動く身体の一致感）をついて探索するようになる。子どもたちはこの物理的空間を探索し，対象物を見つけたり配置したりするという試行錯誤を行う中で，自己（self）と非自己（non-self）の区別（自分と母は一緒ではない，自分と物は一緒ではない）に気付いていく。すなわち，「自律の観念」が芽生えていくことになる。
幼児期の空間	乳幼児期になると，他人の空間へ「侵入」し始め，他人との人間関係を築く。なお，「侵入」には，遊びや空想をしながら空間をあちこちと回ることも含まれる。子どもたちは，現実と空想を錯綜させながら，物理的空間と社会的空間を発展させていく。一方で，これまで快感情を多くもたらせていた保護者による自律訓練が始まると自己の空間へ「侵入」されるというこれまで以上の経験が生まれる。
学童期の空間	この頃の子どもたちは，学校や近隣など人々のいる空間に集まるようになる。そのため学童期の特徴は，同じ年頃の仲間との「内集団」（仲間）と「外集団」（敵）を形成し，その間に縄張り的関係（仲間との共有空間）ができてくる。この縄張り的関係は，思春期以降にみられる「守備範囲」の初期段階といえる。但し，近年では，TVゲームの普及により，ゲームとの関係による孤立化が危惧されている。
思春期の空間	思春期になると，空間（縄張り）が広がり，バラエティに富んだ「守備範囲」をもつようになる。そして，家族との間に距離を作るようになり，自律性をさらに高めていく。また，この自律性の感覚を増し，青年期に欠かすことのできない自己と他者との"空間の境界線"，つまり，自分とはなにものかを決定する心理的な空間（自己の境界線）を定めることになる。近年では，この境界の決定が成人期にまで及んでいると言われる。この決定までの猶予期間をモラトリアムと呼ぶ。
成人期の空間	成人は生物学的にも文化的にも発達することから，より身近な空間から広い空間である住居・近隣・コミュニティといった物理的空間に対して，幅広いニードと興味に応えてくれることを求めるようになる。また，情緒的に豊かな生活や文化的な生活を支えるための社会的空間，例えば，プライバシーの守られた空間，情緒的に回復できる空間などを求めるようになる。

り,「空間」をとらえることは子どもたちの状況を把握する上で重要な要素であると述べている。ジャーメインは物理的空間を建物や家具などの人工産物を含む自然界全体とし,社会的空間については物理的空間を通して形成される行動や文化であると定義している。すなわち,物理的空間は社会的空間を創り出すと同時に,社会的空間によって物理的空間がつくり出される交互作用を示している(図2-3)。

また,乳幼児から成人期までのライフステージに応じた空間的意味合いを表2-5に示した。

【演 習】
○あなたを取り巻く環境(住んでいる地域)について,「人間環境」「社会環境」「自然環境」の3つの観点からより良い交互作用をもたらしているもの,一方でストレス(反応)をもたらしているものを考察し,具体的な内容を表2-6にあげてみよう。

表2-6 あなたを取り巻く環境

環境の種類	具体的な内容
人間環境	〈より良い交互作用〉
	〈ストレス〉
社会環境	〈より良い交互作用〉
	〈ストレス〉
自然環境	〈より良い交互作用〉
	〈ストレス〉

第3章 学校環境のアセスメント──包括的アセスメントを活かした視点

　本章では，まず第1節で，ソーシャルワークおよびスクールソーシャルワーク実践（SSW実践）におけるアセスメントの定義について整理する。第2節では，ミクロレベルでの児童生徒を中心としたアセスメントとして，児童虐待，いじめ，不登校，発達支援（特別支援）を取り上げ，それぞれのアセスメントの内容について説明する。また，第3節では，メゾからマクロレベルでの学校環境のアセスメントとして，学校風土とマッピング技法に焦点をあてて説明する。第4節では，以上のアセスメントの観点を活かしたスクールソーシャルワーカー（以下，SSWr）の事例について紹介する。最後の第5節では，第1節から第4節の内容をすべて網羅する包括的アセスメントの意義と具体的なアセスメントシートについて提示する。

第1節　ソーシャルワークのアセスメント

　アセスメントとは，実際の援助活動を方向づける援助計画を作成するにあたり，インテークやクライエントに関わる様々な機関や生活過程（段階）において得られた情報と，クライエントのニーズおよび意思の尊重を併せ，クライエントの現状を全体的に評価・査定することである。実際のアセスメントは，援助活動における限定された一局面でのみ実施されるものではなく，ソーシャルワーク援助過程全般を通してくり返されるものである。そのような意味からすると，アセスメントは，ソーシャルワーク実践そのものであるといえよう。

> 【情報プラス1】
> 　アセスメントは「リスクアセスメント」などの熟語として表わされることもあり，また「アセス」と略されることもある。そもそもソーシャルワークにおけるアセスメントの概念は，1970年にバートレット（Bartlett, H.）が『社会福祉実践の共通基盤』の中で診断概念に代わる用語という意味で用いたのが最初である。バートレットによればアセスメントとは，「ソーシャルワーカーが行動を起こす前に扱わなければならない状況を分析し理解する過程」と定義している。

　松山（2009）は，アセスメントについて以下のように示している（図3-1）。アセスメントは，個別の状況についての「問題把握」「ニーズ確定」「支援標的・目標設定」を行っていく事前評価の段階であり，またアセスメントによって具体的なターゲ

第3章 学校環境のアセスメント―包括的アセスメントを活かした視点

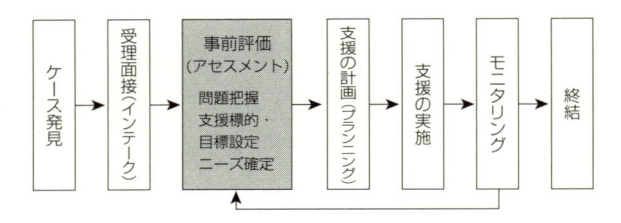

ケース発見 → 受理面接（インテーク） → 事前評価（アセスメント）問題把握 支援標的・目標設定 ニーズ確定 → 支援の計画（プランニング） → 支援の実施 → モニタリング → 終結

図3-1 相談援助のプロセス（松山，2009）

ット（標的）が明確になると次の段階の「支援の計画（プランニング）」につながっていくとある。太田（1995）は，アセスメントの目標と具体的な内容について表3-1を提示している。

表3-1 アセスメントの目標と具体的内容（太田，1995を一部修正）

【アセスメントの目標】
①クライエントをめぐる問題と状況を具体化すること
②クライエントのコンピテンスを明確化すること
③資源・環境についての現況を明確化すること
④これらの諸事情に対するクライエントとソーシャルワーカーとの共通理解を確認すること
⑤主観的・客観的事実に即したエコシステム情報の収集・処理をすること
⑥科学的に処理された情報をタイミングよく提供すること
⑦プランニングを容易に展開できるように必要な情報を提供すること
⑧専門的価値判断やインターベンション活動の方法展開に必要な情報を提供すること

【アセスメントの内容】
①問題や状況をシステムとして広く理解すること
②事実を考察することであって，評価や判断を下すことでないこと
③断定した推理や解釈をすることでもないこと
④必要な情報を収集・処理して提供すること
⑤プランニングやインターベンションへの情報の提供であること
⑥事実に即した事柄を認識する過程であること
⑦援助を目標にした実践を構成する過程の1つであること
⑧援助過程の展開に対応したアセスメントは変動するものであること

また第2章のようなエコロジカルな視点を基盤にするSSWのアセスメントでは，子どもの抱える困難な状況が「子どもと環境との交互作用」で生じているととらえる。そのため，情報収集では，①子どものニーズとストレングス（長所および強さ），②学校環境，③家庭環境，④地域環境などの情報を収集していくことが求められる。

以上のように，アセスメントはクライエント本人およびクライエントを取り巻く環境の"問題と状況を明確にする側面"と同時に具体的な援助へと展開を図る"足がかりとしての側面"の両方の性格をもつ援助過程であるといえる。

第2節　生徒のアセスメント：家庭環境を視野に入れて

1. 児童虐待

　児童虐待は，家庭という密室で起こる犯罪とも言えよう。児童虐待の被害は，乳幼児，児童や生徒にまたがって発生しており，子どもたちは自ら訴えることもできずに見過ごされている事例も多い。そのため学校現場では，児童虐待の早期発見と適切な対応が求められるものの対処の難しさがあげられる。

(1) 虐待を疑う

　まず，学校は子どもが家庭以外で最も長い時間を過ごす居場所であり，子どもの状況から，虐待を疑う，または発見されることが多くなされる機関でもある。そのため，児童虐待についての的確な把握が求められる。表3-2に児童虐待の種類とその特徴を示した。

表3-2　児童虐待の種類と特徴

①身体的虐待：外傷を伴う暴行などを加える虐待
②性的虐待：親が性的暴行を行うなどの虐待
③心理的虐待：親の不適切な言葉や振る舞いなどによる虐待
④ネグレクト：親が子育てを放棄したり，怠けたりする虐待

注：特に，外傷を伴う身体的虐待は学校現場においても発見されやすい。臀部，上腕内側，腹部，頬などの身体に近く柔らかい部位のあざや熱傷等には注意する必要がある。

　子どもの心理的特徴としては，虐待を受けた子どもは愛着によって自分が守ってもらえるという安心感が育たず，自分で自分を守ろうとするものの，守りきれず，心の傷が重複してしまう状態にある。その結果，その場その場で自分を守って生きることに精一杯となり，行動や思考の連続性を欠き，ころころと自分の意見や振舞いを変えてしまう印象を受けることが少なくない。また，小さなことに怯えたり，凍り付いてしまったり，逆に攻撃的になったりする行動的特徴もある。

　児童虐待を疑った時にまず優先される対応は，子どもを心身の危険から守ることである。しかし，児童虐待は密室で行われることが多く，子どもも虐待者も真実を明かさないことが多い。そのため，児童虐待の疑いがあった時には速やかに正確なアセスメントが求められる。特に表3-3の虐待を受けている子どもの特徴を把握した上で，細心の注意を払って子どもたちの状況をアセスメントする必要がある。

(2) 虐待リスクのアセスメント

　児童虐待を疑ったら，子どもの表情や行動などについて注意深く観察をする。また，子どもの'アザ'を見つけたら，養護教諭などと協力して，全身の皮膚の観察や身長・体重の測定などをしておくことも必要である。

　さらに，児童虐待の『発生の確率』と『結果の重大性』に着目するリスクアセスメ

表 3-3　虐待を受けている子どもの特徴

①子どもは自らの虐待を語らない。または語ったことが親にばれることを過度に嫌がる。
②子どもは虐待を受けていても親に愛着を感じていることが多い。
③発達相応の子どもらしい可愛さ（例えば，屈託のない笑顔や無邪気さなど）を感じない。

特に③のように，支援者から見て，子どもらしい可愛さを感じない子どもの背景には虐待があるのではないかという疑いを持つことも必要であろう。

ントがある。図3-2は，児童虐待の発生確率をX軸，結果の重大性をY軸に示したものである。このように座標軸に示すことで，児童虐待のリスクについて視覚的に把握することができるため，教職員や他機関の説明資料として活用してもよいだろう。

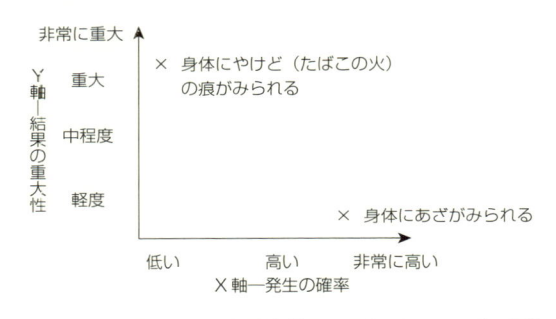

図3-2　A学区における児童虐待のリスクアセスメント（例）

　さらに，岩田（1998）は，児童虐待の要因を「虐待する側の問題」「家族の状況や社会文化的背景」「虐待される子どもにみられる特徴」の3つをあげている。この3つの要因それぞれに1つ以上の疑いが存在する場合には児童虐待が発生していると考えることができると示唆しており，表3-4のようなチェックシートによるそれぞれの問題の情報収集をすることも有効であろう。

2. いじめ
(1) いじめの現状

　平成19年度の文部科学省の「児童生徒の問題行動等生徒指導上の諸問題に関する調査」によれば，小学校で39.0％，中学校で64.0％，高等学校で51.2％の学校におけるいじめの実態が報告されており，依然として憂慮すべき状況がみられる。
　いじめを引き起こす原因については，これまでに多くの要因が指摘されている。発達心理学の立場から，桜井（1997）はいじめの具体的要因を表3-5のように示している。

第 2 節　生徒のアセスメント：家庭環境を視野に入れて

表 3-4　虐待の主たる要因となる事項のアセスメント（岩田，1998）

A.　虐待する側の問題 □ 1) 乳幼児期に安定した依存関係を経験していない，虐待された経験がある。 □ 2) 自己に対する評価が低く，傷つきやすい。 □ 3) 自分や周囲に対して要求水準が高い。 □ 4) 攻撃性が高くそれをコントロールできない性格である。 □ 5) 未熟な性格で配偶者各々が互いを支えられない。 □ 6) 人格障害や，アルコール依存症，統合失調症などの精神疾患をもっている。 □ 7) 知的障害がある。 □ 8) 身体疾患をもっている。
B.　家族の状況や社会文化的背景 □ 1) 暴力が虐待以前から家庭内にある。 □ 2) 望まない結婚，または妊娠，出産である。 □ 3) 夫婦の間がうまくいっていない。 □ 4) 経済的な問題を抱えている。 □ 5) 相談できる人や頼れる人をもたない。孤立した，もしくは閉ざされた家庭である。 □ 6) 親子が新生児期から乳幼児期にかけて離れて暮らした体験がある。 □ 7) 他に手のかかる子どもや病人などが家庭にいる。 □ 8) 完全なもの，優良なものだけが価値があるとする社会。 □ 9) 地域で横のつながりがなく，相互扶助の力が弱い社会。
C.　虐待される子どもにみられる特徴 □ 1) 未熟児で育児に手がかかる。 □ 2) 病気で育てるのが難しい。 □ 3) よく泣き，泣きやまない。 □ 4) 反応が少ない，食が細い，など。 □ 5) 発育・発達が遅れている。 □ 6) 何らかの形で親の期待が裏切られている。 □ 7) 親の嫌悪している対象によく似ているなど，陰性感情を投影されやすい。 □ 8) 自分を護る力が弱い。 □ 9) 行動上の問題がある。 □ 10) 自己評価が低い。

表 3-5　いじめを生み出す要因（桜井，1997 を参考に作成）

1) 現代の子どもたちには，基本的な自己有能感が十分に形成されていない。 2) 子どもたちがストレスや欲求不満を適切に解消できない。 3) 大人社会や子ども社会に存在するいじめ行動を比較的早いうちから観察することによるいじめのモデリングが可能な状態にある。 4) 共感や他者愛が未発達で欠如している状態にある。

(2) 子どもたちのいじめに対する認識

　ここでは，ある中学生の『いじめに関するわたしの考え』について筆者がインタビューした内容を紹介する。なお，中学生のコメントの中で，「いじめへの考え」「いじめ被害者への思い」「いじめ防止のための対応」などについての内容には下線をつけて表記している。また，ここで提示する内容は，対象者のプライバシー保護のため，本筋を歪めないかたちで一部改変している（表 3-6）。

第3章　学校環境のアセスメント—包括的アセスメントを活かした視点

表3-6　中学生のいじめに関する私（生徒）の考え

生徒A
私はいじめによって自殺したというニュースをテレビで初めてみた時，とても驚きました。なぜなら私は，いじめで自殺するという考えがなかったからです。私は今まで自殺しようと思ったことがなかったのでいじめられて自殺した人の気持ちが分かりません。 　いじめという行為は最低な行為です。いじめている人はたいしたことはないと思っているからいじめているのだと思います。でもいじめられている人は毎日学校に行くのも嫌だと思うし，家にいてもいじめのことは頭から離れないと思います。いじめられる側に原因があるという人もいるけど，原因があるからいじめをしていいわけではありません。原因というものは誰にでもあるものでそれは個性だと思います。個性をいじめの原因にするのは間違っていると思います。 　いじめがなくならない一つに教師側の対応もあげられると思います。テレビで見た限りでは，クラスでいじめはないと報告していたり，また教師自身が無視などのいじめをしていたり学校の対応の仕方が間違っていると思います。学校の対応次第でいじめはなくなっていくと思います。いじめは絶対にしてはいけないことだけれど，自殺も絶対にしてはいけないことです。いじめられることは辛いことだけど，どんなに辛くても自分で死を選んではいけないと思います。一生懸命生きていれば，あの時死ななくてよかった，今生きていてよかった，と思えるときが来ると思います。 　一人ひとりが相手の気持ちを考えて行動することがいじめによる自殺をなくす一番大切なことだと思います。
生徒B
私は毎日，テレビや新聞を見ていて「いじめが原因で自殺した」というニュースが増えていることにとても驚いたし，とても恐くなった。なぜこんなにもいじめが増えているのかや，なぜもっと周りの人が気づいてあげられないのか不思議に思った。 　私は今まで，いじめを受ける側に立ったことがないため，いじめを受けた側の本当の悲しさや，つらさが分からない。でも，もし自分がいじめられている立場だったら，つらい思いをしている時に一人でも話しかけてくれる友達がいれば，もっと安心するし，うれしいと思う。そのためには，もっと周りがいじめに気づいてあげることが大切だと思う。そして，いじめられている本人も，一人で悩まず家族や友達など周りの人に相談することも大切だと思う。また，先生たちや親たちがもっと早く気づいてやれなかったのかと思いました。私が思うには，いじめられている人は親に相談する勇気がなかなか出てこないのではないかと思います。だからパニックになったり，生きていくのが嫌になったりするのではないかと思います。それにいじめをなくすようにするためには，学校の先生や家族の人たちが学校での話を聞いてみたりして何かがあったか，何をしたかと，もう少しわかってあげた方がいいと思います。 　私はこれから，いろんな所でいじめを見ることがあるかもしれないけど，その時は，見て見ぬふりをするのではなくて，いじめられている子に話しかけて相談にのるなど，自分のできることからしていきたい。そして，いじめをする側には絶対に立たないようにしたい。これから少しずついじめが減り，それによって自殺する人が減っていければ良いと思っています。

　このような中学生のコメントから，いじめに対して，『いじめ被害生徒の立場の理解の難しさ』『命の尊さ，個性を尊重することの重要性』『誰かが気づき，誰かに相談できる体制の必要性』という認識をもっていることがわかる。

　特に生徒Bが，「親に相談する勇気がなかなか出てこない」と述べているように，子どもは相談することに躊躇する気持ちをもっているため，SSWrを含む支援者は受身的に相談されるのを待つのではなく，積極的に声を掛けて関心を払っていくことが必要であろう。佐藤ら（2000）は，実際にいじめの被害経験をもつ小・中・高・専門学校生へのインタビューの結果，被害者が「何もしない」といじめが長期化する一方で，「他の友人をつくる」や「誰かに相談する」などの具体的な行動を起こしていると短期に解決する傾向にあると報告している。つまり，周囲とのつながりをつくるこ

とで，短期的に解決へと導く可能性が生まれるといえる。

(3) いじめのとらえ方と予防的活動

いじめのとらえ方においては，個人や家庭のみに原因を求めたり，加害者児童生徒等や教師のみに原因を求めるというよりは，いくつかの要因が複合的に関わっているとする考え方が必要である。もちろん，社会制度や文化的背景の影響についても考えられなくはないが，直接的な因果関係を求めていくことはきわめて困難であろう。

また従来のいじめ防止プログラムでは，いじめの対処を目指したものが多く，その性質上，「いじめはいけない」などの認知的な側面への働きかけが中心となっている。これはこれで意味があるかもしれない。しかし，この認知的対処の発想からのプログラム開発だけでなく，今後は，予防的な発想から，子どもの怒りや不安のような感情を直接扱う心理教育的プログラムやピア・サポートなどを通じて，認知的側面のみならず感情的側面，さらに生活的側面まで踏み込んだ対応をしていくことが必要である。

國分（1998）は，「人と心のつながりのある人はストレスに耐える力が高まる」ことを指摘し，互いに支えあえる人間関係をつくることは，子どものストレス耐性を高めるとともに，いじめを防ぐ処方箋としても有効であると述べている。そのため，このような関係性をつくる構成的グループ・エンカウンターやピア・サポートなどを学校現場（たとえば学年・学級のようす，学校の風土，地域の文化など）の実情にあわせて活用していくことが望まれる。米川（2009）は，中高一貫校にて具体的なピア・サポートの展開を図っており，その効果が一部示されている（表3-7参照）。

表3-7 教師によるピアサポート活動の効果の有無

	中学 ($n=6$)	高校 ($n=5$)	管理職 ($n=1$)	合　計
不登校	2	0	0	2
特別支援	2	1	0	3
非行・暴力	3	1	1	5
精神的ケア	4	2	1	7
苦情処理	1	1	0	2
授業	0	1	1	2
クラスの問題	1	3	1	5
学校の自治	3	3	1	7
職員メンタルヘルス	0	1	1	2
教師のやる気	0	3	1	4

注：情報提供　米川和雄　　　　　　　　　　　　　　　　　　($n=12$)

第3章　学校環境のアセスメント―包括的アセスメントを活かした視点

【情報プラス1】
　横川ら（1997）の調査では，1クラスあたり少なくとも1件以上のいじめの加害者がいるケースは全体の93.6％，被害者がいるケースは全体の94.7％との結果が報告されており，9割以上の教師がいじめを発見しうる可能性をもつことを示唆している。その一方で，山崎ら（1997）や松尾（2002）の調査では，教師がいじめに気づくのは，全体の3割程度であると指摘しており，残りの7割の生徒は見逃され，何の手立てもないままにいじめを受け続けている可能性があると報告されている。
　また教師がいじめを見つけたときの対応として以下のような調査がある。
　生田（2000）の調査では，「その場で注意した」が最も多く，以下の傾向をもつ。「暴力的・非行的な傾向の強いいじめに対してははっきりと対応できる」が約9割，「言語的・精神的ないじめには必ずしも十分な対応ができていない」が約8割であった。本間（2003）の対応順位の調査では，1位「話をじっくり聞き，気持ちを理解した」，2位「大したことではないと問題にしなかった」，3位「具体的な対策をいっしょに考えた」，4位「昼食，掃除，休み時間などに積極的に生徒と対話した」であった。

（4）いじめのアセスメント

　いじめの早期発見をうながす有効な取り組みの1つとして，「いじめ早期発見のアセスメント」などのチェックシートの利用があげられる（表3-8）。SSWrなどの支援者がこのチェックシートに基づいて実態を観察することで，子どものわずかな変化の見落としを防ぎ，いじめの未然防止に効果をもたらすと考えられる。チェックシートは，比較的容易に実施できるため，教職員との情報共有や協働の手段（ツール）として活用いただきたい。

表3-8　いじめ早期発見のアセスメント（福岡県教育委員会，2007より一部抜粋）

児童生徒を観る具体的なポイント
□1）いつも一人で登校するか，友達と登校していても表情が暗い。
□2）朝早く登校したり，遅く登校したりしている。
□3）自分から挨拶しようとせず，友達からの挨拶や声かけもない。
□4）教師からの挨拶の声かけに対し，はっきりとした返事が返ってこない。
□5）はっきりとした理由もなく欠席する。
□6）健康観察で元気のない返事をしたり，返事をしなかったりする。
□7）健康観察で，頭痛・腹痛・体調不良をよく訴える。
□8）遅刻・早退が目立ってきている。
□9）発言や態度に，異常なほど周囲への気遣いがみられる。
□10）次の学習の準備をしないで，ぼんやりしていたりそわそわしていたりしている。

3．不登校

（1）不登校の現状

　不登校については，第8章に掲げるよう，2001（平成13）年度をピークに減少を続けていた不登校児童生徒数が，近年，再び増加傾向にあることが示されている。そ

して，登校できるようになった児童生徒数は全不登校児童生徒の30.5％にとどまっており，不登校問題の根深さが窺える。

文部科学省は，不登校への対応として，①「将来の社会的自立に向けた支援の視点」，②「連携ネットワークによる支援」，③「将来の社会的自立のための学校教育の意義・役割」，④「働きかけることや関わりをもつことの重要性」，⑤「保護者の役割と家庭への支援」の5つの視点を示している。特に，「社会的自立」や「連携ネットワーク」，「家庭への支援」については，SSW実践においても重要なキーワードである。

(2) 不登校と家族のライフステージ

不登校の子どもにとって，家族がとても重要な存在であることは言うまでもない。そのため，子どもの生活と密接なかかわりをもち，なおかつ重要な資源でもある家族の置かれている状況，家族としての問題対処能力や機能をアセスメントし，適切な支援を行っていくことが求められる。このとき，家族が経験する発達課題について知っておくことは，どのように家族の発達状態が不全を起こしているかをとらえる上で参考となる。

表3-9はライフステージ（発達段階）別にみた家族の発達課題を一覧にしたものである。個人と同様に家族にもライフステージがある。そのライフステージにおいて家族は様々な役割や関係を経験することになる。家族のライフステージにはそれぞれの課題があり，次のステージ（段階）へ進むには，そのつど家族が柔軟に課題を乗り越えていくことが求められる。ジェノグラムなどによって家族構成とメンバーの年齢をみればその家族がどの発達段階に位置し，どのような課題をもっているのか，どのような課題に対する家族の役割の配分や遂行が必要なのか等をとらえる事がより可能になる。キャリア発達とも密接に関わる重要事項である。

(3) 不登校のアセスメント

不登校のアセスメントの枠組みとして藤岡（2005）は，①身体的状況，②家族システム，③発達課題，④自我機能，⑤人格特性，⑥傷つき（トラウマ），⑦人間関係の成立と程度，⑧学校システム，⑨地域システムの9つを取りあげている。ミクロレベルからマクロレベルのアセスメントを行い様々なレベルから支援計画を考える必要性を言及しているといえよう。具体的なアセスメントとしては，Blagg（1989）の不登校の初期段階におけるアセスメントが参考になる（表3-10）。これはミクロレベルからメゾレベルのアセスメント例といえよう。

表3-9 ライフステージ別家族の発達課題（望月・本村，1980）

	基本的発達課題（目標）	目標達成手段（経済）	役割の配分・遂行	対社会との関係
婚前期	・婚前の二者関係の確立 ・身体的・心理的・社会的成熟の達成	・経済的自立の準備 ・新居の設定（親との同居・別居）	・正しい役割の取得 ・結婚後の妻の就業についての意見調整	・相互の親族や知人の是認の確保
新婚期	・新しい家族と夫婦関係の形成 ・家族生活に対する長期的基本計画 ・出産計画	・安定した家計の設計 ・耐久消費財の整備 ・長期的家計計画（教育・住居・老後） ・居住様式の確立 ・出産育児費の準備	・性生活への適応 ・夫婦間の役割分担の形成 ・夫婦の生活時間の調整 ・生活習慣の調整 ・リーダーシップ，パターンの形成	・親や親戚との交際 ・近隣との交際 ・居住地の地域社会の理解 ・地域の諸団体活動への参加
養育期	・乳幼児の健全な保育 ・第2子以下の出産計画 ・子の教育方針の調整	・子の成長にともなう家計の設計 ・教育費・住宅費を中心とした長期家計計画の再検討	・父／母役割の取得 ・夫婦の役割分担の再検討 ・リーダーシップ，パターンの再検討	・近隣の子どもの遊び集団の形成 ・保育所との関係 ・親族との関係の調整（祖父母と孫）
教育期	・子どもの能力・適性による就学 ・親の再就職と社会活動への参加 ・子の進路の決定 ・家族統合の維持	・教育費の計画 ・住宅の拡大・建設費の計画 ・老親扶養の設計 ・余暇活動の設計 ・子の勉強部屋の確保	・子の成長による親役割の再検討 ・子の家族役割への参加 ・夫婦関係の再調整 ・余暇活動の調整 ・家族の生活時間の調整 ・親の就業による役割分担の調整	・老親扶養をめぐっての親族関係の調整 ・PTA活動への参加 ・婦人会，地域社会活動への参加 ・婦人学級・成人学級など学習活動への参加 ・夫の職業活動の充実
排出期	・子どもの就職・経済的自立への配慮 ・子の情緒的自立への指導 ・子の配偶者選択・結婚への援助	・子の結婚資金の準備 ・老後の生活のための家計計画 ・子の離家後の住宅利用の検討	・子の独立を支持するための役割 ・子の離家後の夫婦関係の再調整 ・子の離家後の生活習慣の再調整	・地域社会活動への参加 ・奉仕活動への参加 ・趣味・文化活動への参加
老年期	・安定した老後のための生活設計 ・老後の生きがい・楽しみの設計	・定年退職後の再就職 ・老夫婦向きの住宅の改善 ・健康維持への配慮 ・安定した家計の維持 ・遺産分配の計画	・祖父母としての役割の取得 ・やすらぎのある夫婦関係の樹立 ・夫婦としての再確認 ・健康維持のための生活習慣	・子どもの家族との関係の調整 ・地域社会活動・奉仕活動・趣味・文化活動参加の維持 ・子どもの家族との協力関係の促進 ・老人クラブ・老人大学への参加 ・地域社会活動への参加（生活経験を社会的に生かすこと）
孤老期	・ひとりぐらしの生活設計	・ひとりぐらしの家計の設計 ・ひとりぐらしの住宅利用 ・遺産分配の計画	・子どもによる役割の補充 ・社会機関による役割の補充	・社会福祉サービスの受容 ・老人クラブ・老人大学への参加 ・新しい仲間づくり，友人関係の活用

第2節　生徒のアセスメント：家庭環境を視野に入れて

表3-10　不登校初期段階でのアセスメント（Blagg, 1987）

| ①生活史
　□不登校の期間がどれくらい長く続いているのか
　□突然始まったのか，徐々に始まったのか
　□これまでに家族内に不登校（登校をしぶるもの者）がいたか
　□保護者は欠席についてどうかかわっていたか
②症状
　□起床，着衣，食事の様子はどうか
　□登校の準備はどうか
　□身体症状はみられるか
　□抵抗や泣くといった行動はみられるか
　□睡眠はとれているか
　□モノを投げたり暴力を振るったりするか
③校外生活
　□友達に会うことを嫌がっているか
　□友達を強く恐れているか
　□学校以外では普通に活動できるか
④登校に対する態度
　□欠席することに罪悪感をもっているか
　□欠席を合理的にとらえていないか | ⑤学業達成度
　□学習に関して劣等感を感じていないか
　□勉強することを嫌と感じていないか
　□特定の教科（科目）に対して不安を持っていないか
⑥パーソナリティ特性
　□自尊心は低くないか
　□感受性は低くないか
　□社会性は低くないか
⑦仲間関係
　□仲間外れにされていないか
　□友達は限られていないか
　□友達の転校や死去はなかったか
⑧家族の不安
　□家族構成員に重病人がいないか
　□家族構成員の死にかかわったことがあるか
　□家族は経済的基盤で困っていないか
⑨学校場面の不安
　□学校で恐い経験をしたことがあったか
　□突然転校することがあったか
　□授業で失敗や恥ずかしい思いをしたか |

4. 発達支援（特別支援）

学校現場では，発達障害をもつ子ども1人ひとりの特性や能力に合わせた教育や支援が求められる。ここでは，学習障害（LD），注意欠陥多動性障害（ADHD），高機能自閉症などのいわゆる発達障害に関するアセスメントについて紹介する。

(1) 学習障害（Learning Disability：LD）

LDは，①全般的な知的発達には遅れはない，②聞く，話す，読む，書く，計算する，推論する能力のうち，特定のものの習得と使用に著しい困難を示す，③原因として，中枢神経系に何らかの機能障害があると推定されるものとされる。また，LDは，①学習以外にも会話が苦手あるいは聞き漏らしがあることで友達や教師とうまく関係を築くことができない，②中枢神経系の障害によってうまく身体を動かすことができない，③学習内容がわからないので集中できず教室を歩き回るなどの注意集中の困難性や多動性を示すこともある。さらに，④行動したいことと実際の行動が合わない（キャッチボールや縄跳びが苦手）等，運動能力における困難性を示すこともある。ただし，LDは，千の位以上の足し算ができない等の限られた点以外は，困難性がないこともある。この場合は，自己の状態を理解する力もあることから，人よりできない部分があるということによって，自己否定感を抱いていることが少なくない。学習障害のアセスメントでの注意点は表3-11の通りである。

表 3-11　学習障害（LD）のアセスメントの注意点

①子どもの学習のつまづきを知り，どのようなことで困っているのかをはっきりさせる。
②そのつまづきの背景を探るために，認知の特徴を知る。
③とくに認知の処理過程については，「同時処理様式」と「継次処理様式」の２つの側面のアンバランスさを見極める。
＊同時処理様式：複数の情報を受け取り，それらの関連性について着目して，全体的に処理する様式のこと。例えば，目的地までの行き方を，地図を見て理解すること。
＊継次処理様式：情報を１つずつ受け取り，時間的な順序によって処理する様式のこと。例えば，目的地までの行き方を聞いて，１つひとつ順番に理解すること。

（2）注意欠陥多動性障害（Attention Deficit and Hyperactivity Disorder：ADHD）

　ADHDとは，年齢あるいは発達に不釣り合いな注意力，あるいは衝動性，多動性を特徴とする行動の障害であり，社会的な活動や学業に支障をきたすものである。また，ADHDは，7歳以前に現われ，その状態が継続する。中枢神経系に何らかの要因による機能不全があると推測されている。ADHDの子どもの具体的な特徴としては表3-12のようなものがある。

表 3-12　注意欠陥多動性障害（ADHD）の特徴

□①不注意：物をなくす，気が散りやすい，話を聞いていない，集中力が持続しないなど
□②多動性：そわそわ動く，離席する，興奮する，じっとしていない，過度に話をするなど
□③衝動性：人の邪魔をする，順番が待てない，質問の途中で答えるなど
□④複合性：集中できず，授業中眠る，物を投げる等，場にそぐわない行動

　また，上記以外にも「不注意」，「多動性」，「衝動性」などの行動に対する周囲の不適切な対応によって，自尊心の低下や不安の増大などの心理面の問題，反抗的・攻撃的行動や暴力などの行動面の問題，以上の心理的・行動的な不安定性から，全般的な学習の遅れにいたるといった学習面の問題などの二次的に派生する問題も起こり得る。そのため，二次的な問題が主となる要因であると判断しないよう，子どもの特徴（主となる要因）と二次的な問題を分けてアセスメントすることが必要である。

（3）高機能自閉症

　高機能自閉症とは，①3歳位までに現われ，②他人との社会的関係の形成の困難さをもち，③ことばの発達の遅れ（ことばの受信，処理，発信におけるどれか，またはそれぞれの困難性）があり，④興味や関心が狭く特定のものにこだわるという特徴をもつ。ただし，知的発達の遅れを伴わないものとされている。また，中枢神経系に何らかの要因による機能不全があると推定されている。具体的に表3-13のような特徴がある。なお，こだわりにおいては，自己を否定する人に対する，過度な怒りや恐怖等への執着をもつことに繋がるとされる考えもある。
　また高機能自閉症に関わるものとして，ことばの発達の遅れがないアスペルガー症候群，知的遅れを伴う自閉症を含めた自閉症全体をとらえた言い方である広汎性発達

表3-13 高機能自閉症の特徴

①人への反応の乏しさ，社会的関係の困難さ
　□身振り，手振りなどの多彩な非言語的な行動が困難である。
　□同年齢の仲間をつくることが困難である。
　□楽しい気持ちを他人と共有することが困難である。
②言葉の発達の遅れ
　□話し言葉の遅れがあるのに，身振りなどによりそれを補おうとしない。
　□他人との会話を開始し継続することに明らかな困難性がある。
　□常同的で反復的な言葉の使用や独特な言葉がある。
③味や関心が狭く特定のものにこだわる
　□強いこだわりがあり，限定された興味（タイヤ等回るもの，電車，パソコン）だけに熱中する。
　□特定の習慣や手順にかたくなにこだわる。
④その他の特徴
　□常識的な判断が難しい場合がある。
　□動作やジェスチャーがぎこちない。

障害がある。このとき，アスペルガー症候群は，ことばの発達の遅れがないといっても，場面にそぐわない発言をしたり，相手の気持ちを考えた発言ができずに周囲から怒られ，さらに周囲の発言が理解できずに悩んでいることもある。

(4) 発達支援のアセスメント

　以上のように，3つの発達障害について紹介したが，同じ発達障害名が医師により診断されても，人それぞれの個性があるように障害にも個性があり，個々に特徴が異なる。特に2つ3つの発達障害を複合的にもちあわせている場合も少なくないこと。

　また発達のかたよりという点では，知能検査（100が平均）で，平均以上あるからといっても，一部の検査ではIQ125，その他はIQ80というような場合は，一概に本人に問題がないと安心することはできない。自己のできる部分とできない部分（コミュニケーションが言語的にできていても理解ができていない等）との開きから，生活の困難性を感じることもあるからである。この点について，初任者は意外と見落としがちである。

　このようにコミュニケーションの困難性をもつ児童・生徒の場合，支援方法の1つとして，受容的なカウンセリングによる居場所づくりで，安定した自己の形成を支援することもあるが，スキルトレーニングで具体的な対処方法を理解できるように支援していくことも有効である。児童生徒に合わせた援助方法を日々検討し，無計画な援助方法の継続的実施に陥らないようにしていくことが求められる。なお近年のアメリカの学校専門職は，児童を環境に適応させるという考えだけではなく，環境を児童に合わせていくという考えを重んじるようである。

第3節　学校環境のアセスメント

　SSWが，環境に働きかける援助であるということは前述してきた通りであるが，

第3章 学校環境のアセスメント―包括的アセスメントを活かした視点

環境へのアセスメントとしても，目に見える物理的側面から，目に見えない社会的側面等様々である。なかでも，目に見えにくいため，見落とされやすい社会的側面のアセスメントは，SSW の特徴の１つでもある。この社会的側面には，家族関係，人間関係や環境に関わる風土や文化等がある。本節では，特に目に見えにくい社会的側面のアセスメント，とりわけそれを視覚化する技法について紹介する。

1. 学校風土のアセスメント

アセスメントにおいて，学校風土を見立てることで，学校が有する雰囲気や教師文化，生徒文化の特徴をとらえることが可能になり，学校のニーズをより理解できるようになると考えられる。伊藤（2001）は，風土が集団の組織的側面（伊藤は側面を特徴としている），物理的側面と人的側面から醸成され，それらを相互に結びつける媒介変数になると位置づけている。この考えを学校風土に当てはめれば，学校規模が大規模か小規模といった組織的側面，都市部か農村部かといった物理的側面，教職員集団や生徒集団といった人的側面となるだろう。

学校は教師文化と児童生徒文化，さらには地域文化が重なり合うことで学校全体の風土が形成されている（図3-3）。教師文化と児童生徒文化の特徴について，教師文化は，特定の専門職集団がもつものの見方や考え方，行動様式などであり，個別の学校ごとに生み出される特有の生活様式である一方，児童生徒文化は，教師や学校の統制が届かない子ども独自の文化であるとされている（福田，2002；表3-14）。

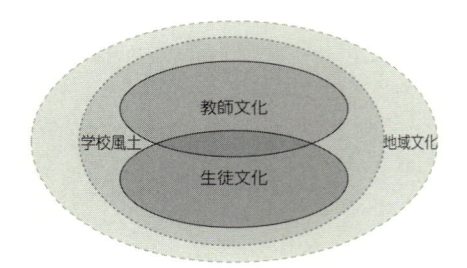

図 3-3　学校風土を形成する諸文化

表 3-14　学校文化に関わるアセスメントの３つの視点（福田，2002 を参考に作成）

①学校を「関わりの対象」としてアセスメント…学校を１つの有機体としてとらえる発想であり，学校を人格化（personification）すること。つまり，学校を一人の「人」として見立てることで，どこに問題が存在しているのか，あるいはどこに成長の可能性が埋れているのかという学校の個性を把握しやすくすること。
②学校という「場」をアセスメント…学校の中での SSWr が置かれている立場や位置づけを理解すること。この「場」のアセスメントによって，SSWr は学校という土壌に馴染み，その土壌に合った役割を果たすことに繋がる。
③「関係」をアセスメント…学校を取り巻く様々な「関係」を把握すること。例えば，組織の柔軟さ，意思決定のあり方，管理職と一般教員との関係，職務上の関係と私的な関係等から教職員集団の特性を把握する等があげられる。

このとき，それぞれの文化の歴史，組織の性質，柔軟性等様ざまなアセスメントが考えられるが，マクロレベルのアセスメントとしては，地域資源がどの程度あるか，地域福祉計画がどのように示されているか，児童・生徒，家庭や学校に対する適切なソーシャルサポートネットワークが形成されているか等の，地域をアセスメント（学校外部環境）することが含まれる。メゾレベルのアセスメントとしては，担任1人で問題を背負うことなく学校内部の組織化による問題対処，予防・開発的対処がなされているか等の学校内部環境をアセスメントすることが含まれる。ミクロレベルの従来の個人要因を中心としたアセスメントを深めるものとして，これら2つのアセスメントの観点は重要である。

2. ジェノグラムとエコマップ

クライエントと環境との関係性を一定の様式で図示する方法にマッピング技法がある。これはクライエントとクライエントを取り巻く環境の交互作用や関係性を可視的に表現するものであり，支援をより有効に進めるSSWのアセスメント手法として知られている。本項では，マッピング技法の代表的なものである「ジェノグラム」と「エコマップ」について説明する。

(1) ジェノグラム

ジェノグラム（genogram）は，2～3世代以上の家族メンバーとその人間関係を記載する家系図作成法である。この方法によって複雑な家族構造や家族メンバー間の情緒的関係，さらには前世代（以前）からの長い家族歴を視覚的に理解することが可能になる。そのため，クライエントの問題や症状が家族との関係でどのように形成されてきたか，そしてその問題が現在の家族という場の中でどのような位置づけにあるのかを理解するのに役立つ。また，家族関係の歴史に焦点をあててアセスメントすることで，今まで見えていなかった家族内での問題の形成過程や家族機能の状況についての有効な援助仮説を導き出すことが可能になる。

【情報プラス1】

ジェノグラムはもともと家族療法の分野で発達してきたものである。家族療法の理論的体系化を図ったボーエン（Bowen, M.）が1950年代に統合失調症患者とその親との情緒的な絡み合いを読み解く道具として開発したのが最初である。その後，1980年代には，マクゴールドリック（McGoldrick, M.）らによって記載方法が標準化され，日本でも福祉，心理，医療などの専門分野で普及するようになった。

図3-4はジェノグラムにおける家族の基本構造を表わす記号と家族メンバーの交互関係を表わす記号である。一般的に問題や症状をもった人物を□あるいは◎で明示する。また，同居している家族メンバー（親子・祖父母等）については点線あるいは実線で囲んで示す（図3-5は見やすさから囲んでいない）。その他，特別に情緒的な

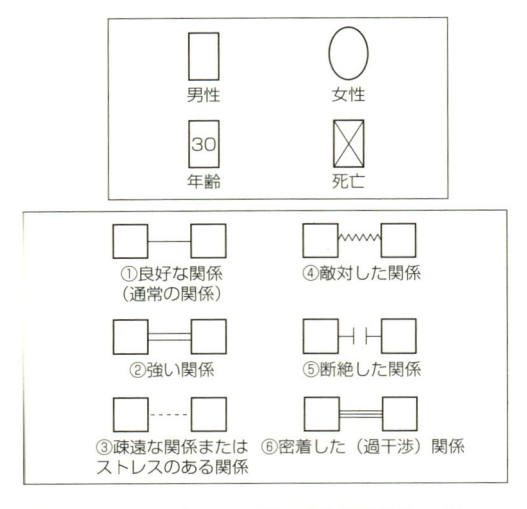

第3章 学校環境のアセスメント—包括的アセスメントを活かした視点

図 3-4 ジェノグラムの記号と家族相互作用のパターン

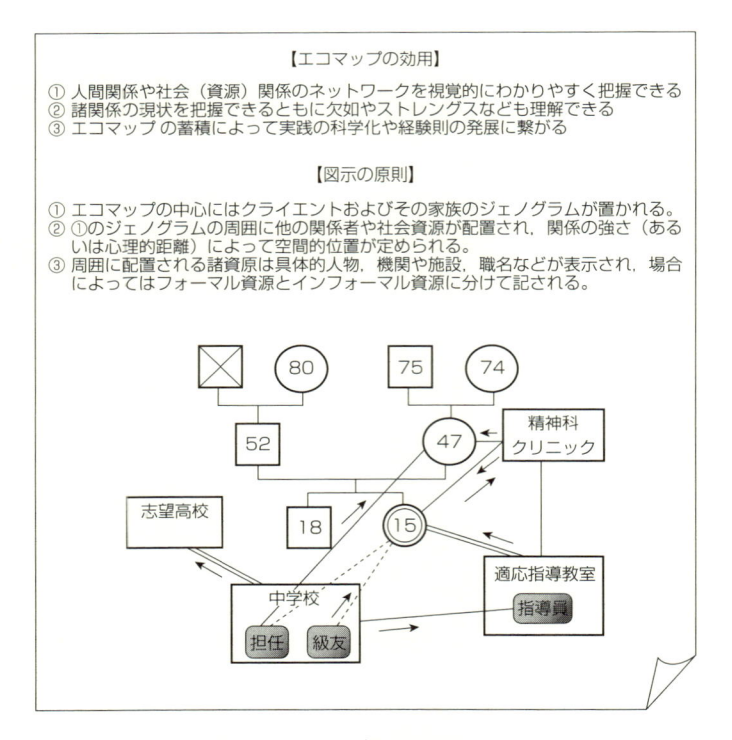

【エコマップの効用】
① 人間関係や社会（資源）関係のネットワークを視覚的にわかりやすく把握できる
② 諸関係の現状を把握できるとともに欠如やストレングスなども理解できる
③ エコマップの蓄積によって実践の科学化や経験則の発展に繋がる

【図示の原則】
① エコマップの中心にはクライエントおよびその家族のジェノグラムが置かれる。
② ①のジェノグラムの周囲に他の関係者や社会資源が配置され，関係の強さ（あるいは心理的距離）によって空間的位置が定められる。
③ 周囲に配置される諸資源は具体的人物，機関や施設，職名などが表示され，場合によってはフォーマル資源とインフォーマル資源に分けて記される。

図 3-5 エコマップ作成における具体例

(2) エコマップ

エコマップは，"ecological map（生態学的地図）"を略した eco-map をそのまま片仮名で表記したものである。エコマップはクライエントを取り巻く諸要素とそれらの関係を記号で表示することによって簡便な理解を促進することに特色がある（3-5）。時間的要素を加え，時系列でのエコマップを提示することで SSW の展開を理解することができる。

第4節　エコマップを用いたアセスメント事例

1．実践事例

本事例は，実際にあった中学校の不登校女子生徒の一事例である。支援対象の生徒（以下，本児とする）は，中学2年生の2学期から遅刻や欠席が目立つようになり，その後，不登校となった。中学卒業時には，SSWr を含めた様々な専門職（人的資源）や社会資源の関与により，本児は，適応指導教室に通学しながら自己の進路決定をしていった。

以下に，本事例の詳細と関係形成の経過について順を追って紹介する。なお個人情報保護のため，情報を一部修正している。

(1) 家族構成

父親，母親，兄，そして本児の4人家族であった。父親は，個人商店を経営しており，母親は旅行会社に勤務していた。特に母親は，仕事柄出張が多く，海外への出張の際は，1～2週間家を留守にすることもあった。兄は，自宅から近い高校に通学しており，部活動は運動部に所属していた。

(2) 本児の生活状況

①本児の学校でのようす

本児は学級の中では控えめな存在であった。休み時間などは特定の友人といっしょに過ごすことが多かった。また，特定の友人以外とは，表面的には良好な関係を築くことができていた。しかし，後の SSWr との個別の面談の中では，級友に対する不満を訴えることもしばしばみられた。

学級担任からの本児の成績に関する情報では，本児の成績は学級の中でも上位であり，特に英語が得意な科目であるということであった。その一方，体育や家庭科などの集団競技や集団での活動を苦手としており，授業では見学や1人で行動をする場面もよくみられるとのことであった。さらに，本児の将来の希望は，中学卒業後は高校へ進学し，職業としては，小学校もしくは中学校の教諭になることを志しているとのことであった。

第3章　学校環境のアセスメント―包括的アセスメントを活かした視点

②本児の家庭でのようす

本児の家庭でのようすについて母親の話では，日ごろから食事の準備や洗濯，掃除などの家事もよく手伝ってくれ，非常に頼りになる存在であるとのことであった。また，母親が出張で家を留守にする際は，本児が母親に代わって家事をしてくれるとのことであった。学級担任からの情報では，本児と両親との関係はとても良好であり，特に問題はないが，母親が不在の際，本児に大きな負担がかかっているのではないかとの意見も出された。

(3) 事例の経過

ここからは，本事例の経過を4つの場面に分けて紹介する。

1) 第1場面：本児の不登校が顕在化した時期

本児は，中学2年生の2学期ごろより，しばしば遅刻や欠席がみられるようになった。

本児の不登校が顕在化してきたこの時期，本児は，周囲に対して拒否的あるいは猜疑的な態度を取るようになり，学級担任や級友に対して「教師は信用できない」や「友達なんていらない」などの発言が目立つようになっていった。

このような発言に対して，担任は「なぜそんなことをいうのか」，「何が信用できないのか」などと問い詰める場面もあり，本児と担任との関係はしだいに険悪な状況となっていった。また，級友からも本児のこのような発言に対して，否定的な発言がみられるようになり，しばしば級友と人間関係でトラブルを起こすようになった。その後も本児は，「教師は子どもの気持ちをわかろうとしない」や「教師は教えることが仕事ではなく，人を育てることが仕事だ」などと学級担任や学校に対する批判的な発言が続いた。このころの本児とそれを取り巻く状況を図3-6に示す。

学校側は不登校の要因として，本人の性格の問題や学級担任との何らかの問題によって本児の教師に対する批判や反発が高まり，その結果，不登校が顕在化したと推測していた。

同じ時期，SSWrは養護教諭より，本児への対応と学級担任へのサポートについて相談の依頼を受けた。この依頼を受けて，SSWrは学級担任へ事実の確認を行い，本児に対する計画的な支援の検討を開始した。

2) 第2場面：本児の学級担任や級友に対する批判的発言がエスカレートした時期

中学2年生の3学期，本児と学級担任および級友との険悪な関係は，いまだ改善が見られない状況であり，むしろ本児の学級担任に対する拒否的な発言は，ますますエスカレートしていった。このころの本児は，休日を利用して，いじめや生徒指導などの教育に関する講演会や勉強会に頻繁に参加するようになっていた。時には，電車で6時間ほどかけて，他の地域で行われる勉強会にも参加していた。このころの本児は，教育に対して非常に強い関心を抱いているようすが窺えた。

SSWrは，担任より本児の学級でのようすや家庭での生活状態などについてアセスメントを行い，個別支援計画の作成を行った。その際，学級担任は本児とのかかわり

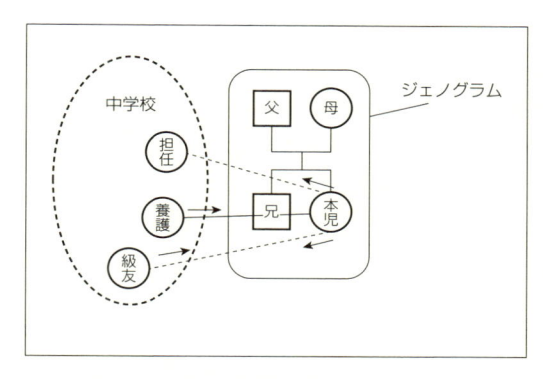

第4節　エコマップを用いたアセスメント事例

図3-6　本児の不登校が顕在化した時期のエコマップ

で心理的に傷つき，疲労していることが予測されたため，学級担任への情緒的支援もSSWrによる支援の柱の1つとして計画に盛り込んだ。また，継続的に本児への対応を検討する機会となるケース会議の立ちあげを提案し，その後実施された。ケース会議では，学級担任，養護教諭，校長などの管理職，生徒指導担当教諭，SSWrが参加し，本児への対応について検討していった。そのケース会議の中で，本児の精神的安定と不登校の改善を目的に，適応指導教室の活用が養護教諭より提案されたため，SSWrが適応指導教室の指導員と連携を図るようになった。そのころの本児を取り巻く社会関係を図3-7に示す。

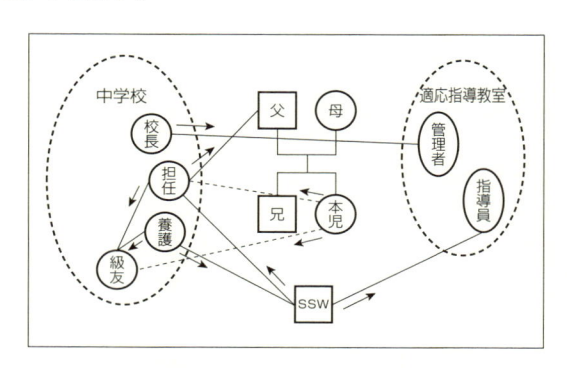

図3-7　本児の学級担任や級友に対する批判的発言がエスカレートした時期のエコマップ

3）第3場面：本児が適応指導教室へ通学し始めた時期

本児が中学3年生の1学期を迎えた時期，学級担任から本児と母親に対して適応指導教室の利用について話がなされた。本児もこのままの状況が続くよりも，適応指導教室で居場所をつくりたいとの考えが出たため，1学期の半ばから，近隣の適応指導

51

教室へ通うようになった。この時期、SSWrの働きかけとしては、環境の変化に伴う本児の不安軽減や適応指導教室での級友との関係調整などが中心となった。また、SSWrは適応指導教室の指導員と本児の生活状況に関する情報共有・情報交換の機会を頻繁に設けていった。この時期の本児を取り巻く社会関係を図3-8に示す。

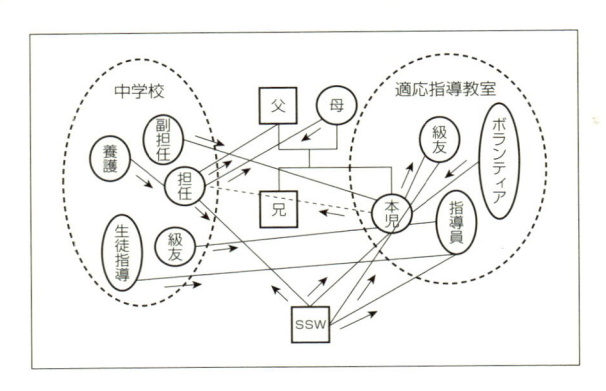

図3-8 本児が適応指導教室へ通学し始めた時期のエコマップ

その後の本児は、適応指導教室の級友たちとも会話をするようになり、しだいに下級生のお世話や遊び相手などを自ら率先してするようになった。また、本児からは「ボランティアのお兄さんと気が合う」との発言があり、本児はボランティアとの良好な関係によって精神的に安定していった。

4) 第4場面：本児が進路について悩み、そして決定していった時期

本児が中学3年生の2学期を迎えた時期、本児から「わたしは、やっぱり将来、学校の先生になりたい」や「高校に行って勉強したい」ということばが聞かれるようになった。

ケース会議では、本児の進路を支援する計画が提案され、高校進学に向けた支援が実行された。おもな支援内容は、学校関係者、適応指導教室、教育委員会等から構成される『不登校問題地域連絡会』の立ちあげとその構成メンバーや本児が志望する高校の教務担当との情報共有などであった。この時期の本児を取り巻く社会関係を図3-9に示す。

さらに、『不登校問題地域連絡会』では、本児の進路決定等に関する支援策として、スクールカウンセラー（SC）による心理学的視点、生徒指導担当教諭等からの教育的視点、精神科クリニック等からの医学的視点からの助言やアドバイスがSSWrのソーシャルワーク的視点から集約され、支援計画に盛り込まれた。

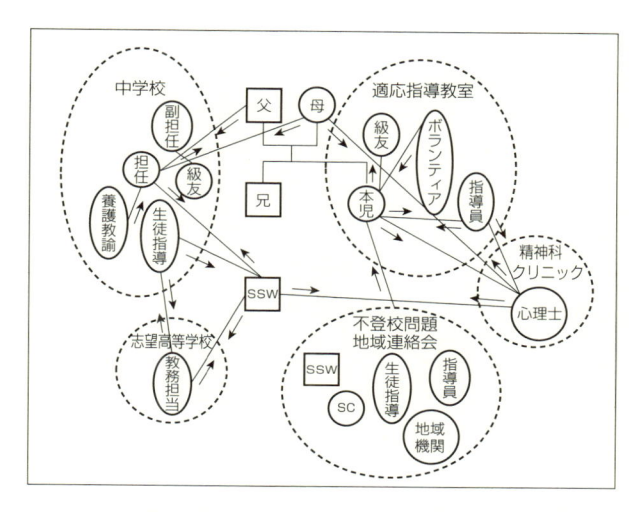

第4節　エコマップを用いたアセスメント事例

図3-9　本児が進路について悩み，そして決定していった時期のエコマップ

2. スクールソーシャルワーカーの役割とエコマップの変化

本項では，本事例におけるSSWrの役割によって，エコマップが変化する過程を理解するために事例の解釈を行う。

まず，第1場面では，本児と学校という関係性だけであった関係機関が，第2場面においては，SSWrによる適応指導教室との連携により，本児のソーシャルサポートネットワークの範囲を広げた。また本児の支援だけではなく，SSWrによる学級担任への支援も開始されたことは，本事例における重要な観点であった。この時のSSWrと学級担任との関係に注目すると図3-10のようになる。SSWrより，学級担任に対して情緒的なソーシャルサポートの提供が行われた結果，担任は本児に対する否定的な感情をおちつかせ，自分なりの対処を試みるところがみられた。この場面でのSSWrは，担任には直接的に，そして本児には間接的に「力を添える者」（ミクロレベル）としての役割を果たしていたといえよう。

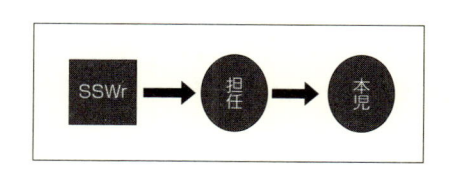

図3-10　「力を添える者」としての役割

53

第3章 学校環境のアセスメント―包括的アセスメントを活かした視点

　さらに，この時のSSWrと適応指導教室の指導員，養護教諭（中学校）との関係を取り出すと図3-11のようになる。SSWrは養護教諭（ケース会議）の要請を受けて，学校の枠を超えて地域の社会資源である適応指導教室の指導員に働きかけを行っており，この時のSSWrの役割はメゾレベルの「仲介者」としての役割を担っているともいえよう。

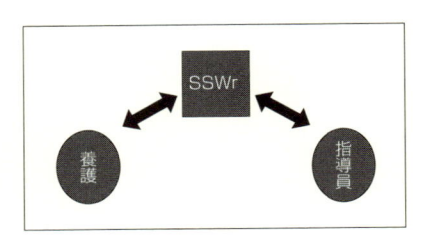

図3-11　メゾレベルの「仲介者」としての役割

　第3場面でのSSWrの役割について捉えると，図3-8に示す通り，この場面では，SSWrは本児の環境の変化に伴う不安の軽減並びに適応指導教室での級友との関係調整を側面的に支援していた。また，適応指導教室の指導員とのやり取りで明らかとなった本児の適応指導教室での生活状況や級友との関係などの情報を学級担任へ伝える橋渡し的存在であった。この時のSSWrの役割は，メゾレベルの「仲介者」のほか，ミクロレベルの「代弁者」，または「教育者」としての役割を担っていたといえよう（図3-12）。

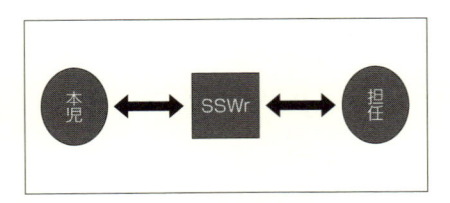

図3-12　ミクロレベルの「代弁者」「教育者」としての役割

　さらに，第4場面では，図3-13のように本児への進路支援として，『不登校問題地域連絡会』の立ちあげと運営による専門職の組織的サポートが行われており，この時のSSWrの役割は，より地域を巻き込んだマクロレベルの「組織者」あるいは「交渉者」としての役割を果たしていたといえよう。

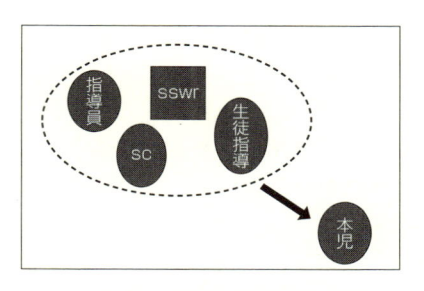

図3-13　マクロレベルの「組織者」「交渉者」
　　　　としての役割

　以上のように，SSWrは，「力を添える者」「仲介者」，「代弁者」，「教育者」「組織者」，「交渉者」などのミクロからマクロレベルの役割を担っていた。そして，本児が必要としている社会資源について，チームと共に正確な見きわめを行い，適切な人的資源や社会資源に繋いでいくことにSSWの特徴が認められる。加えて，SSWrは，このような連携ネットワークを構築する際，ただ繋ぐだけではなく，繋いだ関係を維持・発展させることを目指し，子どもを支えるしくみや社会環境の促進的な構築により，本児自らが主体的に進路選択できることを保障する役割を担っていたといえよう。

第5節　包括的アセスメントの意義とアセスメントシート

　前述したように，SSW実践では，ミクロからマクロレベルの各レベル別の支援についてのアセスメントが必要となる。つまり，個々の事象としての「点」のアセスメントと，ミクロからマクロレベルの「点」が集合した展開をもつ「線」（または面）としてのアセスメントが必要である。
　具体的には，この点と線または面をとらえるために，第1節から第4節にあるような多様な次元から情報を収集し，その意味合いを解釈していく包括的アセスメントが必要となる。ここでは，包括的アセスメントを行っていく上での重要な視点について紹介するとともに，具体的なアセスメントシートからアセスメントすべき項目について提示する。

1．包括的アセスメントの視点

　包括的アセスメントを実施する際，以下のような視点が必要となる。

（1）本人の生活の場を含めたアセスメントであること

　SSWrは，基本的に，学校という子どもが生活する場で支援を行う。そのため，子どもの問題や課題をとらえる場合，個々の問題や課題に焦点化するのではなく，生活全体に焦点を当てた"環境の中の人"という視点が求められる。そのため，包括的ア

セスメントは，子どもの生活そのものを知り，その人らしい生活ができるよう支援するために用いられる。生活の場を含めたアセスメントであることを認識しておく必要がある。

(2) 支援対象の多様性を意識したアセスメントであること
　子どもの生活の場で支援を展開するSSWrは，子どもの「生活のしづらさ」をもたらす様々な課題に対応するために，多様な課題を理解できるだけの守備範囲を広げておくことが求められる。そのため，包括的アセスメントは，支援の対象となる子どもに限らず，家庭，学校，地域，社会をも範囲とする。

(3) 積極的な支援，予防的な支援のためのアセスメントであること
　SSWrは，子どもを含め学校で起こる様々な事象に対して"積極的"に，問題が深刻になる前に"予防的"に働きかけることが求められる。このときの評価軸の1つがアセスメントである。加えて，積極的なアセスメントによる全児童・生徒を対象とした生きる力を育むような開発的な働きかけも，SSWrには求められる。

(4) 連携と協働のネットワークに関するアセスメントであること
　包括的アセスメントの実施には，"外部機関と学校との連携"と"協働のネットワークの動態"をアセスメントすることが含まれる。たとえば，前節で示した事例のように，不登校生徒への支援において，適応指導教室や高校，精神科クリニックなどの学校外の機関による働きかけが必要であり，様々な角度からの支援が求められる。どのような機関との連携や協働が必要か，SSWrが正確な判断をするためにもアセスメントは不可欠である。

2．包括的アセスメントの具体例

　ここでは，第1節から第4節までの項目を網羅する包括的アセスメントシートの構成図を図3-14に提示する。

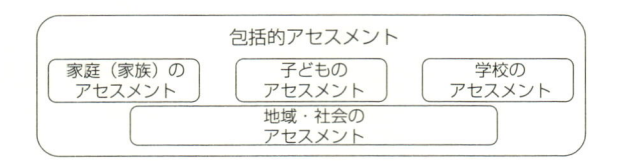

図3-14　包括的アセスメントシートの構成図

　包括的アセスメントシートでは，子どもがもつ課題のアセスメントに加え，子どもを取り巻く環境である家庭や学校，地域や社会のアセスメントという広がりをもつ。また様々な機関が連携と協働を図り，それぞれの立場からの情報を包括的に示すことを目的とするものでもある。表3-15に具体的な包括的アセスメントシートを用いた例（第4節事例第2場面初期）を示す（章末資料①参照）。

第5節　包括的アセスメントの意義とアセスメントシート

表3-15　包括的アセスメントシート活用例

本児に関する基本情報				
ふりがな		生年月日		○○年　○月　○日
氏名	A子	本児の性別		女性
住所	〒○○○-○○○○　　○○○…			
電話	○○-○○○○-○○○○			
担任氏名	○○○○			
本児の健康〔心身の状態・病歴〕 身体的発達についての遅れはみられない。 身長150cm／体重54kg				
本児の欠席日数				
1年次　38日		2年次　44日		3年次　19日
本児の生活歴〔本児の意向〕 中学2年生の2学期から，しばしば遅刻や欠席がみられるようになった。中学2年生の3学期頃より，本児の学級担任および級友に対する批判的発言がエスカレートしていった。特に，学級担任に対する否定的な発言は多くみられ険悪な関係が続いている。 また，本児はいじめや生徒指導などの教育に関する講演会や勉強会に頻繁に参加しており，教育に対して非常に強い関心を持っている。				
本児の家庭生活の状況〔保護者の意向〕 父親は，個人商店を経営している。母親は旅行会社に勤務し，海外出張もあり1〜2週間家を留守にすることもある。母親が出張の際は，母親に代わって本児が食事の準備や洗濯，掃除などの家事を行っている。兄は，自宅から近い高校に通学している。家族関係は良好であり，虐待等の問題はみられない。				
本児の学校生活の状況〔担任・学校側の意向〕 本児の成績は学級内でも上位であり，特に英語が得意科目である。一方，体育や家庭科などの集団で取り組む機会の多い科目は苦手としており，これらの授業では見学や一人で行動することもみられる。 本児は高校へ進学し小学校もしくは中学校の教諭になりたいとの希望を持っている。				
各事象に関するアセスメント項目				
児童虐待に関する所見 身体的外傷や心的外傷の痕跡はみられず，児童虐待が発生する確率は低い。				
いじめに関する所見 中学2年の2学期より遅刻や欠席が目立つが，本児なりにはっきりとした欠席（遅刻）理由を持っており，いじめが直接的な要因ではない。しかし，しばしば級友との間でトラブルが発生しており，二次的にいじめへと発展する可能性はある。				
不登校に関する所見 家族内に不登校経験者はいない。 本児は学校を欠席あるいは遅刻することに対しての罪悪感を抱いている。 勉強や学習に関しての劣等感を抱いている様子はみられない。 特定の友人とのみ交流を持ち，学級内での友人関係は限られたものである。				
発達支援（学習状況含む）に関する所見 学級担任によると，本児の成績は学級内でも上位であり，著しい学習の遅れはみられない。 言葉の遅れなどのコミュニケーションの困難性はみられない。 多動や衝動的な行動など特異的な行動はみられない。				

第3章　学校環境のアセスメント―包括的アセスメントを活かした視点

ジェノグラム	家族の発達課題に関する所見 家事等の家族内での役割分担についての検討が必要である。 本児の成長による親役割の変化についての検討が必要である。

学校風土に関する所見
全生徒数が100名以下の小規模校である。 学校の年間行事の中に地域と連携して行う行事が多く，地域と学校とのつながりは深い。 教職員間の関係は良好であり，学校組織として柔軟な対応が可能である。

地域・社会環境に関する所見
体育祭は地元の保育園　小学校との共同開催で行われている。 地元の伝統文化を題材にした授業が行われており，地域との関係は親密である。 中学校に対する地元地域からの信頼は高い。

エコマップ（支援前）	エコマップ（支援〇日目）
（図：中学校〔担任・養護・級友〕、父母・兄・本児、ジェノグラム）	（図：中学校〔校長・担任・養護・級友〕、父母・兄・本児、適応指導教室〔管理者・指導員〕、SSW）

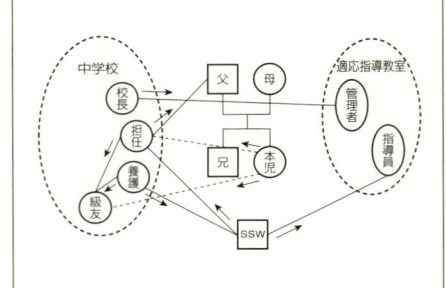

特記事項
外部機関からの情報提供等

第5節 包括的アセスメントの意義とアセスメントシート

作成者 SSWr

年 月 日

表3-16 個別支援計画

名前		A子	
本人の意向		・自分にあった居場所がほしい ・進路についての不安がある ・教育とはどういうことか知りたい	
保護者の意向		・本人にも問題があると思うが、学校側も本人の思いを受けとめ配慮してほしい。 ・専門家の方にも支援してもらいたい。	
長期目標		・不登校の改善と本人の自立力の向上 ・本人の希望や目標を尊重した進路の選択と決定 ・学習機会の確保	
短期目標		・本人の意向の確認と居場所づくりの検討 ・担任や同級生との人間関係の構築 ・外部機関との連携によるサポートネットワークの構築	
支援者		支援内容	機関名／担当者名
校長(教頭)		本人がご家族が心配なことがあれば、担任とともにいつでも相談に乗っていただく。関係機関との情報共有を行い、本人に合わせた教育の場を行う。教職員間の役割を調整し、効率的な支援を行う。	〇〇
担任(副担任)		級友との関係性をよりよくするために本人や保護者が望めば学級会等にて本人理解のための話の場を開く。学校から配られたプリント等を友だちに自宅まで届けてもらうようにする。本人の学級登校時に向けて、学級内の環境（物理的環境や人間関係など）を調整する。	〇〇
養護教諭		保健室登校等の可能性も検討し、必要であれば適応指導教室へ赴く。	〇〇
保護者		家庭では、学校へ行かないことに対する不満等を言うのではなく、本人の精神的な疲れや怒りを落ち着かせられるような居場所となるようにする。生活習慣が乱れないように、食事や睡眠時等は、しっかりと取るように促す。	〇〇
スクール ソーシャルワーカー		本人の面接等を通じ、今後の方向性を一緒に考えていく。適応指導教室への活用の検討も行う。ご家族や各機関がそれぞれの支援内容を達成できるように支援していく。各機関のアセスメント結果を含め、必要であれば専門機関へ繋ぐことも検討する。	〇〇
その他	特記事項	次回ケース会議日程 △／△△ 〇〇適応指導教室の担当者にも次回参加依頼をする。	

包括的アセスメントシートの有効的活用によって，何らかの生活課題を抱えた子どもが自らの力を発揮できるように，また課題の解決に取り組み生活の改善や再建，維持・向上を継続的に達成することができるようになるだろう。すなわち，子どもの生活の変容過程を把握し，現実の支援計画を具体化させることに役立つだろう。包括的アセスメントをもとに作成された個別支援計画例が表3-16である（章末資料②参照）。

第6節　アセスメントにおける専門的視点とその展開方法

1．ソーシャルワークとは何か

　ここでは，まず後半で述べる「現象・背景技法」を理解するために，ソーシャルワークの基本的観点をソーシャルワーカー宣言より押さえる。2009年7月20日のソーシャルワーカー宣言の中では，「ソーシャルワークとは，基本的人権の尊重と社会正義に基づき，福祉に関する専門的知識と技術を用いて，生活上の困難や悩みを抱える人に寄り添い，その人とともにその困難や悩みの解決を図り，1人ひとりの幸福と自立した生活を支援することです」としている。また，「私たちソーシャルワーカーは，生活上，さまざまな困難や課題を抱えている人々からの相談に応じ，その解決のために必要な福祉サービスの利用を支援したり，関係する様々な専門職や事業者，ボランティアと連携を図り総合的に援助したり，サービスが足りないときはそのサービスを開発することなどを行います」としている。

　つまり，ソーシャルワーカーは困難や悩みの本質を把握し，それに見合った援助をする技量が必要なのである。言い換えれば，クライエントにとって，"真のニーズ"に対応したサービスの提供が求められるのである。特に本節ではクライエントのニーズをとらえたアセスメントと，介入の一技法について紹介する。

2．ニーズのアセスメント

　アセスメントを行うにあたっては，クライエントの立場に立って，個人と環境の間の不具合をどうしていくかの指針を定めることが求められる。特にクライエントのニーズを理解することが重要とされる。ニーズの種類には，顕在的ニーズと潜在的ニーズがある。これらについて以下に紹介する。

（1）　顕在的ニーズ

　顕在的ニーズとは，相談するクライエントの抱える生活問題で，明らかに解決しなければならないものをいう。ただし，ワーカーには顕在的ととらえられても，クライエント本人（以下の例では母親）には，顕在的にとらえられていない場合がある。たとえば，不登校の問題を相談している保護者が，じつは父親は失業中で，アルコールを飲み，時には母親に暴力をふるうというケースの場合を例にあげよう。母親は子ど

もの不登校を顕在的ニーズととらえ，ワーカーは，父親の失業とアルコール問題，暴力を顕在的ニーズととらえると，ズレが生じるということである。
(2) 潜在的ニーズ
　潜在的ニーズとは，クライエントの相談内容からは，直接的にとらえられないニーズで，さまざまな情報を分析するなかで，クライエントが，じつは望んでいるものをいう。潜在的ニーズはクライエント自身も気がついていない場合もある。
　顕在的なニーズと潜在的なニーズのどちらにも対応した援助が必要である。しかし，潜在的なニーズに関しては，クライエント単独で気づくことがむずかしい。だからこそ，ニーズの理解に様々な専門的な知識が生かされるべきで，複数の専門家が協議するケース会議が重要とされる理由ともなろう。つまり，顕在的ニーズをとらえるアセスメントだけでは，とらえきれない潜在的ニーズをアセスメントすることが真のニーズをとらえるのには必要なのである。

3. 介入のテクニック―現象・背景技法
(1) ケースを現象と背景でとらえる技法
　クライエントの抱える問題について，ソーシャルワークを行うとき，現在では，システム理論に基づいた環境に対するアプローチが一般的である。システム理論では，問題をつくり出しているシステムに介入し（上述の例では，不登校の児童の家庭に介入），それを改善させることが重要であるということは一般的によく知られている。また，ソーシャルワークの定義のところで「連携」ということばを記述したが，関係者との連携からなる「調整」がソーシャルワークのテクニックの中核を占めている。だが，ソーシャルワークを実際に行うとき，どこに介入し，どこを調整するかは，あまり解説されていないのが現状で，そこはソーシャルワーカーの勘どころ，職人芸に任されていることが多いように思われる。当然だが，システムをとらえきれずにまちがったところに介入すれば，問題はこじれるばかりであり，まちがった調整をすれば，新しい問題をつくり出していく恐れもある。
　ここでは，実際に，熟練のソーシャルワーカーが深くケースをとらえていく過程を，ビギナーにもわかりやすく，「現象・背景技法」と名づけ，基本的な2つの考え方（アプローチ方法）を紹介する。
　1) 生活問題を現象としてとらえる
　ロジャース（Rogers, C. R.）は来談者中心療法の中で，現象は，クライエントが目に見える世界をどう受け取っているかで異なるとし，クライエントの世界によって現象が変わるという現象学的思考を提唱した。つまり客観的世界をクライエントがどう受け止めるかによって，人間の行動は変わるというのである。これを生活問題に応用し，「生活問題は，クライエントがもつ背景（生活状態，心理状態，発達障害の特性，家族，環境，社会とのつながり，人間関係など）に関わり，クライエント自身が

第3章 学校環境のアセスメント―包括的アセスメントを活かした視点

受け取る世界からつくり出した現象である」と考えれば，生活問題そのものに直接介入するというよりもむしろ，生活問題の背景をよく吟味する必要が出てくる（図3-15）。ここには，問題がクライエント個人の内部にあり，診断をして治療を行うという古いソーシャルワークの医学モデルと，問題がプロセスや，クライエントの社会関係（周囲の環境との関係）にあり，アセスメントをして介入や援助を行うという新しいソーシャルワークの生活モデルの両方の考えが含まれている。

```
           現象
         生活問題
 （不登校，学習困難，不適応行動，対人関係など）
─────────────────────────
           背景
 （生活状態・心理状態・発達障害の特性，家族，環境，
     社会とのつながり，人間関係など）
```

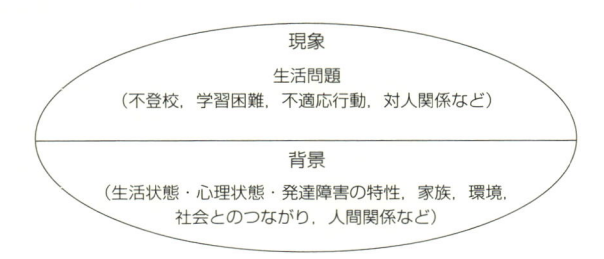

図3-15 現象を起こす背景

　実際のアセスメントには，図3-15のように楕円形の外枠と中央の線を描き，上半分に生活問題を記入してみる。クライエントが何に困っているのかの現象を大切にし，事実を箇条書きに記入する。これが顕在的ニーズである。この現象部分がぼやけていると，いったい何を解決しようとしてソーシャルワークを行っているのか見失ってしまうことがある。おそらく箇条書きに書いていくだけで，あっという間に上半分が埋まってしまうのではないだろうか。箇条書きに書かれたものを，似たようなもので固めて，カテゴリーに分けてみるのもよい。もしそうするのであれば，おおきな図を書いておいて，張替のきく付箋などを用いて，何度も並べ替えをしてもよいだろう。

2）背景は何かを推測する

　生活問題である現象を，よく吟味していくと，それをつくり出している背景が浮かびあがってくる。いくつもの生活問題が絡み合いながらも，それらを整理し，分類していく中で，生活問題を生み出す，生活状態，心理状態，発達障害の特性，家族，社会とのつながり，人間関係などが見えてくるのである。医学モデルのように，因果関係を考えることもできるし，エコロジカルな視点（生活モデル）のように，環境との関係で，背景を推測することもできる。森井（2002）は「事例研究の資料（データ）源として，おもなものを項目化してみると，第一に，クライエントや近親者のパーソナリティや行動についてであり，第二にクライエントを取り巻く現在の環境であり，第三にクライエントのかかえる問題の発生から現在にいたるまでの経過である」としている。生活問題の背景を探っていくことが事例研究なのであり，それを詳細に探るには，クライエントからの情報はもちろん，家族，現在クライエントと関係している機関，かつて関係していた機関（中学校であれば小学校は必ず関係している）からの

情報も必要であろう。これが潜在的ニーズの発見に至るのである。実際のアセスメントでは，先程の楕円の下半分に，背景となる要因を記入してみる。

　たとえば，前述の不登校児童の例では，児童本人のニーズを考えてみると，「学校に行けない（本当は行きたい）」という顕在的ニーズばかりに目を向けるのではなく，「父親が失業中で悲しい（しっかりしてほしい）」「母親を暴力から救いたい」「父親をアルコールから救い出したい」「何もできない自分への無力感（なんとかしたい！）」「本当のことを相談できる信頼できる大人がほしい」「この家族の恥ずかしい問題を改善したい」「家のことをまかせて，安心して学校に行きたい」などの潜在的ニーズをとらえていくことが重要ということである。

(2) 背景へアプローチする方法

　潜在的ニーズに対応することで，現象（問題）を生み出すもとを解決すれば，現象が出る必要がなくなるというとらえ方が本論で主張したい点である。顕在的ニーズに振り回され，一見ニーズを満たしたかのようにうかがえても，潜在的ニーズに対応した援助が行われなければ，いわば，真のニーズに対応していないわけであり，問題の解決，解消，軽減にはいたらないのである。また，本論は現象学的思考であるがゆえに，クライエントのものごとの受けとめ方により現象そのものが異なったものになるため，認知も同時に検討されるべきであり，背景をクライエントがどのように受け取っているかの，受け取り方にアプローチすることも必要である。クライエントがこれだけの課題を抱え，生活問題として生じさせざるを得なかったということに共感し，背景にどうアプローチするのがよいかを考えるのである。推測された潜在的ニーズが合致しているかどうかを検討していくともいえる。そこで，潜在的ニーズにアプローチする具体的な2つの方法を以下に紹介する。

　1）　資源（リソース）を探す

　背景を眺めていると自然とどこを調整したら不具合が減っていき，解決，改善，緩和が行われるかわかっていくことが多い。その時に，留意したいのが有効な資源を探すことである。どんなにこんがらかっているような背景の中にも，助けてくれそうな人，応援してくれそうな関係機関，うまくいった経験等，希望の光が小さいながら存在するものである。また，それぞれのせっかくのパワーが，調整されていないがために打ち消し合っている場合もある。これら埋もれた資源を有効に働くように調整するのである。

　2）　解決志向短期療法

　前述したことは若干抽象的であり，ではどうしたらよいのか，初心者にとって，具体的な手段には結びつかないかもしれない。その部分が，ソーシャルワークが職人芸，アートだといわれる所以である。よって，ここでは，わたしが援助計画をたてるときに必ず念頭に置いている，シェーザー（Shazer, D. S.）の「解決志向短期療法」の理論を一部紹介したい。

第3章 学校環境のアセスメント―包括的アセスメントを活かした視点

A. 問題は流体である

図3-16は，問題が積み木の下のほうにあり，上の方の積み木を，取り除いていかないと，問題が出てこないという考え方から，問題は，風船の中に入れられた，水のような流体であり，ほんの少しの栄養剤を注射しただけで，風船の中の流体の流れが変化するという考え方を表わしたものである。だから，原因は何となくとらえればよいのであり，結果を重視する。原因に対する何かをするのでなく，これからどうしていくかを考えるのである。

原因を明らかにしていく医学モデルは，フロイト（Freud, S.）の精神分析が元にもなっており，積み木型であろう。ソーシャルワークの観点である環境とのつながりを調整していく，生活モデルであるエコロジカルアプローチは，未来に向かってどうしていくかという考えが強いので，この理論がなじむと思うのである。背景をつかんだあと，ではどうするかという発想のヒントを，この理論（以下で示す考え）が教えてくれる。

問題が積み木の下の方にあるのではなくて………　　問題は流体である

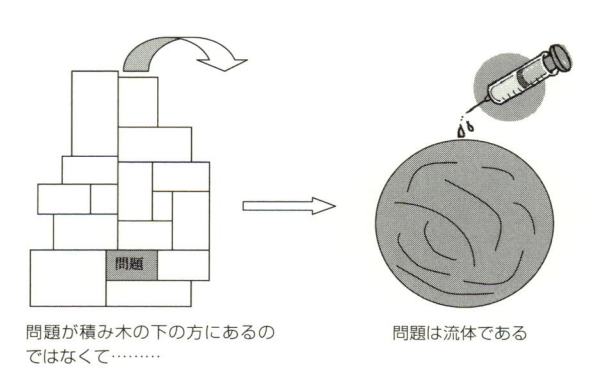

図3-16　問題の積木と流体のとらえ方

B. 栄養剤に値するもの：万能の鍵

① 小さな変化を起こす

"小さな変化を起こす"とは，今までやらなかったことで，今までやって効果のなかったこと以外のすべてを行うことである。特に無数にある「小さな，または容易な，またはおもしろい」もので援助計画を立てる。たとえば，いつも保護者が苦情をいいに来て，担任も興奮し，口論になり，そのパターンにはまり込み，問題解決にいたらないというケースの場合，保護者が苦情をいってきたら，泣きながら，「なんだか，A君がかわいそうになってきて」とこれまでのパターンと異なることばを言ってみる。

② かつて有効だった（今はやっていない）ことをする

「今までどのように困難を乗り越えてきましたか？」という質問から，かつて有効だった方法を導き出してもよい。また，朝起きられないことが課題の生徒の保護者に

対しては「朝，起きられたことはありましたか」と聞いてみる。父親が起こしたときに，起きたことがあるというのであれば，そうしてもらうのだ。

これらのことで，うまくいけば次々に行い，うまくいかなければ，次の手を考える。なにしろ，無数にあるのだから援助の数には事欠かない。

③ 太陽の魔術

まず1つ目は，褒めることである。お世辞ではいけない。どんな人にも褒めるところはあるものだ。たとえば，なかなか前に進まないケースがあったとしても，担任の先生に，「ここまでよく耐えて，いらっしゃいましたね。先生のがんばりがあったからこそ，今の状態なのですよ」と，いうふうにである。けっして，「先生の力量がないから，停滞しているんです」とは言わない。褒めることによって，風向きが変わるし，パワーが出てくる。自分の主張ばかりする保護者には「〜さんは，意見をしっかりと主張するのですばらしいですね。われわれも謝ってばかりじゃなくて，〜さんを見習って，〜さんに，しっかり意見をお伝えしなければいけませんね」という方法もあるだろう。保護者に対して，子どもを褒めることも有効である。保護者の子どもに対する接し方が変わってくることもあろう。

2つ目はタッチングである。「頼りにしてます」とか言いながらポンとかたをたたくような方法だ。小さい子どもなら，保護者が抱っこしてグルグル回してあげるだけで親子関係が変わってくる。肌と肌を通じた関係性づくりである。ただし，SSWrからの異性に対するタッチングはセクシャルハラスメントになる可能性があるので注意が必要であろう。また，発達障害児の中には，体に触れられるのを極端に嫌う子どももいるので，配慮が必要である。

他にも，良いことノートをつけるというのがあり，毎日，手帳などにどんな小さなことでもよいから，良いことを書いていく。ご飯がおいしかったとか，道すがらの花がきれいだったとかである。子ども本人がやらなくても，家族がやることで，家族システムの変化が起きることもある。人間関係は相互作用なので，保護者が良いことに認知を向けるだけでも変化を起こせる可能性が出てくる。良いことノートをつけてもらうのに，たとえば「今日からケース会議を行っているので良いことが起こってくるはずです。どんなに小さなことでもいいですから，書きとめておいて，来週報告してください」という関係者への声かけで用いる方法もある。

この技法は，ソーシャルワークの介入に非常に応用しやすい。カウンセリングの基本ともいえる来談者中心療法のように，ただクライエント自身が自己解決をするのを待つというわけでもなく，次から次へと福祉サービスを紹介して専門的関係機関に回すだけとも異なる。

SSWrとして，本人または関係者が気づいていない真のニーズ（潜在的ニーズ）をしっかりとらえ，膠着している状態を打破するために，本論のような技法を応用してほしい。

【演　習】

○表 3-17 も参考にしながら，あなたを取り巻く環境について，表 3-18 にエコマップを用いて作図してみよう。その際，作図を通して，あなたと環境との関係を振りかえり，どのような関係性の中であなたが存在しているのかについても考えてみよう。

表 3-17　連携機関リスト

問題	連携先	機関の特徴
虐待	要保護児童対策地域協議会	児童福祉や教育に関わる様々な地域の方々により組織されている虐待や非行等に関わる要保護児童に対する支援を行う。
	児童相談所（児童相談センター）	主に身体的な虐待に対する対応をする。精神的な虐待の場合で，本人・家族の訴えがない場合は，関わることができないことが多い。
家庭内暴力	児童相談所（児童相談センター）	主に児童からの暴力を扱う。
養育困難		上記に関わり，保護者が養育困難と同意することで，児童相談所の一時保護施設等で家庭に代わって子どもを養育してくれる。
不適応 　不登校 　ひきこもり		家まで大学生が様々な支援を行うために出向くメンタルフレンドというサービスを行っている。但し，誰でも使えるものではなく，審査が必要。 ＊児童相談所等の児童福祉機関の他，類似の支援者が教育委員会等の教育機関等にも配置されている場合がある。
人権に関わる諸問題		子どもの権利擁護専門相談事業として東京都においては，子どもからの依頼により，様々な問題の背景をとらえ，どのような支援が必要かを専門委員が子ども等と共に考えてくれる。東京都では，東京都児童相談センター（児童相談所と同様の機関）内における一部門として活動している。なお情報は平成 22 年 1 月現在のものである。
不適応 　不登校 　ひきこもり	メンタルフレンド	公立学校に在籍し，学校不適応から家に引きこもりがちな子どもを対象に，大学生等がその家庭を訪問し，話し相手や遊び相手になってくれる。地域の教育委員会（教育相談センター等）が運営している。
発達障害 教育上の問題	教育センター 教育相談センター	教育または特別支援教育に関わる相談を行っている。都道府県及び市区町村が設置。
不適応 　不登校 　ひきこもり		〈適応指導教室〉 従来の学校では，適応できない子どもの居場所作りや教育活動として，教育委員会等が運営する教室。地域に在住する子どもを対象としているが，地域により公立の学校所属でないと利用できないことがある。
不適応 　不登校 　ひきこもり	フリースペース	学校に行けない児童のための居場所を提供している。学習や遊び等様々。自治体が助成している場合もあれば，フリースクール（通信制高校サポート校の場合もある）を母体とした団体が運営している場合もある。
発達障害	特別支援学校	特別支援学校の相談員（特別支援教育コーディネーター）が地域の小中学校等に特別な支援が必要な児童・生徒の教育方法や生活支援方法について助言してくれる。平成 19 年度より，特別支援教育が導入された流れで，近隣の学校に発達的な支援を行うための相談，心理検査（心理士がいる場合）をしてくれる場合もある。
	発達障害者支援センター	地区によりサービス内容は様々であるが，対人関係の悩み相談から，その訓練，自宅から学校までの通学をサポーターが付き添うレスパイトサービス等をしてくれる。作業所等との連携で，就労支援をしてくれる場合もある。

第6節　アセスメントにおける専門的視点とその展開方法

問題	連携先	機関の特徴
発達障害	情緒障害学級	週何日か通う通級においては，発達障害を持つ児童の人間関係や運動能力等を育成する関わりをしてくれる。但し，公立の学校に在籍していることが求められる。また小中の児童を対象としている。
不適応 　発達障害 　盗難・チック 　不登校 　ひきこもり	情緒障害児短期治療施設	児童福祉施設のため児童相談所を通し，短期的（2年程度以内）に施設で心理治療をしてもらえる。施設内で通学する施設内学級または近くの学校に通学する分級がある。通い（通所）と泊まり（入所）がある。 この他，児童福祉施設では，親の養育困難な場合，児童相談所からの依頼を受けて，児童養護施設（虐待・保護者なし），自立援助ホーム（中卒対象），児童自立支援施設（不良行為者等）等がある。
衝動行為 　盗難・暴力 　器物破損	警察	学校外に飛び出してしまうような児童の場合，地域の交番等との，連携が求められる。保護者の同意により，事前に子どもの情報を伝えておくことが求められる。この他，非行のある少年で，社会生活上の問題がある場合，更生のために必要な指導・援助を行う更生保護施設や警察官を退職した者等を警察署等に配置し，学校への少年の問題行動等への対応を行うスクールサポーター（制度）がある。
子育ての悩み	子ども家庭支援センター	子育てに関する総合的な悩みの相談をしてくれる。主として乳幼児や障害を持つ家庭を中心としているよう。なおファミリーサポートセンターは，高齢者介護等のボランティアを募るセンターで，子ども家庭支援センターは，福祉に関する相談を受ける機関。緊急的な場合の相談機関でもあり，児童養護施設内にある場合もある。

注：ほぼ満18歳未満を対象としている。地域により連携機関の有無の違いや対応される内容が異なる。（情報提供　米川和雄）

表3-18　あなたを取り巻く環境

あなたを取り巻く環境のエコマップ

考察

第 3 章　学校環境のアセスメント─包括的アセスメントを活かした視点

章末資料①　〈包括的アセスメントシート〉

本児に関する基本情報			
ふりがな	生年月日		年　　　月　　　日
氏名	本児の性別		
住所	〒			
電話			
担任氏名			
本児の健康〔心身の状態・病歴〕			

本児の欠席日数		
1 年次　　　日	2 年次　　　日	3 年次　　　日
本児の生活歴〔本児の意向〕		
本児の家庭生活の状況〔保護者の意向〕		
本児の学校生活の状況〔担任・学校側の意向〕		

各事象に関するアセスメント項目
児童虐待に関する所見
いじめに関する所見
不登校に関する所見
発達支援（学習状況含む）に関する所見

68

章末資料

ジェノグラム	家族の発達課題に関する所見

学校風土に関する所見

地域・社会環境に関する所見

エコマップ

特記事項

第3章 学校環境のアセスメント―包括的アセスメントを活かした視点

章末資料② 〈個別支援計画〉

作成者 SSWr　　年　月　日

名前			
本人の意向			
保護者の意向			
長期目標			
短期目標			

支援者	支援内容	機関名/担当者名
スクールソーシャルワーカー		

次回ケース会議日程　　／
その他　特記事項

70

第4章 スクールソーシャルワークの諸業務

　本章では，まず第1節で，スクールソーシャルワーク（以下，SSW）実践の重要性を証明する礎ともなるケース記録方法の基本について紹介する。第2節では，スクールソーシャルワーカー（以下，SSWr）の専門性を高めるスーパービジョン（以下，SV）を，第3節では，専門家同士の協働の情報提供となるコンサルテーションを紹介し，SVとの比較も行う。第4節では，ケース会議の促進で用いられるファシリテーション技法を紹介する。最後の第5節では，教職員の心の健康を保持・増進させるメンタルヘルス支援の観点を紹介する。

第1節　ケース記録の意義と方法

1. 記録の意義

　ソーシャルワークの中で，記録は面接とならんで重要な手段および技法として位置づけられている。記録は，「よりよい援助を行うため」に必要な業務であり，逆によりよい記録がなされてこそ援助の効果も高まる意義のあるものといえる。もちろん，SSWにおいても同様のことである。

　記録の重要性は従来から指摘されているにもかかわらず，社会福祉現場では業務の多忙さなどのために記録を書く時間がほとんど保障されていないことが多い。そのこともあってか，援助業務に比べて軽視されがちである。しかし，「いい実践はいい記録から生まれる」といわれるように，記録が援助に与える影響の重要性を認識し，記録は何のために書くのか，その目的を十分に理解することが必要である。記録の目的はおおよそ表4-1のようにまとめられる。

表4-1　記録の目的

①クライエントの問題や状況を振り返ることによるクライエント理解の促進，及びアセスメントやプランニングなどの援助過程の検証
②クライエントと援助者との人間関係を客観的にとらえ，援助者自身の洞察を深め自己覚知に至らせる
③施設や機関が行った援助や提供したサービス全体の理解
④業務の引継ぎのため（記録は公文書とみなされる），加えて，連携・送付先への情報提供の資料としての活用
⑤スーパービジョンやケース会議のための資料，加えて，援助過程の分析や効果測定などの調査研究の資料
⑥権利擁護や契約の観点から，クライエントに対してなぜこのサービスを提供したのかを説明する責任のための資料

　このようにソーシャルワーカーは，専門職として自分の援助内容を第三者に伝達可

能な方法として記録をとらえ,「よりよい記録」を書く方法を習得することが求められる。

2. 記録の方法

記録は援助内容やクライエントのようすなどを自由に記述すればいいというものではない。記録を書くためには,一定の条件があることを理解しなければならない(表4-2)。

表4-2 記録の条件

①誰が読んでもよく分かる客観性がある。
②記録を読めばクライエントがどのような人で,どのような主訴を持ち,どのような状況にあるかが浮き彫りにされ,援助過程も具体的でよく分かる。
③面接における十分な行動観察にて,クライエントの表情,態度,しぐさ,話し方,ことば遣い,ワーカーへの反応など,非言語部分を含めできるだけ多くの観察された側面が示されている。

とはいえ,表4-2のことは,実習生が最も不慣れで苦手なことであり,実習期間を通して頭を悩ませるところといえるのではないだろうか。そこで,少なくとも記録として認められるためのポイントとしては,「クライエントの生活場面や援助の過程において実際に起こっている事実」と,「ワーカーの抱く感想や所見」を明確に分け,記録を読むものに混乱を与えずに内容を伝えようと心掛けることである。

3. 記録の内容

記録の内容は「援助目的」によって変わってくる。そのため,その援助目的が漠然としていれば,記録も曖昧なものになってしまう。またケースワークやグループワーク,コミュニティワーク,ケースマネジメント,社会資源の活用などの「援助方法」によっても記録の書き方は変わってくる。記録とは,援助内容を映し出す鏡のようなものといえる(表4-3)。

表4-3 記録の記述内容

①具体的に困っている問題とは何か。
②その問題がいつ起こり,どのような経過をたどったのか。
③本人や家族あるいは関係する人々がその問題をどのようにとらえているのか。
④本人はその問題をどのように感じているのか。
⑤ソーシャルワーカーの援助内容。
⑥援助をとおしてソーシャルワーカーが感じたこと(所感)。
⑦クライエントを観察した内容。

さらに援助過程が反映されるような内容であることが必要である。たとえばケースワーク面接ならば,インテーク(情報収集)⇒アセスメント⇒プランニング⇒インターベンション⇒エバリュエーション⇒終結という援助のプロセスが記録から読み取れ

るように書く必要がある。このことからも，良い援助と良い記録は表裏一体であることを十分に理解しなければならない。

4. 記録の文体

面接等における記録は，文体によって図4-1のように分類される。

```
記録の文体 ─┬─ ①叙述体（narrative style）─┬─ 逐語体
          │                              ├─ 過程叙述体
          │                              └─ 圧縮叙述体
          ├─ ②要約体（summary style）──┬─ 項目体
          │                              ├─ 抽出体
          │                              └─ 箇条体
          └─ ③説明体（interpretation style）
```

図4-1 記録の文体

(1) 叙述体

叙述体は，基本的な記録の方法であり，できるだけ事実を時間にそって記録する文体である。援助過程や事実内容を正確に記録する。

逐語体は，援助や面接内容をテープレコーダーやビデオテープに記録して，ありのままを文章化し，それに加えて観察したようすや声や表情などの状態を記述する文体のことである。逐語体による記録の実例（一部）を下記に示す。

逐語体記録：SSWrによる不登校児の母親のインテーク面接（学校内の相談室にて）
SSWr：はじめまして。スクールソーシャルワーカーの田中といいます。鈴木さんですね。どうぞお座りください。今日はどのようなご相談ですか？
CL：長男の一郎が夏休み明けから学校に行かないんです。（困惑した表情）
SSWr：お子さんは何年生ですか？
CL：小学4年生で，10歳です。
SSWr：どのようなごようすなのですか？
CL：朝，登校時間になるとおなかが痛いと言って30分くらいトイレに入って出てこないんです。それで学校を休んでしまうんです。毎朝こんな調子で，最近は朝も起きてこなくなりました。
SSWr：病院には行かれたのですか？
CL：はじめは胃腸の具合が悪いと思ってようすを見ていましたが，4日たっても痛みがなくならないので，かかりつけの医院（内科）では異常がなくて，精神的なものではないかと言われました。

SSWr：ソーシャルワーカー　CL：クライエント

過程叙述体は，クライエントとソーシャルワーカーのやりとりを時間の流れにそっ

て動作や行動，感情，態度など細部にわたり記述する文体のことである。
　圧縮叙述体は，援助過程のある部分についてその全体的なやりとりを圧縮して要点だけを比較的短く記述する文体のことである。
　ちなみに，図4-2のケース記録における「相談内容」欄の記述は，おおまかに区別すると，叙述体を用いて書かれているといえる。

(2) 要約体

　叙述体ほど忠実ではないが，援助内容や過程を選択し，系統立てながらポイントを明確にする文体である。そこでは，ソーシャルワーカーの考えを通してクライエントへのかかわりが整理，要約される。図4-2では，「生活歴」の欄における記述が要約体に相当する。
　項目体は，援助過程を順番に記述するのではなく，事実をテーマごとにまとめて，表題や見出しをつけて整理して記述する文体である。
　また，援助が長期にわたる場合には援助の効果がわかりにくくなることがある。しかし，それでもクライエントの生活状況には微妙な変化が生じることがある。抽出体とは，そのような変化や動きについて，ある状況またはある時点を抽出して記述する文体のことをいう。
　箇条書は，援助過程や内容の重要な部分をまさに箇条書きにし，それを組みあわせて仮説を立てたりするときに用いる文体のことである。

(3) 説明体

　援助過程や面接時に話された事実や事柄について，ソーシャルワーカーとして解釈や分析を行い，考察結果を説明するために記述する文体のことである。ただし，記録の中では事実とソーシャルワーカーの解釈や意見をはっきり区別しておく必要がある。図4-2では，「援助内容」欄の記述が説明体に当たる。

5. 実習生は「習うより，慣れる」つもりで

　ソーシャルワーカーにとっての記録は，専門職としての援助行為や社会的責任を示す証拠でもある。また，クライエントの権利擁護の視点から，援助がソーシャルワーカーの一方的な思いで行われることを避け，クライエントに不利益を及ぼさないためにも記録は必要となる。さらにソーシャルワークの説明責任や情報公開の観点から，クライエントとともに援助内容をふりかえるための材料として記録を活用することもある。
　記録に示される事実が正確でわかりやすくなるためには，記録作成の方法理解や訓練が必要である。よりよい記録を書くための訓練として，以下の2点をあげる。

(1) 日常的に書く努力をすること

　これは，「習うより，慣れよ」の意味合いが強い自己訓練法である。日常生活の中で，記録することを意識して書く機会を多くもつことである。学生であれば，実習記

第1節 ケース記録の意義と方法

氏名　鈴木一郎	1998年4月29日生（10歳）	性別：男	日付：2009年6月26日
住所　〇〇市××町〇丁目××－△△		電話　〇〇-△△-××××	

主訴　小学4年生の長男が不登校になり困っている
相談内容（相談者：鈴木良子　続柄：母親） 　小学4年生の長男が，2学期に入ってから登校時間になると腹痛を訴え30分くらいトイレから出てこない。3日間様子を見ていたが治らないので近くの内科医院で診察を受けた。結果は異常がなく精神的なものではないかと医師からいわれた。 　登校ができない状態が続くので，1週間後に担任が家庭訪問をするが，本人は会わないし電話にも出なくなった。原因を聞いても「うるさい」と暴言を吐くことと兄を見て弟も登校を渋る言動が始まり母親は困っている。父親も本人への対応に苦慮している。 　原因らしきものは，親友のA君が1学期末で転校したことをきっかけにクラスの男子から「虫オタク」「昆虫マン」などとからかわれたことが考えられる。しかし，からかいの事実を担任が把握していないことに対して母親は不信感をもった。その結果，担任との連絡が取りづらいので今後の対応をどのようにしていいのか困っていた。
支援内容（面接でおこなった援助・アセスメント・支援計画など） 初回面接で，母親の話を傾聴した。母親はしっかりした感じの方。 アセスメント：・クラスでのからかいが原因と考えられる不登校。 　　　　　　　・きっかけは親友の転校によるクラス内の人間関係の力動が変化したことによると考えられる。 　　　　　　　・母親はクラス担任に不信を抱いている。 支援計画：クラス担任と母親の関係修復が必要。そのために，まずワーカー（SSWr）が担任と連絡を取り，担任の考えやクラスでの様子など情報収集をおこなう。 　　　　　当面，ワーカーは母親と担任の仲介役を果たすこととする。 他機関等との連携：母親の承諾に基づくスクールカウンセラーとの情報共有。
家族構成（ジェノグラム） 　　　　　鈴木孝（40歳）　　　　　　　　　　鈴木良子（38歳） 　　　　　　会社員　　　　　　　　　　　　　　　パート 　　　　　一郎（小4）　　　　　　　　　　　次郎（小2）
生活歴（家族歴・職歴・学歴・病歴など） 　本人は〇〇幼稚園と△△小学校の入学後の一時期に「行き渋り」があったが，不登校になることはなかった。元来性格はおとなしく，友達関係も積極的に作っていくタイプではなかった。しかし，クラスでは孤立することなく話せる友達は数人いる。 　現在，△△小学校4年生。クラス担任：〇〇先生
備考：クライエントは昆虫などの生き物を飼うことが大好きである。

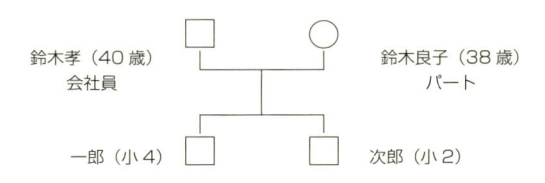

図4-2　ケース記録の例示（創作）

録やレポート，論文などを書く時に，読みやすく，誤字脱字のない文章になるよう心掛けることが大切である。

(2) 実習記録の活用

現場実習では，学生が実習内容を記録にとどめることが求められている。実習記録は，学生の実習体験を記録することに意味があるが，対象理解や援助のあり方などの考察，大学での知識が現場でどのように活かされているかの検証，さらに実習生としての自分のふりかえりや自己覚知，これらを表現するものとなる。その記録が実習指導者や指導教員との指導上の資料として用いられる。記録は様々な意味をもつ重要な資源なのである。なお，本節の「記録技法」の実際部分は，阪田（2008）に拠るところが大きい。

第2節　スーパービジョン

1.　スーパービジョンとは

教師とは違い，SSWrは学校あるいは担当地域で，そのほとんどが「1人職場」となる。つまり，支援実践を行う現場に自身と同じ専門性をもつ同僚が居らず，ソーシャルワーカーとして相談できる相手に事欠く状況にある。このことは，福祉施設や福祉相談機関ではないフィールドで活動するソーシャルワーカーに特有の事情である。

このような状況下だからこそ，SSWrが専門性を高め，よりよい実践ができるようになるために有効となるのがSVの実施といえる。SVの定義は，一般に「スーパーバイザー（指導者）により，スーパーバイジー（指導を受ける者）に対する管理的・教育的・支持的機能を追行していく過程のこと」とされており，そこでは，実践への経験及び知識をもつスーパーバイザーとスーパーバイジーとの間に結ばれるSV関係（契約）を通して実施される。

それは，端的にいうと，スーパーバイザーがスーパーバイジーに対して「スーパーバイジーの能力を最大限に生かして，よりよい実践ができるように援助する過程」のことである（表4-4）。したがって，SSWrに限らず，対人援助を担う者は，SVを受けることにより，専門家として成長していくことが可能となるのである。

表4-4　スーパービジョンの6形態（相澤，2006）

①個人（個別）スーパービジョン…1対1で行う
②グループ・スーパービジョン…1人のスーパーバイザーのもと複数のスーパーバイジーに実施する。
③ピア・スーパービジョン…スーパーバイジー同士がお互いに仲間としてスーパービジョンを展開する。参加者全員がスーパーバイザーであり，同時にスーパーバイジーとなる。
④ライブ・スーパービジョン…利用者の目の前で，スーパーバイザーが実際のモデルとなり，援助の方法をスーパーバイジーに教える。特に，実習生へのスーパービジョンでは，教育的機能を発揮するのに効果的である。
⑤ユニット・スーパービジョン…複数のスーパーバイザーが1人のスーパーバイジーに対して実施する。
⑥セルフ・スーパービジョン…ワーカー自身が自分の行った業務や援助を振り返り，点検し，さらに次の計画を立てる。

2. スーパービジョンの機能

SV には、大きく管理的機能、教育的機能、支持的機能の3つがある。ここでは、それぞれの機能の概略を述べる。

(1) 管理的機能

ワーカーが所属する組織・機関の期待する役割を適切に遂行していくようにすることが目的となる。わが国では、まず援助機関や施設の管理運営という視点から、ソーシャルワーカーへの業務管理や指導監督に重点が置かれ、「管理的機能」が強調されてきた。しかし本機能においては、援助機関として利用者に対して適切な援助が行えているかなどをチェックする意味合いが重視される。

たとえば、SSWr の場合は、学校や教育委員会といったワーカーが所属する機関の目的や機能に合致した活動ができているか、クライエントの支援においてどういう手続きを行っているか、記録や報告書がきちんと書かれているかといったことがあげられる。

(2) 教育的機能

ワーカーの援助者としての力量、すなわち専門知識や技術を高めていくことが目的となる。ケースワークの発展により、ワーカーの現任訓練や学生の実習場面での「教育的機能」が重視されるようになった。援助技術の習得、社会資源の活用、職業倫理の確立などに対する教育的効果をねらいとする機能である。

ここでは、ワーカーの経験や力量に応じて、クライエントとその背景、問題とその性質、面接を進める上での心得と技法、相談機関との連携、その他多くの必要な知識がワーカーに与えられる。

(3) 支持的機能

おもにスーパーバイジーへの心理的サポートが目的となる。ワーカー自身の抱える問題や課題を解決し、ワーカーが自己覚知を進めて成長していくことを助ける機能である。そこでは、ワーカー自身の不安な気持ちを傾聴したり、また「燃え尽き」を防ぐなど、スーパーバイザーは、いわば「援助者のための援助者」の役割を担うといえる。

武田（1986）は、スーパーバイザーの支持的態度について、SV には受容とか共感といったケースワーク関係とよく似た要素がある程度存在しなくてはならないと指摘している。その上で、「それがなければ、スーパーバイザーとワーカーの出会いは、たんなる上下関係だけに終ってしまうのではないだろうか」と述べている。SV は、実践現場やワーカーの経験・専門性の度合い、そして SV システムのあり方などを踏まえ、複数の形態を適宜組みあわせて実施することが望まれる。

3. スーパービジョンの実際

ここでは、SV の具体的手順について紹介する。まず SV 関係も1つの契約である

第4章 スクールソーシャルワークの諸業務

表4-5　スーパービジョンをはじめる前に確認すべきこと（塩村，2000）

---
① スーパーバイザーは誰か
　・スーパーバイジーの職場の上司／同一職場の上司以外の人／職場外だが報告義務などの職場との契約のある人／職場と全く関係のない人／スーパーバイジーの専門性と同じ分野の人／異なる人，など
　・役割は教育／管理／評価／サポート／調整，など
② スーパーバイジーは誰か
　・新人／中堅者／ベテラン
　・他の分野・職場での経験者（福祉・あるいは他領域）
　・有資格／無資格，など
③ 扱う内容は何か
　・知識や情報
　・クライエントサービスの方法・技術
　・スーパーバイジーの能力育成・自己覚知
　・スーパーバイジーのサポート・バーンアウトの予防
　・スーパーバイジーの業務管理・評価
　・職場内・外の調整，など
④ スーパービジョンの実施形態はどのようにするか
　・いつ
　・どこで
　・どのような形で
　・どのくらいの頻度で
　・料金は必要か，必要だとすればどのくらいか
⑤ スーパーバイザーとスーパーバイジー関係がうまくいかなかった場合にどうするか
　・スーパービジョン関係の解消プロセス
　・スーパーバイジーからのクレーム処理（誰にどのように伝えるか）
　・スーパーバイザーからのクレーム処理（誰にどのように伝えるか）
⑥ スーパービジョン評価・報告はどのようにするか
　・スーパーバイザーがスーパーバイジーについての評価・報告の何らかの義務をおっているか（資格の認定などと関係があるかについても含む）
　・スーパーバイザーがどのように自身の評価・報告に参加するか
　・スーパーバイザーのスーパーバイジーについての評価・報告はどのように使用されるか
　・スーパービジョンそのものについての評価・報告はどのようにするか

との認識が必要である。したがって，約束事の確認が必要である。塩村（2000）は，SV を開始する前に確認すべきことを，表4-5のように整理している。

　SV は，基本的には週に1回，1時間〜1時間30分の時間をとって実施するのが望ましい。しかし，週に1回の実施は現実的に困難であろう。そこで，せめて月1回，グループ・SV という形でも実施していくことを確保するように努めたいものである。

　いずれにしても，スーパーバイジーは，少なくとも SV 実施の数日前までに，ケースの概要，それに加えて検討したい点や課題をまとめたものをスーパーバイザーに提出する必要がある。スーパーバイザーは事前にケースの内容を把握しておくことで，有効な SV が展開できるからである。当日，これらの記録を素材にしながら，スーパーバイジーの援助の方法，姿勢・態度，方向性等について話し合われる。ここでは先述のように，SV の3つの機能に則して進められる。その際，事例についてはプライバシーへの配慮が不可欠となることはいうまでもない。

　スーパーバイジーは，SV を通して自己成長，そして専門職としての成長を遂げて

いくことを目指すべきである。そのためには，SV実施後の振り返りも大切なプロセスとなる。スーパーバイザーから与えられたコメントやアドバイスをはじめ，SVの内容をしっかりと記録しておく必要がある。そのことによってはじめて，利用者との次回以降の面接や具体的な援助において確実な効果が表われるといえる。

　SVは，受ける側が納得できるものでなければ効果がなく，このSVの理解をうながし受容させる点が最もむずかしい。だからこそ，管理的・教育的・支援的という機能を併せもつ高度な技術といえよう。

第3節　コンサルテーション

1. コンサルテーションとは

　一般的には，コンサルティ（相談する側）が受けもっているケースや問題状況への対応に関して，異なる専門性をもつコンサルタント（相談を受ける側）が，その専門性に沿った情報提供や示唆を与えながら問題解決に向けて協力することを意味する。

　ソーシャルワーク（社会福祉援助技術）の体系においては，関連援助技術の1つとして位置づけられる。厳密には，ソーシャル・コンサルテーションという。利用者の生活を包括的な視野で支援するためには，さまざまな領域の専門家や関係者と連携・協働していくことが必要となる。そこでは，おもにケースに関わる相談や協議を通して，関連機関や隣接領域の専門家からの助言をはじめ種々の専門的援助を受けることになる。具体的には，個別・集団・職場・地域などの多様な場面において実施される。

　たとえば，ソーシャルワークの実践では，ワーカーが個別的に医師や弁護士などの専門家よりアドバイスなどを受ける活動をコンサルテーションとよんでいる。ただし，それはコンサルタントからコンサルティに向けた一方向性のみの援助を意味しない。その点に関して，石隈（1999）は，学校における援助チームではコンサルタントとコンサルティの援助関係は双方向性であるとし，「相互コンサルテーション」とよんでいる。その上で，「異なった専門性や役割をもつ者どうしが，それぞれの専門性や役割に基づき，子どもの状況について検討し，今後の援助方法について話し合う作戦会議」と定義づけている。

　学校のように，チームによる子ども支援が求められるフィールドにおいては，異なる専門性をもつ者どうしが，対等な関係に基づき，コンサルティの抱える問題に焦点をあて，今後の援助について話し合い，解決の方策を提供し合うことが大切になるといえよう。

　コンサルテーションが重要視されるようになった背景には，精神医学ソーシャルワークの発展があげられる。精神医療の場で社会福祉援助活動を行う場合，ソーシャルワーカーは患者あるいは利用者への対応において，精神医学や臨床心理学といった隣接領域の専門家（精神科医や臨床心理士など）の助言がどうしても必要になる。その

ような理由から、コンサルテーションの必要性が高まってきたのである。

今日では、保健医療から教育、そしてビジネスの領域まで幅広くその必要性が認められており、需要もますます高まってきているといえる。

2. スーパービジョンとの違い

SVとは先述のように、スーパーバイザーがスーパーバイジーに対して「スーパーバイジーの能力を最大限生かして、よりよい実践ができるように援助する過程」を指す。コンサルテーションも、相談やアドバイスを受けることではSVとよく似ている。

しかしながら、SVではスーパーバイジーと同じ専門性をもつ経験豊かな専門家が後輩や同僚に対して援助技術等のあり方をめぐっての学習や指導という機能を果たすのに対して、コンサルテーションは教育や管理機能を有していないという点で、SVとは区別されている。また、コンサルテーションにおいては、支援活動の展開に直接参加することはなく、あくまでも専門性の異なる専門家としての意見を求められるのである。

ソーシャルワーカーは実際に現場に出ると、セラピスト等の他専門職から助言や指導を受けることがある。そのことを真摯に受けとめながらも、しっかりと内容を吟味し、自らの専門性に関する確かなアイデンティティをもっていなくてはならない（図4-3参照）。

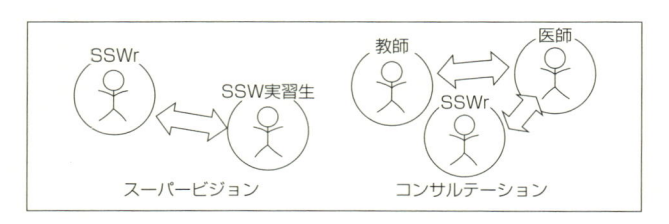

図4-3　コンサルテーションとスーパービジョンの違い

SSWrは一般に「1人職場」であり、多様なバックボーンをもつ人たちと関わる機会が多くなる。そこで経験の浅いワーカーや実習生の場合、教師をはじめとする他職種からの意見や要望に振り回されないとも限らない。それだけに、SSWrには、自らの役割と機能に対する確固とした価値、知識そして技能を身につけ、ソーシャルワーカーとしてのアイデンティティを確立するための努力を惜しんではならないのである。

一方で、教育の分野に身を置くSSWrが教師にコンサルテーションを行う場合には、単なる専門的独自性の観点からの示唆ではなく、コンサルティの状況や環境をとらえ、コンサルティに即した示唆を目指す必要がある。

第4節　ファシリテーション（ケース会議の展開）

1. ファシリテーションとは

　ファシリテート（facilitate）とは，もともと「促進する」「ものごとを容易にする」という意味の英語（動詞）である。その名詞形がファシリテーション（facilitation）である。

　今日では，コミュニケーションスキルとして，ビジネスや対人援助の領域においてもしばしば耳にすることばとなっている。たとえばビジネスの場面では，企業内の会議の場などで，発言をうながしたり，話の流れを整理したり，参加者の認識の状況を確認したりする関わりなどとして活用される。そのような行為による介入を通して，参加者の相互理解・合意形成を促進し，問題解決に向けた協働を促進させる手法・技法の総称としてとらえられる。ファシリテーションを担う者（進行係）のことをファシリテーター（facilitator）という。

　対人援助の領域，なかでもソーシャルワークにおいては，グループワークを実践する際によく用いられるスキルである。それと並んで，ソーシャルワークの重要な機能として発揮される場面が，ケース会議である。優れたファシリテーターとは，ケース会議をどう運んでいくのだろうか。ここでは，SSW実践におけるケース会議の場面を想定し，ファシリテーションを軸としてその流れについて見てみる。

2. ケース会議の実際
(1) ケース会議実施に向けての注意点

　SSWのケース会議は，学校内で行われることが多く，また教師という教育分野の専門職がおおむねキーパーソンとして参加することになる。SSWとしてのケース会議は，チームで支援を行うという観点から支援ケース会議や支援チーム会議（チーム会議）ということもある。

　これまで，学校といえば何かと閉鎖的で，教師という同職種の集団による独特の文化風土があり，他職種がなかなか受け容れられないというふうにとらえられてきたことも事実である。SSWrが学校から信頼を得て，受け容れられていたとしても，それだけで効果的なケース会議が実施できるわけではない。それは社会福祉の現場においても同様であり，残念ながら現状は必ずしもケース会議が適切で効果的に進められているとは言い難い。

　西尾（1998）は，非効率で非生産的な事例研究やケース会議の光景として，表4-6ような状況をあげている。こういったケース会議が後を絶たない理由として，西尾はケース会議の理論と実践について，実践者がその手法を研究し，体系化できていないからだと指摘している。

表4-6　非効率で非生産的なケース会議の光景（西尾，1998を改編）

①ケース会議の場に上下関係を持ち込み，管理者が会議をとりしきり，若い職員が発言する機会を制限してしまう。
②経験豊富な職員が自分の経験だけを根拠として会議をリードする結果，経験の浅い職員の発言が抑制される。
③概して結論を急ぎすぎる。
④一方，話題が四方八方に無限に拡散し，収拾がつかなくなる。
⑤繰り返し同じ話題が重複し，時間を有効に活用できない。
⑥経験豊富な職員がいきなり結論を押しつける形になり，若い職員が結論に至る経過，結論の根拠や必然性が理解できない。
⑦ケース会議の準備が十分になされないまま，始められる例がある。不十分な準備のもとに始められたケース会議は期待される結果が得られない場合が少なくない。
⑧ケース会議についての体系的知識・技能に欠けるため，ケース会議の進行が「いきあたりばったり」になる例が少なくない。
⑨ケース会議の進行中，質疑や意見が前後して交錯し，概して効率が悪い。

　学校におけるケース会議の場合は，一般に，クライエントである児童・生徒の担任，学年主任，生徒指導担当教諭，教育相談担当教諭，養護教諭，管理職（校長・教頭）などの教職員に加え，スクールカウンセラー（以下，SC），SSWr，特別支援教育のコーディネーター（教職員が担うことも多い），種々の相談業務を担うボランティアといった人たちが参加者として想定される。
　どのようなメンバー構成であっても，大切なことは，校内に核となる児童・生徒支援のためのシステムを事前に築いておくことである。いわゆる生徒指導上の問題が発生する度に，単発的に招集される集団ではなく，日常的に確固とした支援チームとして共通認識を図っておくことが肝要となる。ケース会議を定着させていくには，学校組織において公式に位置づけられた校内支援システムの存在がその成否に大きく影響を及ぼすといえる。
　ここでいうシステムとは，ある特定の有能な個人に依存しないでもすむよう，支援チームを恒常的に校務分掌（教職員が校務を分担するしくみ）として位置づけることを意味する。そのことによって，メンバーの転勤等によって支援の枠組みが崩れてしまうことのない確固としたしくみがつくられることになる。要するに，スーパーマン（ウーマン）に頼るよりも揺るぎないチーム体制を築くということである。そのためにもシステムつくりの提案とその効果を共有して，継続の価値があるというような方向に進ませることが求められる。
　なお，ケース会議の規模は，活発な討議等により参加者の積極的な関与が図られやすいという意味では，原則として10名程度で，多くても20名位での実施を推奨する。それ以上の人数的な規模になると，小グループに分けて行うか，中核的な実務者会議を設定するなど，進行や運営に工夫を加える必要があるだろう。
　ここで述べたことから，ファシリテーションとは，チームの価値を最大限に引き出すことと言い換えることもできる。その意味では，ケース会議の運営に際してSSWr

には，ある程度の高度なファシリテーション能力が求められるといえよう。
(2) ケース会議の展開
　社会福祉分野では，ケース会議の進め方については，ほぼ定型といえるような共通認識が普及していると思われる。西尾（1997）も，ケース会議を効率的に進めるには，進め方の定型があるとし，図4-4の順に従って進めるのが要諦であるとしている。

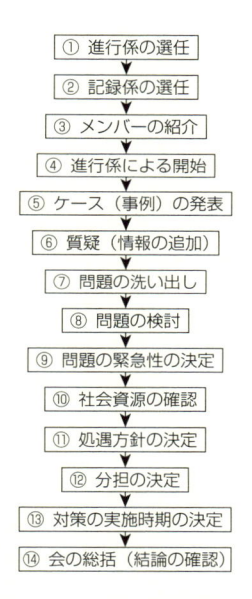

```
① 進行係の選任
② 記録係の選任
③ メンバーの紹介
④ 進行係による開始
⑤ ケース（事例）の発表
⑥ 質疑（情報の追加）
⑦ 問題の洗い出し
⑧ 問題の検討
⑨ 問題の緊急性の決定
⑩ 社会資源の確認
⑪ 処遇方針の決定
⑫ 分担の決定
⑬ 対策の実施時期の決定
⑭ 会の総括（結論の確認）
```

図4-4　ケース会議の展開過程

　ここでは，一般的な福祉現場におけるケース会議の進め方を踏まえ，学校におけるケース会議を進めていく上での展開手順について，まとめたものを以下に提示する。また適宜に進行上の留意事項を追記しておく。

〈ケース会議の実施展開手順〉
①校内支援システムの構築と参加メンバー選定
　先述の通り。
②進行係（司会者）および記録係の選任
　実際には，進行係は生徒指導担当などの特定の教員が担うことが多いようであるが，検討するケースの性質によっては，その特性に詳しいメンバーを選ぶこともある。記録係は原則として輪番制が適当であろう。
③メンバーの紹介
④進行係による開始（運営上の確認を含む）

ケース会議に予定されている時間枠について，あらかじめ参加者に告げる。
⑤ケース報告担当者によるケース概要および経過の紹介
　ケースの報告担当者は，あらかじめ資料を準備の上，報告を行う。その際，報告にあてる時間配分に留意すること。たとえばケース会議全体に予定している時間が1時間30分であるならば，発表にあてられる時間は20分程度となる。当該ケースについて2回目以降のケース会議の場合には，前回の会議において決定された事項を確認する。各担当者から対策の実施状況などの経過報告等をしてもらうことになる。
　いずれにしても，発表にあたっては，その後の討議が効果的に進められるよう配慮することが肝要である。たとえば，報告担当者は支援の実践において課題と感じている点を明確に示すなど，論点を整理して臨むことが求められる。また，質問しやすいようなオープンな姿勢と穏やかな雰囲気でのプレゼンテーションを心掛けるといったことが必要となる。
⑥質疑（情報の追加）
　進行係はケース報告を聞いた参加者から質問を受け，主として報告担当者に答えてもらうが，質問によっては進行係や他の参加者が答える場合もある。この質疑応答の過程は，参加者全員が質・量ともに必要な情報を共有化しつつ，情報量を追加・調整する作業としてきわめて重要である。
⑦問題の洗い出し
　質問が終われば，当該ケースについての問題点を参加者にアトランダムにあげてもらう。ブレーンストーミング形式にて，問題の重要度や序列は問わず，まずは気づいた問題点をできるだけ多く列挙させる。たとえ同様の問題でも，表現が違えば進行係は残らず板書すること。その際，簡潔に表現することが必要となる。なお会議の参加者など，集団のメンバーが，ある問題について自由にアイデアを出し合う方法をブレーンストーミングという。その際，他人の意見を批判してはいけない。批判があると良いアイデアが出にくくなるからである。
　なお，問題点としては次の諸側面からの検討が必要になると考えられる。
　　・子ども本人（行為，パーソナリティ，ニード，ポテンシャリティなど）
　　・環境（家族，地域社会，職場，学校など）
　　・社会資源（キーパーソン，制度，施策，施設，機関など）
⑧問題の検討
　⑦において抽出された問題群について，その背景，直接的原因，問題相互の関係などを検討して問題の性質を浮き彫りにする。多くの場合，複数の問題が互いに絡み合っているので，それらの関連を明らかにする必要がある（たとえば，校内暴力の背景に虐待があった等）。その上で，類似の問題をまとめ，整理し，多くの問題を2点ないし3点に集約していく作業を行う。
　この段階の分析を効果的なものにするには，たとえばエコマップの活用がある。ア

第4節　ファシリテーション（ケース会議の展開）

セスメント・ツールの活用法については第3章を参照願いたい。
⑨問題の緊急性（対応の優先性）の決定
　先にあげられた問題点について，その緊急性（対応の優先性）の順位を決定する。危機介入の必要性を含め，さしあたって放置できない問題に対して具体的な対策を検討する。問題の優先性がほぼ定まった段階で，あまり主要でない問題点を保留する。
⑩社会資源の確認（新たな資源の創出も）
　これまでの作業で焦点化された問題について，具体的な援助に役立つ資源を検討する。資源には大きく分けて次の3つがあり，支援のために活用できるものはすべて含まれる。（　）内にSSWに関連するものの一部を記載しておく。
　　・子ども本人がもつ資源（ワーカビリティ，意欲，好きなこと，楽しみ，家族，親類，ペット，など）
　　・学校内部の資源（担任および他の教師，友達，SSWr，SC，部活動，養護教諭，保健室，校内の居場所，など）
　　・学校外部の資源（家庭，地域，塾，学校外の友達，教育センター，児童相談所，フリースクール，電話相談，就学支援制度，奨学金，など）
　社会資源については，あらかじめ調査整理し，資源一覧表などを作成し，いつでも利用可能なようにしておくことが望まれる。
⑪支援方針の決定
　問題解決に向けて，現実的な支援方針を策定し，いくつかの具体的な対策を講じていく。対策は「当面のもの」と「抜本的なもの」に分けた上で，まず重点的に実施できる対策から取り組んでいくことを決定する。その際，ニーズと社会資源との適切なマッチングを考慮する。
　たとえば，いじめや虐待の場合，「当面のもの」は子どもの身を守るために講じる対策であり（危機介入，保護等），「抜本的なもの」は友達関係や親子関係の修復やそれを通してのお互いの成長といったことが考えられる。
⑫分担の決定
　決定された支援方針に基づいて，誰（またはどの機関・施設など）がどの対策を実施するかを決める。
⑬対策の実施時期の決定
　各自が分担する対策（支援としてのかかわり）の実施時期を，支援チーム全体との整合性を図りつつ決定する。
⑭会議の総括（結論の確認）
　進行係がケース会議の結論を整理・要約し，参加者全員に確認を求める。特に記録とも照合して確認する。また，次回開催日程の決定と確認を忘れないようにする。
　なお，1回のケース会議の時間については，種々の意見があるだろう。ただ，人間の緊張持続能力などを勘案すると，筆者は長くても1時間半から2時間以内が適当と

考える。

最後に文部科学省が示したスクールソーシャルワーカー実践事例集に掲載されたケース会議方法（山野，2009）を基に作成された様々な職種からなる多職種ケース（チーム）会議の方法（米川ら，2009）を表4-7に紹介する。

表4-7　多職種ケース会議方法（米川ら，2009）

①ケース担当者を否定するような発言は一切しない。
②一般論の発言は最低限度にし，意味のある発言（改善点，提案）を意識する。
③自分の意見に責任を持ち，担当者の協力の要請にはなんらかの形で応える。
④担当者ができないことではなく，実際にできることを具体的（5W1H）に提案する。
⑤司会進行に協力する。役職への尊重。
⑥司会は，メンバーの役割（職域）・業務内容と合致した役割・協力の要請をする。それぞれの専門性を活かしたチームアプローチが行えるように配慮する。
⑦何も話さずに終わったというメンバーがいないようにする。決定事項は全体で責任をもつ。
⑧プロセス：ケースの目的（担当者の困っている点），クライエントの意向，家族の意向，ケース担当者の意向の確認，ケース紹介（情報提供），質問，提案，方向性の決定（長期・短期目標設定），次回日程の確認をする。
⑨時間は1ケース45分以内（授業1時限）を目標とする。
⑩ケース会議の事前・事後フォロー。

注：多種職には，SSWr，SC，教育相談員，保育士，キャリアカウンセラー，社会福祉協議会相談員，教諭等が含まれる。

第5節　教師（教職員）のメンタルヘルス支援

1.　教師の「心の健康」の現状

近年，教師の精神性疾患等による休職の割合が増大している。本来は子どもよりも社会性，ストレス耐性がともに長じているはずの教師らが，じつは児童・生徒らと同じように，いわゆる「学校不適応」を起こしており，ますます深刻化している。

文部科学省の調査によると，全国の小中高，それに特別支援学校などを含めた公立学校教職員のうち，鬱（うつ）病などの精神疾患で2007年度に3か月を超えて休職した数は4,995人にのぼり，15年連続で過去最多を更新している。同省では，「子どもや保護者との人間関係で自信を失い，ストレスをため込んでいる」と分析している。ちなみに，2007年度中に病気休職した教職員は，全教員の0.88％にあたる8,069人である。このうち，精神疾患を理由に休職した教職員が，病気休職者全体に占める割合は61.9％と前年に引き続き6割を超えた。また精神疾患による休職者の内訳は，小学校が2,118人（42.4％），中学校では1,516人（30.4％）と続いている。年代別では，40代が1,872人（37.5％）と最も多く，次に50代以上が1,756人（35.2％）となっており，中高年の教職員が7割以上を占めている（産経新聞，2008/12/25）。

2. 教師のメンタルヘルス悪化の要因と背景

　メンタルヘルスとは、心の健康問題を包括的にさす用語であり、精神的健康と不健康は連続的に移行するという視点に立つものである。したがって、精神障害等の早期発見や社会復帰といった、疾病などへの対策だけを意味することばではない。一般には、心の健康の保持・増進を含めた精神保健として、より広義の概念をもっている。しかも、個人の問題に限らず、学校や会社などの組織全体の精神的健康も視野に入れ、その中で個々人の資質が十分に機能する状態をめざす考えが含まれているのである。

　先述のように、教師のメンタルヘルスは年々悪化していく傾向にある。さらに休職にいたらない病気欠勤者、いわゆるグレーゾーンの人たちが相当数いることを考慮すると、精神疾患による職務への支障が無視できない状況にあることは想像に難くない。

　教師のメンタルヘルス対策については、文部科学省もすでに旧文部省の時代から「教員の心の健康等に関する調査研究協力者会議」（座長・國分康孝）を発足させて検討を重ねてきている。同会議が1993年に「審議のまとめ」として報告した『教員の心の健康等に関する問題について』では、教師特有のストレス要因・背景として、表4-8の4点をあげている。

表4-8　教師特有のストレス要因・背景

---
①生徒指導上の問題（問題行動や学校不適応などへの対応に追われ、心身ともに疲労した状態）
②教科指導上の問題（技術革新、急速な情報化の進展、受験指導に対する保護者の期待による高度な技量の要求に基づく指導力不足への悩み）
③保護者や地域住民の過度の期待や批判（しつけなどの基本的生活習慣への期待を含む）
④不適切な校務分掌や教員相互の非協力などによる特定の教員への過度の負担

　これらのことが指摘されてからすでに15年以上経過しているが、教師を取り巻く状況はますます厳しく、ストレス度はさらに高まってきているものと考えられる。もちろん、ストレッサー（ストレスの原因）は、必ずしも学校現場にかかわるものとは限らない。学校以外にも、家庭や地域といったさまざまな場面で、あるいはそれらがつながる多様な社会において、個人として多くのストレッサーを感じているといえよう。たとえば、自らの子育てや老親の介護などといった生活上の大きな変化（ライフイベント）も、多大なストレッサーとなりうる。

　とはいえ、学校教育に携わる教師ほど、多種多様な人間関係にとりまかれている職業は稀であることも事実である。特に近年、保護者の要望は肥大化・多様化し、なかには、教師の仕事ぶりを見張っているといえそうな場合も少なくない。さらに、マスメディアなどの影響を受けて、地域住民や社会全般が学校教育活動に注目している。こうした教師をとりまく複雑な人間関係のあり様について、中島（2003）は図4-5のような同心円状の「重層的な構造」を指摘している。

　教師はこうした「重層的な構造」のなかで、児童・生徒の教科・学習指導だけでなく、どこまでやってもきりがない生徒指導に取り組まなければならない。そこには数

図4-5 教師をとりまく重層的な
人間関係の構造（中島，2003）

字で表わされるような目標の設定が困難であるだけでなく，こうやればうまくいく，といったマニュアルもない。あくまでも個別的な1人ひとりの教師の取り組みがあるだけである。このような中にありながらも，ますます教師が受けもつ日常業務が増加している。このような状況を孕む問題が，教師のメンタルヘルスを損ね，精神疾患等による休職者を増大させている要因および背景となっているといえよう。

3. 有効な教師支援のあり方とは

教師に対する期待の高まりのなかで，その期待に応えられない場合，保護者会などで批判されたり，苦情を受けるといったことがいまや日常茶飯事となっている。さらには，教師自身が学校教育はこうあるべきだとの厳しい自己規制を強いていることも少なくないようである。その結果，自分の理想と現実のギャップによる挫折体験に陥ってしまう。いわゆる「燃えつきる」危険が大きくなってしまうのである。

國分（1994）は，教師のメンタルヘルスを損なう原因には，外的条件によるものと教師個人の内的条件に関することに分けて整理することができるとしている。外的条件とは，前項で触れた教師をとりまく人間関係をはじめ，教育システムや学校現場の雰囲気，運営・管理の仕方といったことを意味する。一方，内的条件とは，主として教師個人のパーソナリティに関わる部分のことである。

その中から，筆者は教師の燃えつきを誘発する要因として，教師という職業あるいは役割が身につけてしまいやすいイラショナル・ビリーフ（irrational belief）に注目する。イラショナル・ビリーフとは，エリス（Ellis, A）によって創始された論理療法という心理療法において使用されることばで，「不合理で非理性的な信念」を意味する。論理療法では，社会適応上の問題を示すクライエントを治療する場合，その原因を当該個人が関係する他者や環境に求めるのではなく，その人自身が抱くイラショナル・ビリーフにあると考えるのである。

たとえば，先述のように教師自身が学校教育はこうあるべきだとの厳しい自己規制

を強いてしまった結果，自分の理想と現実のギャップによる挫折体験に陥ってしまう場合などが想定される。これはまさに，「〜でなければならない」「〜であるべきだ」といったかたよったイラショナル・ビリーフにからめとられているために，不適応状態に陥ってしまっているケースといえる。

論理療法では，クライエントのイラショナル・ビリーフをラショナル・ビリーフ（つまり，合理的で理性的な信念）に書き換えるという作業を面接やグループワークにおいて行う。その結果，たとえば，理想と現実の折り合いをつけるように考えを改めていくといったことが進められていくことになる。ここでは，誰もが抱いてしまいやすく，その意味では普遍性が高いとされる12のイラショナル・ビリーフを表4-9に紹介しておく。これらは，いわば自分自身を縛る不合理な「思い込み」の羅列ともいえよう。

表4-9　12のイラショナル・ビリーフ（菅沼・牧田，2004）

①人間はすべての人に愛されるべきである。
②価値ある人間であるためにはあらゆることに有能であらねばならぬ。
③過ちを犯した人間はとがめられ罰せられるのが当然である。
④人生が思い通りにならないとパニックや絶望に陥るのは当然である。
⑤人間の不幸は外因的である。
⑥何か危険が起こりそうな時は，心配するのが当然である。
⑦人生の困難はこれに立ち向かうよりもこれを避ける方が楽である。
⑧人には頼り甘えるべきである。
⑨過去の人生経験が，いまの自分を規定している。
⑩問題の人と人生の一瞬を共有するのは不快・激怒の元である。
⑪人生問題には確かな解決策があるはずで，これが見つからない時はパニックに陥るのである。
⑫権威者のビリーフや世の中一般に通用しているビリーフは正しいはずであり，疑う余地もない。

4．スクールソーシャルワーカーによる教師支援

前項までに述べてきたことを踏まえて，SSWrにできる教師のメンタルヘルスに関する支援の実際について以下に整理しておく。

　①ケースワークによる個別面接支援
　②グループワーク形式による不合理な「思い込み」の書き換え
　③セルフヘルプ・グループの立ちあげおよびその運営に関わる
　④外部資源への紹介あるいは協働による支援

概して上記の4点があげられると考えられる。

①および②については，カウンセリング的な性格の強い支援となる。その意味では，SCと連携して実施することも大いにありうるといえる。ただし，現状ではSCとSSWrの両方が配置されている学校はまだまだ少なく，両者が同時に関わることは実現困難かもしれない。しかしながら，カウンセリング（治療的ではない）もソーシャルワークの関連援助技術であり，ソーシャルワーカーにとって傾聴技術を身につけて

おくことは必須の要件である。したがって，SSWrがカウンセリングを行うことを恐れてはならない。また②は，校内研修の一環として行うことも可能である。

③，④はソーシャルワークの専門技術の範疇に含まれているといえる。ただ，プライバシーの問題を考えると教師自らが気軽に参加でき，かつ相談できるような支援体制を学校内部に設ける③の形態はむずかしいことも事実であろう。そのような場合は，学校外部にて自主的に運営される相談機関やセルフヘルプ・グループを活用することも考えられよう。

たとえば諸富（1999）は，全国ネットの「悩める教師を支える会」を設立し，個人カウンセリングだけではなく，電話やインターネットによる相談，そして東京と千葉等で月1回教師の集まりなどを行っている。このような形態の支援が今後とも各地で創設されていくことが望まれる。さらに今後は，復職者の支援や多忙化する教師のリフレッシュ・プログラムの創設などもますます必要になってくると考えられる。

【演 習】

□1．スーパービジョンとコンサルテーション
　第1節の図4-2によく目を通した上で，ロールプレイをしてみよう。
①スーパーバイジー（実習生）が，スーパーバイザー（実習担当教員）にこの件を報告し，スーパービジョンを受けるというロールプレイをしてみよう。
②SSWr（コンサルタント）が，本ケース児童の担任教師（コンサルティ）に対するコンサルテーションを実施するというロールプレイをしてみよう。

□2．ファシリテーション
　第1節の図4-2によく目を通した上で，模擬ケースカンファレンス（教育者・保護者・SSWr等の役割演技）をやってみよう。その後で，以下の点についてふりかえりをしてみよう。
①ソーシャルワークの視点に立ったケースカンファレンスのあり方とはどのようなものか。
②有意義で効率的なケースカンファレンスのためには，どのような事柄とファシリテーションが必要だと考えられるか。

□3．教職員のメンタルヘルス支援の検討―休職から復職まで―
　現在では，労働安全衛生法において，「事業者は，労働者に対する健康教育及び健康相談その他労働者の健康の保持増進を図るため必要な措置を継続的かつ計画的に講ずるように努めなければならない。（69条第1項）」とされ，加えて労働者に対しても健康の保持増進に努めることを義務付けている（69条第2項）。そのため，健康の保持増進として，ストレスチェック等によるストレスの気づき，心身のリラクゼーション方法の獲得や過重労働にならないような運営管理方法の構築等の健康教育的な活動が求められている。メンタルヘルスには，教職員の作業環境，労働時間，仕事の質と量（クラス対応や保護者対応の困難性等），職場内ハラスメントを含む人間関係，学校組織，人事労務管理体制等が関連する。

特に精神保健福祉士等が校内の安全衛生委員会（または衛生委員会）に所属する場合，教職員のメンタルヘルス向上のためにソーシャルワーク（アセスメントからインターベンション等）を行っていくことになる。労働安全衛生法第70条の2第1項に基づき，2006年3月に示された「労働者の心の健康の保持増進のための指針」では，メンタルヘルスケアは，「セルフケア」「ラインによるケア」「事業場内産業スタッフ等によるケア」「事業場外資源によるケア」の4つのケアが行われる必要性を提示している。このことから，SSWrは，学校内外のサポートネットワークを構築し，教職員を支援していくことになる。

本項では，うつ病等に罹患した教職員に対しての援助の実践に関する事例（いくつもの事例を参考に作成）を紹介する。なお教職員の「いつもと違う」（表4-10）点に気づくことがもとめられる。

表4-10 いつもと違う気づき（厚生労働省，2008を一部修正）

□1）遅刻（会議の遅刻等も含む），早退，欠勤（無断欠勤）の増加
□2）残業・休日出勤の増加（継続的な過重労働）
□3）仕事の能率の低下（ミスや忘れ物が増える），思考力・判断力の低下
□4）報告や相談，職場での会話がなくなる，表情や動作がない（あるいはその逆）
□5）不自然な言動が目立つ（酒臭さ，言うことが変わる，キレやすい）
□6）服装の乱れや不潔

うつ病等による診断が出て，業務の遂行がむずかしいと判断される場合，休職による健康の回復が目標となる。そして，健康回復後の職場復帰に向けてのリハビリ，職場でのリハビリ（職場復帰前期），そして職場復帰へといたる。このとき，休職から職場復帰までのプランニングが求められる。

以下にそれぞれの時期において必要と思われる関連支援事項の一例も提示する。それを用い，それぞれの時期に合わせた支援内容や支援計画を検討してみよう。

〈休職前〉
中学教職歴20年のAさん（女性）が，この3か月程度，よく体調不良として遅刻・早退が多くなったとの報告を教頭先生より受けた。周囲の教職員がAさんの業務を代わりに受けもつため，教職員の疲労もピークに達しているようである。
（関連支援事項：校医，ストレスの気づき，労働時間）

〈休職時（初期）〉
うつ病との診断があり，約1年程度の休職期間をAさんと確認した。このとき，精神科における精神療法は，病状を聞く程度となっており，薬物療法が基本であるようとAさんより相談を受けた。また仕事を休んでいることに対する自責の念とこのような自分にさせた学校への怒りが大きいという。すぐに復職したい思いもあるという。
（関連支援事項：精神科，認知行動療法，長期・中期計画）

〈休職時（中期）〉
　3か月間，じっくりと体を休めたことで，自分自身でより心身の向上をしなくてはと考えるようになったとAさんより相談があった。またSSWrより紹介された認知行動療法を行う心理臨床機関にも通いだしたとのこと。カウンセラーより，自分自身の認知の歪みから，希死念慮，緊張感，周囲への攻撃的言動にいたっている可能性があると指摘され，少しずつ認知のあり方について話し合っていくことになったという。またこのごろ，経済的なことについてとても不安になってきたとのこと。そのようなこともあり，もっともっと職場復帰するために何かしなくてはならないと思ったとのこと。
（関連支援事項：SST，心身の自己洞察，人事労務）

〈休職時（後期）〉
　何度かの面接を重ねてきたAさんに少しずつ変化が出てきた。自己の認知の歪み，特にがんばりすぎてしまうこと，仕事を断ることに罪責感をもってしまうことに気づき，がんばりすぎないことをがんばること，自分の思いを伝えることについて，このごろ励んでいるとのこと。そのため最近は，心身ともに健康的で，1日1時間程度のウォーキングを始めたこと，今の自分を支えてくれる家族や見守ってくれる職場の人たちに感謝を感じ始めたこと，自分のペースに合わせた職場復帰を希望していること，そして毎日あった希死念慮が週2～3回程度に少なくなってきたことをSSWrに伝えた。
（関連支援事項：職場復帰のためのリハビリ，再プランニング，自己洞察）

〈職場復帰前期／リハビリ〉
　精神保健福祉センターで実施されている職場復帰リハビリプログラムに参加し，集団内でがんばりすぎてしまう自分に何度か気づかされたこと，またプログラム最後には，センター職員より休職した自分に職場が思うようにあわせてくれなくても文句は言えないかもしれないが，できないことはできないと伝え，がんばり過ぎないようにとの助言を得たことについて，Aさんより報告があった。また精神保健福祉センターからの情報提供書（医師）には，心身の状態が良好とあった。一方の学校においては，自分たちが関わることで，再度健康を悪化させるような原因にならないかというAさんを受け入れることに対する不安を多くの教職員がもっているとの報告が教頭よりあった。また教頭自身，職場では，本人がどの程度のことができるのか，職場でのリハビリ期間はどの程度必要か等の方針・方向決定の難しさから管理職としての不安があるという相談もあった。
（関連支援事項：職場でのリハビリ，人事労務，健康教育）

〈職場復帰後期／職場リハビリ〉
　Aさんの職場でのリハビリが始まった。Aさんは，なんとか自分は以前のように仕事ができるということを示したくて無理に気負っていた，結果，周囲の教員からそのことを指摘されたと報告があった。また，がんばり癖が出てきているとカウンセラーからの指摘もあったという。今後の自分のライフキャリアを考えたいということであった。一方で，現場の教職員から，Aさんが授業等を含めた生徒との関係性の悪化からストレスを抱えたこ

とも何度かあったため，ソーシャルスキルのトレーニングが必要ではないかとの相談もあった。
（関連支援事項：クラスマネジメント，教授方法再訓練，教員SV）

〈補足〉
　以上のような休職から職場復帰までの課題は，心理機関や外部リハビリプログラムを使用する場合は，費用が掛かることである。休職中の賃金が低くなっているときに本人にとっては負担であることがあげられる。また職場リハビリから本業務復帰への期間が1か月〜3か月と短い場合もある。しかし，本人の状態に合わせた復帰方法の検討が必要である。子どもには個別支援計画を立て，教職員は画一的な計画に合わせるというのは，ソーシャルワークのあり方からしても逆行していることに気づく必要がある。職場復帰後の再発には，本人だけでなく家族，教職員に対しても大きなダメージを与えるということを心する必要がある。場合によっては，週5日勤務の職場復帰まで3年以上かけることも必要である。

第5章 スクールソーシャルワークとその職務がもつ目的と課題

　本章では、まず第1節で、スクールソーシャルワーカー（以下、SSWr）に求められる技能や課題について説明する。また、これまで生活指導や子ども支援に取り組んできた教師たちから学びうる実践例を紹介する。第2節では、学校や教育機関等でソーシャルワークを行う場合に連携する主な各機関や、そこでの協働のあり方について紹介する。最後の第3節では、SSWrに隣接する専門職の実際等について紹介する。

第1節　学校教育におけるソーシャルワーク

1. 学校や教育機関で働くための「構え」と知識・技能

　学校現場においてソーシャルワークへの関心が高まっている。とはいえ、それは教育委員会の指導主事やSSWrと直接関わりをもつ学校の管理職や教職員、あるいは一部の養護教諭や生徒指導、教育相談、特別支援教育の担当者らに限られている。まだ多くの教職員にとって、SSWrの認知度は低い。学校や教師にとって「外部人材への理解不足」はある。それはこれまで長く続いてきた学校教育と児童福祉をめぐる社会制度上の障壁にもよるだろう。

　一方で、SSWrの知名度については、日本における「ソーシャルワーカー」自体の社会的知名度の脆弱さによることも否めない。SSWrの側である私たちは、まず、こうした現実状況から考えていく必要がある。

　したがって教育と福祉の一方に落ち度があったということではない。今後、双方の職務に関する歴史性や社会的要請・承認、そして現職教育（研修）のあり方、人材養成の目的や方法にまたがって考えていく事柄である。

　日本の近代学校（学制発布、1872年）が発足し、百数十年が経つ。その歴史の中で、教諭（戦前は訓導：旧制小学校の教員のこと）という単一職種で構成されてきた学校の内部組織に、異職種を導入した経験はきわめて少ない。校種を問わず全学校に配置され、直接的に児童生徒を指導・援助する点では看護・保健領域の養護教諭（戦前の呼び名は学校看護婦、戦後、養護訓導から養護教諭に）のみである。2000年代になってから特別支援学校での医療的ニーズに対応する看護職の登用、学校栄養士の栄養教諭化など限定的である。外部人材の異職種という点では1990年代に心理領域の業務を中心とする「スクールカウンセラー（以下、SC）」の導入があった。そして今、さらに、ソーシャルワークの福祉職の導入がはじまった。

第5章 スクールソーシャルワークとその職務がもつ目的と課題

　欧米のSSWrの採用や雇用をみると，その多くが修士課程の修了者であり，公募による任用試験（実践経験や専門性をめぐるプレゼンテーションや面接，事例報告など）を通じた雇用である。応募者の多くが3年から5年以上児童福祉施設や障害児福祉施設，医療機関，地域の公的機関やNGOなどでのソーシャルワーク従事経験者である。ケースワーク（パーソナルワーク）やグループワーク，コミュニティワークのいずれかに専門的経験の軽重があったとしても，一定の勤務年数や実務歴が求められる（鈴木，2007）。これは，スクールソーシャルワーク（以下，SSW）をめぐる社会的承認とワーカー個人の力量の成熟度に裏付けられている結果の状況である。

　今日の日本では，SSWrの安定した採用と雇用体系，人材の養成や育成に責任をもつ諸基準とその社会的承認について未整備・未成熟な部分が多い。

　「何をする人材であるのか」がつねに問われる。それだけに，ワーカー自らが，学校で働くことの意義や意味，目的，役割について，明確な視点，専門的力量や人間的資質を形成しなければならない。「個人的経験」のみを活かしてなし得る職務内容ではない。

2. スクールソーシャルワーカーの位置と求められる技能と課題

　2008年度にはじまった文部科学省「スクールソーシャルワーカー活用事業」では，学校や教育機関へソーシャルワークの専門職を配置する目的について，以下のように示している。

【スクールソーシャルワーカー活用事業（一部抜粋）】

　「いじめ，不登校，暴力行為，児童虐待など，児童生徒の問題行動等については，極めて憂慮すべき状況にあり，教育上の大きな課題である。こうした児童生徒の問題行動等の状況や背景には，児童生徒の心の問題とともに，家庭，友人関係，地域，学校等の児童生徒が置かれている環境の問題が複雑に絡み合っているものと考えられる。したがって，児童生徒が置かれている様々な環境に着目して働き掛けることができる人材や，学校内あるいは学校の枠を越えて，関係機関等との連携をより一層強化し，問題を抱える児童生徒の課題解決を図るためのコーディネーター的な存在が，教育現場において求められているところである。このため，**教育分野に関する知識に加えて，社会福祉等の専門的な知識や技術を有する**スクールソーシャルワーカーを活用し，問題を抱えた児童生徒に対し，当該児童生徒が置かれた環境へ働き掛けたり，関係機関等とのネットワークを活用したりするなど，多様な支援方法を用いて，課題解決への対応を図っていくこととする」。

（文部科学省，2008：下線・太字は筆者）

　まず，太字で示した部分では，子どもや教育現場に携わった経験とソーシャルワーカー経験を指し示す。一般に，「知識や技術を有する」とはそれを示す職歴に大きく関連する。社会福祉士などの資格をもち，子どもに関わるソーシャルワークの実務に携わってきた経験者となる。しかも，下線部が示すように，子どもの行動の背景にあ

る問題環境に着目しそれを分析・理解できること，学校の既存の実践組織の枠を適切に越えたり改変できること，内外の関係機関との連携や実務的に関係調整（コーディネート）ができること，課題解決のための支援計画を作成する力をもっていることが求められる。

　さて，社会福祉の援助技術や相談援助の目的，内容，方法・技術，価値が学校経営や地域教育行政に取り入れられ定着していくためには，どのような課題があるのか。

　まず第1に，いじめや暴力，不登校，長期欠席・ひきこもり，非行，保護者問題などへの相談援助が，主となる「対処」方法であるという1つの技術や考え方の理解に止まらないようにしていかねばならない。

　SSWrを「登校督促人材」や「家庭生活調査人材」「外部機関への誘導人材」へと矮小化・歪曲化させてはならない。不登校児童生徒の人数や問題行動の件数が「学校評価」につながり，そうした親や地域社会のまなざしに教育現場が一喜一憂する風潮や「学力向上」への熱心さや学習規律，学習環境の整った学校を求める社会風潮がある。マスコミや行政が問題として取りあげるものだけが「子どもの問題行動」ではない。学校や教師の職務あるいは権限の範疇にあるものだけに焦点化されるものでもない。これらのことを肝に銘じておく必要がある。

　第2に，教育委員会（自治体）所属のSSWrの場合，教育委員会によって，SSWの役割や位置づけが異なるという現実がある（日本学校ソーシャルワーク学会，2009）。

　学校や教育行政は外部から見ると「全国一律」に見える。しかしそうではない。『学習指導要領』の遵守以外，たとえば，給食費や諸経費の金額や徴収方法，年間の授業日数，学校行事のあり方や内容，校内委員会の設置や組織，教員定数，学級の人数，はたまた教員給与も異なる。誰しも小中学校時代の思い出がさまざまであるように，全国に1つとして同じ学校はない。学校文化，教職員の雰囲気，教師集団による子ども理解やその対応方法も多様である。

　一方，教育行政も自治体によって独自性がある。従来，福祉や保健の部署は一般行政の諸分野とひとくくりになっているが，教育行政だけは独立して体系化されている。これは教職員の服務監督者が市町村教育委員会や都道府県教育委員会（私立学校は都道府県）とされ，教育基本法や地域教育行政の組織及び運営に関する法律，教育公務員特例法といった独自な法体系下にあり，その運用では「地域の現状」が優先されてきたためである。

　したがって，都道府県や市町村の教育委員会（教育事務所）によってSSWrの役割や機能，実務システムに違いが生じるという憂慮すべき点もある。現に，SSWrの任用において，社会福祉士の資格取得者に限定しているところもあれば，その限定をもたないほうがよいという考えをもつ教育委員会もある。また，学校の管理者（校長）の考え方でSSWrの職務内容が異なるというレベルだけでなく，自治体の政治，

経済，文化というマクロなレベルでの「地方の論理」にも左右される。自治体の個別性は，地方教育行政の実務プロセスやこれまで踏襲してきた各地の教育構想に起因する。しかし，現実的には各自治体の事業推進のあり方（事業内容や人材確保，人的配置，業務内容，対応課題の選定など）よりも，「学校におけるソーシャルワーク」に関するワーカー自身の「スクールソーシャルワーク」への理解が決定づけることを忘れてはならない。

　第3に，学校教育と地域福祉との有機的な接点をいかに構想・実現するのか。地域崩壊や家庭や個人の地域からの孤立をいかに克服・改善するのかという点である。

　児童相談所の児童福祉司や自治体のケースワーカーなどの中で，アウトリーチワーカーの人員不足による保健福祉行政の限界は顕著である。子どもや家庭を支える人材である地域保健師も手薄な状態である。SSWr活用は，子どもや家庭との密接な関係を維持する（しやすい）教師とともにつくる「子ども家庭福祉」として，保健と福祉の双方からの期待がある。従来の児童福祉や保健福祉業務では学校・教育機関を有効に活用する具体策が展望できずにいた。「どうして地域の福祉や保健，医療の関係機関の側に，学校や教育機関とつながる（サポートする）人材を配置しないのか」という教育関係者からの声も多かった。

　教育基本法と児童福祉法の結合，つまり「すべての子ども」を業務射程とする専門職を小地域に配置し活かしていく社会システムづくりは，SSWにとっても大きなテーマとなる。行政縦割りの是正，あるいはいくつかの自治体でみられる「子ども課」などの拡充整備はSSWrのソーシャルアクションとなる1つだと考えることも適切であろう。これは，国家・自治体財源の再分配をめぐる獲得競争が激化する中で，福祉専門職のエンパワメントや地位向上という課題を含むものである。

　第4に，子どもや青年の社会的な自立に関わる学校の役割・機能の拡充である。不登校に焦点化するだけでなく，家庭の貧困や非行，ニート，ひきこもり，精神保健など，思春期以降から青年期以降を見通した支援のあり方が急務である。また問題への焦点だけでなく，可能性の開発への焦点も求められるだろう。「学校・家庭・地域の連携」では義務教育期に子どもと関わる教師や親，地域住民，関係機関の枠を出ないことが多い。

　2009年3月に内閣府から国会に提出された「青少年総合対策推進法案」は，ニートやひきこもりの若者の自立支援強化，継続的な進学や就労指導を，地方自治体が教育委員会や児童相談所，ハローワークなどによる地域協議会設置を通じて行うよう求めている。その後，「子ども・若者育成支援推進法」と名称改正されたが，「子どもの権利条約」を基本理念とし，子どもが家庭的な環境で生活すること，若者の抱える問題の背景には幼少時の体験や環境が影響を与えていることから，乳幼児期から30代までを広く対象にしている。

　こうした法規に着目すると，SSWの学際的・実践的研究を担う「学校ソーシャル

ワーク研究」が提起する「家庭―学校―地域をつなぐSSWr」という命題は有効である。学校（教育領域）が，子どもや家庭の生活圏域にある資源や人材をつなぎ，学校（教育）も地域福祉の責任を担い，地域の教育・福祉・医療・保健・司法等の機関や異職種・異組織間をつなぐ横断的機能を有していく必要がある（日本学校ソーシャルワーク学会，2008）。SSWrが学校の役割・機能の充実にいかに貢献していくかの検討が継続して求められる。

3.「教師の専門性を支えていくこと」とは何か

戦後の混乱期から90年代にいたるまで，その形や位置づけは違ったとしても，教職と福祉職とのつながりがいく度となく話題になってきた（岡本，1963；小川他，2001）。ところが，近年，いったん具体的に導入されると1年にも満たないうちに，SSWr活用事業は，文部科学省や教育委員会の生徒指導・教育相談関係事業の1つというとらえ方ではなく，その役割や機能そのものに関心が向いてきた。それはどうしてなのかをSSWrに求められる役割・機能の観点を含め以下に述べる。

(1) 教師のシャドーワークや「抱え込み」のメカニズムを理解し支援する

教師の専門性をあえて限定すると，「わかる授業」「楽しい学校生活」を子どもたちに保障することである。よって，SSWrの役割の1つには，教師のシャドーワークの加重によるバーンアウトや「抱え込み」を軽減し，「わかる授業」などのための教師の専門性を保障することがあげられる。SSWrの役割の1つには，子どもの「生活の全体性」を読み取り，就学前の生育歴から卒業後の進路につながる情報や営みに携わるという点がある。

日本の教師は諸外国に比べると，職務の「無限定性」が高い。保護者のネグレクトや養育問題，地域の保健福祉，子育て，児童福祉への協力や補完，代理，あるいは地域の子ども会運営や青少年健全育成，文化・スポーツ振興など，子どもを取り巻く多様な場面に関与する。休暇中や帰宅後の災害や事故，事件に対しても学校や担任が関わる。「子どもが言うことを聞かないので，先生から叱ってください」という親からの申し出にも応じる。とりわけ子どもに対する家庭の教育力や地域の見守り力が弱まっている現代社会では，子どもたちの「問題行動の予防」も教師に求められる。

その意味で，学校におけるソーシャルワークは，一般のソーシャルワークに比べ，事後対応への専門性ではなく，その予防・開発の面で，問題・可能性（開発）の社会的・個人的メカニズムを分析し，対応方策を提供したり協力できる専門性であらねばならない。

(2) 学校が家庭と地域をつなぐときの一員となる

一般に，「学校，家庭，地域の連携」という表現がある。その際，私たちは無意識のうちにそのイメージを「学校→家庭→地域」という矢印で描いている。

教師から保護者に，「お宅の子どもさん，一度医療機関で診てもらってください」

といった話があったとする。教師にうながされて病院に行く。ところが予約がいっぱいで2か月待ちになる。ここで立ち往生が起こる。中には，保険証をもたない家庭や診療費滞納ゆえに病院に行けない家庭，我が子の障害受容ができずに悩み立ち止まる保護者，仕事が忙しく通院できない家庭，さらには我が子のことにまったく関心すらもたない家庭もある。保健，福祉，医療などに関する事項は，教師が「ある事柄」に気づいても，保護者の了解なく動くことはできない。

今日，「子どものセーフティーネット」ということばは，家庭の養育力や家族の「自己資源」に委ねる風潮が強く，自分のことは自分でやれという「自己責任」の考え方が横行している。ゆえに学校には，子どものことは家庭の責任であると考えて家庭から地域（関係機関）への矢印に依存するのではなく，学校という社会的公共的空間が家庭と地域（関係機関）を適切に橋渡しするという考え方が必要となる。「家庭⇔学校⇔地域」というように，学校が家庭と地域を媒介する立ち位置で機能していくこと。これは子どもの問題に直面する多くの教師が望んでいることである。ソーシャルワーク的な相互作用（つまり交互作用のこと）の考えとも一致するだろう。

そもそも生活保護や生活福祉のニーズが子どもの在学期間中に解消するとは限らない。学校を卒業しても家庭が地域から継続的に社会的保護を受けられるように，今の時点で適切な道筋を構築する役割は「学校の福祉的機能」の1つである。今，このことを，「願い」や「希望」，「時間が経てば」といった対応ではなく，現実的に目に見える形（可視化）にできる役割がSSWrにはなくてはならない。

(3) 社会的人的資源とのつながりを豊富にもつソーシャルワーカーに期待がある

教育現場から，以下のようなことばがよく聞こえてくる。

「学校にいろいろな相談員やカウンセラー，支援員が関わっていただくのはうれしいが，そのために教師にとっては多くの時間がさかれてしまう。そこにSSWrが増え，子どもや保護者への説明も煩雑になる」。

SSWrの導入は，これまでの校内委員会やチーム会議，校務分掌の再編成，特にSSWrとの窓口となる校内の調整役・コーディネーター役の存在など，学校現場に少なからず組織的意識的改変をもたらす。大切なことは，SSWrとの窓口となる学校側のコーディネーターの存在である。同時にSC，子どもと親の相談員，学校支援員・介助員や学生ボランティアなどをめぐる活用目的や業務指針の明示が学校側にも必要となる。このような様々な専門職が関わる中で，SSWrに求められるものは，この役割分担―協業化への支援であろう。さらにSSWrには，地域の関係機関による教育現場への福祉的医療的サービスの向上への橋渡しが期待される。つまり，SSWrを介して，地域の医療，福祉，保健，矯正・司法関係者が学校の「応援団」になってもらえるよう働きかけることが大切になるだろう。

全国の中でSSWr活用事業に強く関心をもつ自治体の特徴は，「子どもにとって大切な地域づくりのため，SSWrに地域づくりの一員になって欲しい」という声をもっ

ている点である。表面的には，数値化されやすい不登校や長期欠席・ひきこもり，いじめの減少への期待があるかもしれない。しかし，可視化されにくい子ども虐待やネグレクトをめぐる家族支援，障害をもつ子どもの就学・地域生活・就労の保障，高校卒業後や中退などの課題克服をして，その先にある地域社会づくりへの期待が本来の期待である。「地域を育てる」という視野のある SSWr，その養成や育成において SSWr みずから「地域で育っていく」という視点が欠かせないと思われる。

4. 教師による生活指導や学習指導へのとらえ方

　教育の目的は，子どもの人格形成にある。教師の仕事はこれを生活指導と学習指導の両輪で育んでいくことである。極論を示すと，「よい授業，次代を担うための学びの提供」である。

　不登校を例に取ると，この状況は「子どもたちが学習活動から離れていく姿」ともいえる。「学びの主体者である自己の喪失」である。その場合，カウンセラーが相談室や別室に子どもを置くことだけでは，教育保障，学習権保障に抵触する。居場所や「緊急避難」というとらえ方とともに，学力保障への見解について，SSWr 自身，無自覚ではおれない。

　学校教育が反省すべきところは，子どもの「問題行動」への対応において，子どもや家庭を学外の専門機関へ簡単につなごうとする対応（つまり学校からの排除）である。いかに学校や教師個人が抱え込まず，校内でのチームや外部機関とのチーム対応を，子どもの身近な場所で実現していくのか。こうしたことを考えようとする SSW に関わる研修や講習は，教師にとっても増えていくことが望まれる。

　ではここで改めて生活指導とは何かについて触れておく。

　まず，生活指導は生徒指導と別物であるということ。生徒指導は教師（大人）が決めた尺度で子どもを指導する教育行政用語である。一方，生活指導の考え方は，生活や環境が子どもを「指導」するものである。これは「ゼロトレランス」や児童生徒の排除や締め付けに頼りがちな指導とは大きく異なる。「指導」は，とても嫌がられることばになってしまったが，本来は guidance（ガイダンス）の訳語であり，「子どもの側の納得があってはじめて成立する行為」である。「指導」を「生徒の管理・取り締まり」という理解に一元化している人たちにとっては，本来のガイダンスを行う優れた教師たちから学ぶことも多いだろう（全国生活指導研究協議会，2005）。

　また，福祉職にとって，特に視野から漏れやすいのが学習指導とソーシャルワークとの関係である。2008 年 3 月に小・中学校の学習指導要領（改正）が告示された。「夏季，冬季，学期末等の休業日期間中」に授業ができるようになったり，小学校 1 年生からの授業時間数増，「詰め込み教育」といわれる学習内容の増加など，現在再び学力向上と競争原理が色濃くなっている。

　学習とは，子どもたちが，自分自身も現代社会を生きる当事者であることを理解す

ることであり，生活の現実を学び，民主的で平和な社会を創造する担い手になるための営みである。学習の習熟を個人の問題に還元せずに，生活環境の改善から考えていくことが求められる。貧困と学習意欲や親の所得と大学進学率などの関連性は，これらを考えていく好例ともなろう。

また道徳教育についても，今回 2008 年の学習指導要領改正により「道徳教育推進教師」の設置があげられ，特別活動や学校行事のあり方等とも関わり，個性重視から集団への適応（順応）が大きく打ち出されていることへの状況把握も SSWr にとって必要である。

5．生活指導教師の実践から学ぶこと

SSWr をめざそうとする人の中には，今日の学校の変革をめざしたいという人も多い。とても大切な視点である。しかし，日本には優れた生活指導教師も多い。そうした人々がソーシャルワークという表現は使わないがどのように"ソーシャルワーク的"な努力をされてきたのかを以下，見てもらい，今後の活動の参考にしてもらいたい（全国生活指導研究協議会，2009）。

① いじめ問題をめぐる学級づくりや学校づくりをする教師 A

> いじめ─加害行為の多い子どもは，過去に被害者経験があるのではないかと考え，けんか両成敗やいじめた側を頭ごなしに叱ったり「処分」するだけではなく，被害者の安全とともに，いじめた子どもなりの背景を読み取ることを大切にする教師 A。その行為の意味していることが社会のいかなる矛盾から発生しているのかを考える教師であり，そのような教師は他にも多い。彼らは，問題行動の背景には「子どもの発達要求がある」という視点で，教室環境から切り離して指導を行うのではなく，子ども集団の中で，その集団の民主的な変革をもねらいとして学級経営を行っている。学級での人間関係が希薄になる中で，部活動などの緊密な場でいじめが激化する。さらに管理の厳しい教師のもとでは，子ども集団内部にストレスがたまっていく。また，荒れや暴力を探っていくと，親子が個々に抱える「生きづらさ」にも出会う。それを教師 A は子どもと「対話」することによって，いじめの加害者・被害者にかかわらず，いじめやいやがらせの行為を生み出す背景も見ようとするのである。この対話が，自分の未来像が見えない子どもたちに，知と勇気を育んでいく実践となっているのである。

② 不登校児をめぐる家族支援をする教師 B

> 学校に行きたくても行けない。学級に入りたくても入れない。こうした不登校の子どもに，生活指導教師 B は，まず子ども個人や家庭への対応として 3 つの方針を立てる。1 つは，家族との共同体制づくりとして，不登校を子どもの充電期間としてとらえ，子どもの成長・発達を援助するという親の立場や役割についてていねいに話し合う。2 つめに，家庭の中での子どもの位置を考えることとして，自己肯定感，愛されているという実感を与え，安心していられる心の居場所にする。3 つめに当面する不登校の原因が何かを探るこ

ととして，子どもをどのように見ていけばいいのかを知る大切な手がかりを，親とともに読み解き，改善のための手立てを立てていく。この教師Bは，親の不安に寄り添いながら，親の心情的な安定にも取り組んでいる。子どもには学校に行きたくてもいけない苦悩を共感しつつ，自らのことばでその心情や理由について語り始めるよう働きかける。

他方，学級の子どもに対しても，不登校児の考え方や感じ方に共感できる力を育てる。ありのままの自分が脅かされない安心できる場をどのようにつくっていけばいいのか。本人が自我や社会性の発達においてどこでつまずいているのか。こうした自立の課題を子どもとともに見つけ，「何々がわかる」「何々ができる」ことを大切にする環境づくり（学校づくり）をすすめていった。

③　非行と向き合う教師C

授業についていくことがたいへんで，高学年になってから茶髪や外泊，喫煙をくり返す女児に対して，「茶髪では修学旅行に連れていくことはできない」という管理職。こうした子どもを排除しようとする教師たちに対して，この女児の立場に立ちきろうとする教師C。校長が頭髪を黒く染め直してくること，合唱コンクールに練習も含めて参加することを条件にしてきたことから，この教師は，行事への参加を通じて本児の自立とクラスでの居場所づくりを目標にした。周囲の子どもたちからの共感を生み出す対話を通じて本児が学級に馴染むこと，そしてこの取り組みによる本児のがんばりを母親に伝えていった。離婚後の生活の苦労やしっかりと手を掛けられない仕事の現状，子どもの苦悩に気づきながらも対応できない母親の苦悩をその母親と語り合いながら，本児の生い立ちなども確認していった。そして，合唱コンクールの朝，髪の毛を黒くしてきた本児。歌詞の確認を周囲の子どもと行うなどの姿。隠れてコンクールを見に来た母親は感動。これは子育ての失敗という周囲からのまなざしの中での息苦しさから母親自身も解放された実践であった。

④　特別支援教育の中でみられる無理難題をいう親への対応をする教師D

「声の大きい人はそれだけ悩みが深い」。

教師Dは自分たちや学校が保護者からどのように見えているのかを点検する。まず，表面にあらわれるおどしや無理な要望ではなく，その背後にある願いや思いを聴き取っていく。批判に対して反論・弁明・いいわけをするのではなく，ただただ聴き続けることにより子育ての不安，誰にも相談できなかった心情を理解していく。こうした保護者に対して，日常の生きづらさを他者への攻撃に向けるのではなく，他者との連携やつながりに転換していく保護者の力を教師が育てていく努力をする。

特別支援学級への在籍を嫌がる保護者に対して，卒業後の進路や通常の教室でのつらさの現実をていねいに伝えながら，子どもにとってもっとも最良のことは何かを原点において話し合いを粘り強く続けていく。教師の側も，親とのトラブルを抱え込んだり隠すのではなく，学年の教師集団や学級懇談会の場で話をしていく。保護者からの苦情が学校や学級をつくりかえる大切な機会であるという立場を取りながら，親の苦悩を分かち合う場を創る実践がなされた。

第2節　子どもの支援者との協働の実際と課題

1. 教育委員会との協働

　教育委員会の職員は都道府県や政令指定都市，市の場合，多くが教諭である。町村では，一般事務職で構成されることが多く，おのずと学校現場への指導力は弱い。教育委員会は教育委員長・教育委員の組織（合議体）と教育長・指導主事等の組織（事務局）の2体系の組織で構成されるが，教育行政の実務は後者である。教育委員会は学習指導の教育内容や方法，教育課程，生徒指導，地域連携等への指導助言という職務権限をもち，管轄地区の相当量の情報や学外からの情報が入るところである。なお，いずれの業務内容も財政支出の提案権限をもつ。

　近年，教育委員会は，従来の事務処理よりも，地域住民の意向の反映や地域コミュニティの育成，保護者の参加への配慮に力を注いでいる。その中で，様々な「危機対応」への助言や法律的判断，法的手続き，人権擁護の手続き，訴訟や保護者との紛争調停の技術，児童福祉法や障害者関連法規の知識や理解とその運用などがあげられる。あわせて，海外や全国的に見て先進的な地域の情報提供，諸事業の具体化における予算立案実務等もある。

　このような教育委員会に所属するSSWrは，教育分野における福祉の理解と啓発等の促進という教育領域の活動にとどまらず，地域の子どもの総合支援システムの構築と点検，改善，評価などをする専門性が求められる。今後のSSWrの育成をとらえ，配置地区の他のSSWrへのスーパービジョンやアドバイザーという役割もある。また近年，発達診断や精神保健福祉の専門性や諸調査の実施と分析，関係行政への提言や報告書の作成能力も強く求められる。

2. 担任との協働

　子どもといっしょにいることが多く，放課後も子どもや親からの相談または職員会議等で忙しい担任教諭や養護教諭の現状をまずは理解しておかねばならない。職員室に担任は戻ってこないし，戻ってきても空き時間はない。出張も多い。相談員やカウンセラーなどの訪問日や時間にあわせて時間を空けて待っているということが年々厳しくなってきている。いつも「学校は，教師は，なにをやっているのか！」と言う人には，いかに教師が多忙な中をやりくりしているかの認識にいたってほしい。

　そして，教師は子どもや家庭とつながろうと，信頼関係をもとうと以下のような思いをもちつつ，努力している。担任は家庭以外で，もっとも子どものことをよく知っている存在であろう。子どもや親も頼りたい存在である。教師は保護者から子どもの教育を「付託」された存在である。しかし，こうした信頼関係や尊敬関係が喪失ないし未形成の場合，SSWrはどうすればいいのか。

〈教師の思い〉
・「気がかりな子ども」とは理解しているが，どういった対応が適切かを迷っている。
・自分の採ってきた指導や働きかけが，それでよかったかどうか，迷いながらの実践。
・授業中だと他の子どもたちもいる。教室から離れることができない。
・他の教師も同様に忙しく，手を借りることが忍びない。
・「困っている子」の親も困っているが，その支えになる時間がない。

　もしSSWrが担任を否定するようなことがあれば，子どもの前で「あなたの親はだめな人です」ということと同じで，「あなたが世話になる人はだめな人です」ということになる。これを聞いた子どもは我が身のみじめ感や見捨てられ感を抱くだろう。教師批判は，SSWr自らの保身でしかないときが多い。さらに，SSWrの仕事は教師の肩代わりや交代ではない。教師ができることを替わりに行うことは本来の業務ではない。教師の力量の不足分のカバーは支援プロセスの1つ（一時期）であり，教諭の職務との「適切な距離」をはからねばならない。

3. スクールカウンセラーなどとの協働

　心理的情緒的問題と生活福祉的問題からの2つのアプローチ（前者がSC，後者SSWr）が教育指導を支えていくこと。複数の大人が協力して子どもに寄り添うこと。これらの理解は大切である。ただ，各自の専門性や介入方法をめぐる相互理解が互いの利害調整にならないようにすべきである。

　子どもの学習権保障や教育を受ける権利を軸にして相互に何が協力できるのか。ここにこそSCとSSWrの協働をめぐる主眼がある。カウンセラーやソーシャルワーカーなどに相談をもちかけたり面談を依頼することは子ども当事者の正当な権利であり，また喜ばしいことである。こうした「契約文化」をもつ欧米と異なり，日本ではややもすると「お客を取った」「わたしの進め方が否定された」という心模様になりがちである。その専門性や有用性議論に心情的なフィルターがかかりやすい。現に，学校や教師の心配として，SCとSSWrの「縄張り争い」が学校にもち込まれることがあげられる。警察の青少年関係の職員や家庭児童相談室の相談員，児童福祉や障害福祉，健康保健の職員とのわだかまりは，さらに学校を取り巻く地域での「紛争」を呼び込む。要は，すでに紛争が起こっているところに出向いて，それを解消していくことこそがSSWrの役割である。

4. チーム会議での協働

　学校でも徐々に「チーム」ということばが使われるようになってきた。これは特別支援教育の推進による。チームには，プロジェクトの意味と同僚性の意味がある。SSWrは，あくまでも前者の一員と考えるべきではないだろうか。ある問題解決のプロセスに業務上の限定性をもって参加する人材であり，周囲の人々や教師，子ども，

保護者との親密な関係は業務遂行の手立てであり、その部分に居心地をみいだそうと考えるものではない。つまり、立場の異なる教師との同僚性は成立しないので、教員文化の中で同僚性に巻き込まれると、本来のSSWの仕事はできないといっても過言ではないだろう。

まずチームにあっては、情報共有のルールづくりや情報の重みの解読、教師や他者のファイルの仕方の違い、ズレの確認が必要になる。チームを活用することの目的はケアプランニングの実行とケースマネジメントである。しかし、ケースマネジメントが援助（技術・時間）の切り売りにならないとも限らない。また、援助する側の力量がケースマネジメントの内容や質そのものを決定してしまうこともある。したがって、第3者的な人材への連絡を行い提案を受ける機会を自ら保持できること、いわゆるスーパービジョンの体制は自ら準備する必要がある。

時として、チーム会議はアセスメントの場になることが多い。チーム会議は専門職や実務者集団によって子どもの問題状況や障害の程度などを決定するような、いわば「判定会議」ではない。どのような援助が個別的に必要なのかを検討するような実務者や家族との「参加と協働」の場である。それは事実の収集・分析と支援者の役割確認等であり、特に医療関係や行政機関等の外部機関が絡む場合への対応は守秘義務や情報の管理など慎重である必要がある。また、学校主導のチーム会議には、当事者の子どもや保護者が参加しない場合が多い。そもそもそれを前提としていないことが多い。その点で、SSWrが出席するチーム会議にはこうした当事者をチーム会議出席者の対等な一員として参加できるように工夫することが求められている。そうでないとSSWrの役割として、参画する意味がない。なお子どもや親の精神病理などが考えられる場合は、当事者の代弁や代理を通じた権利擁護の具体性が担保されねばならない。なお本項では、SSWrが関わる支援チームの会議を従来のケース会議と区別するためにチーム会議とした。

5. 児童相談所などの地域行政機関との協働

相手がどのような法理法律を根拠に業務に当たっているのかを知ることは基本である。児童相談所（以下、児相）は福祉行政の機関であり、「行政指導」権をもつ。これは教師が日常使う「指導」とはまったく異なり、国家や地方自治体の権限を背景としている。

学校へ登校してきた子どもを児相の職員が学校で「身柄確保」をする場合もある。学校が一時保護などの経由地点となるのである。学校は公共空間であり、他の子どもたちや訪問者も多い。特別な部屋をもっているわけではない。社会福祉の介入には児童福祉法が示す社会統制機能としての「措置」「処遇」「処分」「保護」「調査」がある。しかしこれらは教育機関には馴染まない。

またネグレクトや児童虐待などのケースで、学校が「見守り」の補助機関となる場

合がある。しかし学校側には守秘義務により児相が情報をもっていても児相からは何の連絡もない。いつも生活をともにする教師からすると，いくらかの情報はほしい。あるいは家庭の養育放棄に起因する反社会的行為や交友関係が気がかりな窃盗や暴力などの非行等の行為をした子どもが児童自立支援施設送致中の情報なども得ることができない。退所後に戻ってくる学校がこうした情報の蚊帳の外に置かれることが少なくない。こういった場合に，SSWr が学校と関係機関の双方から，いかにして信頼を取りつけていくのか。そして子どもと保護者とのパイプを取りもつことが求められる。

　関係機関がもつ権限やシステムを教育活動の場にもち込まれることは，双方に混乱を招く。教育現場の中でソーシャルワークの方法や技術，知識を通じて学校側の「応答性」を高める方策と，地域福祉の関係機関（社会福祉的資源）側による教育現場への「福祉的サービスの向上」を埋める方策という 2 面性がここでいう協働の基盤である。

6. 非専門職などの地域資源との協働

　1980 年代まで，学齢期の子どもやその家庭のソーシャルワークを担う社会的資源は，児童相談所，家庭裁判所，福祉事務所や児童福祉施設の職員によるボランティアの域にあることが多かった。近年では，子育て支援のボランティアや NPO など市民の力が立ちあがってきている。

　様々な行政機関との関わりから得る情報はその機関固有の取り扱い範囲に止まる。しかもその情報は一定の訓練を受けた実務者が整理したり記載したり，公表できるものに監視されいる。しかし学校や教師は，一市民や近隣の人，保護者といった守秘義務や情報管理の目的，方法，技術等を義務づけられていない人々やそういったルールを心得ない人たちとも，様々な情報や意見の交流がある。学校にはさらに倫理や情報の規制・管理といった事柄から無縁な子どもたちがいる。学校には当事者のきょうだいや親戚，近くに住んでいる子どももいる。

　そうなれば，われわれがいう「社会資源」がつねに有用に働くとも限らない。負の資源もある。

　たとえば，負の資源になりえる人の考えとして，日本の社会では，親の養育不全や家庭の教育力が乏しいから子どもの問題行動が生じているという見方や考え方があり，専門家，非専門家を問わず根強い。「個と環境の関係」といった場合に，この「環境」ということばがつねに「改善すべきもの」や「問題点」をさす語感にもなっている。不登校児への対応において「親が変われば子どもが変わる」という考え方もある。チーム会議などでアセスメントからプランニングに移る際に，このようにすぐさま家庭に介入するというアプローチをステレオタイプ的に行う人も少なくない。また，自分の過去の経験や成功談をもとにこれを主張する人もいる。こうしたチーム会議の中では，SSWr が 1 人で異議申し立てするのはむずかしい。「長いものに巻かれる」とい

った社会に，1人で立ち向かうのは困難なのである。

その際，プロセスゴール（課題の達成過程を重視した援助）やリレーションゴール（援助者の関係の変革を重視した援助）という観点が大切になる。タスクゴール（目標の達成を重視した援助）の観点だけでなく，問題はすぐには解消しないが，場合によっては生涯にわたって見守っていかねばならないこともある。そういったときにいまは負の資源かもしれないが，隣人も大切な地域の資源になるように育てていくというような柔軟さが求められる。しかし，とても時間のかかる営みでもある。

SSWrの導入には，ややもするとこれまで十分に対応できなかった事象や分野の課題を改善しようという意気込みもある。中には，とても困難な事柄に大ナタを振るわんばかりの勢いを示す人もいる。しかし，協働とは他者への信頼と尊敬で成り立つ。まず，SSWr自身がその具現者であることが求められる。

第3節　学校教育に関わる様々な専門職の実践

以下には，SSWr以外の様々な専門職を紹介する。いずれもSSWrに隣接する専門職であり，SSWrとして最低限の理解は必要であろう。

1. 教育相談員①
(1) 業務内容
【茨城県水戸市教育委員会　教育相談室概要】
□勤務専門職：来所相談担当8名，適応指導教室担当3名
□勤務内容：週3～4日間　月給制
□教育相談室・適応指導教室（小学生～中学生対象）：面接室5室，プレイルーム2室，相談員室1室
□事業：来所相談・電話相談を通して，児童生徒・保護者の状況を把握し，カウンセリング・環境調整など，実情に応じた適切な対応をする。事例に応じて，医療・福祉等の関係諸機関との連携を図る。教育相談の理論や技術についての研修会を実施し，児童生徒・保護者の心の理解・社会的スキルの習得等を図る。

(2) 対応困難なケース例における悩み
教育相談の仕事に携わっていると，『むずかしさが複雑に絡み合っているケース』が少しずつ増えてきているのを感じる。本情報提供では，教室でよく見かける，一見ちょっと大人しい子で，じつは，自己表現のむずかしさと，人との関係が深まっていかないむずかしさを抱えていることから不登校にいたるケースを紹介する。

〈ケース例〉
　小さいころから自分の感情をことばや文章で表わすことが苦手で、友達と親しくなるのも苦手な子（自分を表現する力の弱い子）………幼児期はよくかんしゃくをおこし、物を投げたりドアを蹴飛ばしたり、お店に行けば「あれ買って」と、親が根負けするまで泣きわめくこともしばしば。まるで身体全体で、感情表現をするかのよう。親から見たらなんとも「扱いづらい子」。それでも、幼稚園〜小学校低学年くらいまでは、まわりに面倒見のいい子がいれば、何とか集団生活にも適応できた。小学校中学年になっても、親の問いかけには「いやだ」とか「（学校に）行きたくない」と答えるのみ。あるいは、ただ黙っているだけ。そして、心身が急速に発達する高学年〜中学生になると、友達とのつながりづらさが深刻となり親も先生も本人の気持ちが理解できず、家では急にキレたり退行が始まる場合もある。

　このようなケースをどう理解し、どう扱ったらいいのか、そんなふうに悩むこともある。気持ちを感じることはできるけど、それを表現することばをもちあわせていないのか、気持ちを感じること自体が苦手なのか、あるいは、気持ちを感じてことばも用意されているけどそれを出す時に困難が生じてしまうのか。どこまでが表現可能で、どこからが表現不可能なのか。詳細な理解（必要なら発達検査等を含め）が求められる。単なる心理的なサポートだけでは不十分で、いろいろな可能性を総合的に見るために以下の事項の検討が必要である。

・家庭と相談機関では、不適応を起こしているむずかしさの背景（性格・発達障害等）についていっしょに探っていく
・家族または学校の関わりなどの環境調整
・医療機関や、より専門的な機関への紹介や繋ぎ、また繋げるとすればどの時点でどのように保護者に伝えていったらいいのかの決定

　上記に関して、家族や学校関係者などへの配慮や、提案や実施の見きわめ、研ぎ澄まされた感性や技術などの資質も求められる。学校教育への支援には、柔軟さと工夫が要求される。その子にいちばん合った支援をいかに提供できるかという相談員としての資質を試されているような緊張感を、日々わたしは感じている。

2. 教育相談員②
(1) 業務内容
【東京都練馬区立総合教育センター教育相談室概要】
□勤務専門職：心理教育相談員8名　一般教育相談員6名
□勤務内容：月16日勤務
□施設内容：面談室4室　プレイルーム4室と相談員室　会議室各1室
□事業：総合教育センターは学校教育部の一課として、幼児・児童・生徒の健やかな成長のために、就学相談や巡回相談で、あるいは幼稚園・学校教育への支援で、教

育指導課や学務課とも連携した事業を進めている。医療教育相談や調査研究，適応指導，教員研修等を行っている。なお，当相談室は三分室のうちの１つである。

(2) 具体的業務内容

相談室では児童・生徒やその保護者，関係者，教職員を対象に電話相談や来室相談に対応し，来室相談では親子並行面接を基本に，心理検査・診断や心理治療，指導・助言，他機関への紹介等を行っている。また，ケースによっては学校や家庭への訪問教育相談も実施し，加えて，相談員の資質向上のため，医師や研究者等による月例医療研修，ケース会議，その他各種研修等が毎月計画・実施されている。さらに学校の研修への相談員の派遣等も実施されている。

(3) 教員生活を生かした取り組み：「遊べる農園」つくり

子どもたちの体力の低下が話題になって久しくなった。子どもたちの心の問題や学力の低下が声高に叫ばれている。「知育・徳育・体育」の基礎として，「食べるということ」に目を向ける「食育」が国全体で奨励されて数年になる。

戦後の困難な時代を克服して，私たちは「豊かな時代」を実現した。反面，そのことが「傲慢」な心につながったともいわれる。そのことばが「飽食」である。加えて，現代の子どもたちにおける「個食や孤食」「偏食や拒食」「小食や過食」といったことばが示されており，これらからイメージできるのは，脳や心や体にとってマイナスなものばかりである。つまり食育に重要な食生活の問題は心の問題や身体的な問題，家族の問題にまで波及する。そのため「よりよく生きる」ための「食」を考える必要がある。

わたしは，教員時代に「食育：テーマは『食と農』」についての授業を行ったこともあり，不登校やひきこもった人の食育を兼ね，「遊べる農園」をつくれないものかと考え，農業体験ができる農園づくりを進めている。葉物，根菜類，花，小麦やそばの種まきから収穫（脱穀製粉）までを行い，さらには食品づくりで遊びたいと考えている。この農園に関心のある方がいらっしゃれば，下記にご一報ください。農園とはいっても小さなもので，ほんの数人で作業する程度であるが，旬と手作業にこだわった季節の野菜作りをしている。

〈松尾農園〉
□春：春キャベツ・エンドウ・ノラボウ・タマネギ等の他春菊やフキ　夏：キュウリ・ナス・オクラ・ピーマン・小麦・枝豆・ジャガイモ・トウモロコシ・ミョウガ・ブルーベリー　秋：里芋・八つ頭・さつまいも・大豆・そば・落花生　冬：大根・人参・葱・白菜等々。つくってみたいものをつくるのも可。
□住所：飯能市岩沢617-21

3. 学習支援指導員
(1) 課の内容
【熊本県菊池郡大津町教育委員会　学校教育課概要】
□学習支援事業：基礎学力向上のため，小中学校に13名の学習支援指導員（非常勤職員）を配置。基本的に月曜～金曜8：25～15：00で，原則学校の開校時期のみの勤務。
□特別支援事業：特別支援学級の児童生徒支援のため，非常勤職員9名を配置。
□教育支援センターの運営：不登校やいじめの相談，問題行動などのサポートのため，教育相談員5名，生徒サポート指導員1名を配置。

(2) 支援内容の実際
　「起立，きをつけ，礼」「やりなおし」「きをつけ，礼」「やりなおし」始業前，必ずといっていい程くり返されるやりとり。○ちゃん前を向いて，○君立って，と担任の先生にうながされてもう一度。そしてやっと授業が始まる。
　私たち学習支援指導員は，子どもたちの学力向上のためにと各校に配置されている。学習の支援が本来の目的なのだが，学習以前の生活面での関わりもとても大きい。
　先生が授業の目当てなどを板書している間，「A君，教科書とノートは？」「Bちゃん，これ（折り紙やお絵かき帳など）片付けようか」「C君鉛筆と消しゴムは？」と気になる子の傍へ行く。机の引き出しからいっしょに探したり，片付けるのを見守ったり。他の子がノートを写し終わるころになっても机上に何も出さず，ポワンと自分の世界にいる子どもには「ノート出そうか，問題はここだよ」と声をかけて回る。ずっと手遊びしていた子に遊んでいた物を片付けるよううながすと，次に見た時には鉛筆で遊んでいたり，脚が立て膝になっていたりする。
　声をかける子どもたちはたいてい姿勢も悪く，横向きに座ったり足を組んだり，はたまた口笛や鼻歌が出ることもしばしば。注意を受けても受けてもくり返し，先生に叱られても自分のこととしてしっかりとらえられないらしく，暖簾に腕押しでなかなか改善しない。
　生活面で支援の必要な子の中にも，勉強ではほとんど手のかからない子と，かなり支援のいる子とタイプが分かれる。ただ，どちらも共通しているのは同級生に比べると幼い印象で，自分自身やまわりの状況を客観的に見る力が他の子どもたちよりも育まれていない感がある。自分の思いや考えをことばにして相手に伝えたり，相手の言うことをしっかり聴いたり理解したりするのが苦手な子が多いため，何かあると泣いてひたすら黙り込んだり，勘違いや思い込み，伝わらないもどかしさにかんしゃくを起こして暴言や手が出たりするので，必然的に友人たちとのトラブルも多い。
　一方で，保護者の方々の悩む姿も多く見受けられる。朝，自分から学校へ行こうとしない子どもを叱ってでも送り出せない親，忘れ物を取りに行くことをあたり前にし，無意識に荷物持ちまでしている親，子どもが気分を損ねると登校しないからと強く言

えずに受け入れてしまう親，わが子がなんとなく他の子と違うとは感じるけれど，受け入れられずに悩んでいる親。どうしてこの子は………いったいどうしたら………と思いつつ，どうすればいいのかわからないまま，あるいは無意識に積み重ねられてきた日常の在り方のズレを，子どもたちは様々な反応で親や周囲に示しているのだと感じる。

　このように，支援がとても必要な子どもたちがどのクラスにも複数いるのが現状で，学校ではそれぞれの子に対し，朝会や支援会議などを通して職員間で情報を共有しながら支援方法を模索している状況である。先生方もとにかく毎日の仕事や行事に追われる中，時間を割いて家庭と連絡を密に取ったり，家庭訪問をしたり，その子にとっての最善は何か，と，悩みながらの毎日である。さらにその子と他の子どもたちへの関わりのバランス，その子とクラスメートとの人間関係の調整と，先生方は日々奮闘している。

　学習・生活能力を高めるべき状況・状態にある生徒は少なくない。私の住む町は子育て支援に手厚く，他町より多くの学習支援指導員が配置されているが，学校，先生の努力だけでは時間的，物理的にもできることが限られる。SSWrのような様々な観点で，児童・保護者・教職員に対する援助方法を検討する必要性をとても感じている。

4．キャリアカウンセラー（キャリア教育支援コーディネーター）

(1) 業務内容

【ジョブカフェ石川の概況】

　平成16年に金沢市の中心部広坂に開設。若年者に対するマンツーマンの就業支援，職業や仕事を知るための情報の提供，キャリア教育支援制度等の創設や若者と企業を結びつける企業ガイダンスを実施。運営は地元産業界，教育界，行政が一体となって設立した「石川県人材育成推進機構（平成19年2月14日設立）」が行っている。

　所在地：石川県金沢市広坂2丁目1番1号石川県広坂庁舎1階ジョブカフェ石川金沢センター

　ほか拠点：加賀サテライト（小松市），能登サテライト（七尾市）

　沿　革：石川県では，平成15年に若年者が楽しみながら職業について学べる「石川県若者仕事情報館」を設置，同年若年者専門の就職紹介窓口として国の「ヤングハローワーク金沢」を併設。続いて平成16年に，個々の若者の職業選択や相談に応じる「ジョブカフェ石川」を開設し，若者の就業を一貫して支援するワンストップサービスセンターとして位置づけた。さらに，平成19年には，若者仕事情報館とジョブカフェ石川を統合し，一体的に運営するとともに，学校が行うキャリア教育支援の体制強化など機能の充実を図った。

(2) キャリア支援の実際

　わたしは仕事柄，時々中学校などへ出前授業に行くことがある。はじめの講師紹介

の時によく「今日の講師の方は日ごろから就職の指導をされているプロですから，しっかりお話を聞いてください」といわれることがある。一般的に当然と思われている社会の決まりごとを，学校のキャリア教育の取り組みでは，あえて生徒へ説明する必要がある。その場合，なぜそれが必要なのか生徒を納得させる根拠を示し，産業社会での実体験が少ない先生達をフォローし，先生が言うことの説得力を補うのが私たちの仕事といえる。

　今や様々な報告で，キャリア教育は地域や外部機関との連携なくして不可能であるといわれており，むしろ連携によるキャリア教育の好事例の報告等が全国の学校関係者へ積極的に紹介されている。また現在，小学校から高等学校までの学習指導要領に，「キャリア教育」の文言が盛り込まれた。最後に改訂された高校版さえも，前倒しで早くも 2010 年度からの対応が迫られた。その結果，学校現場では各教科や諸活動で「キャリア教育」の観点に基づく教育実践の見直しが求められる。「キャリア教育支援」を謳っている私たちとしては，今まで以上に各教科で先生がキャリア教育の視点をもった授業づくりを具体的にできるよう，外部機関の立場から教師向け研修会などのためのプログラムを開発したり，講師派遣を行うことになろう。

　さて，当機関（ジョブカフェ石川）がこれまでに行ってきた若者支援の取組みにおいて，よく若者に不足しているといわれるものに「コミュニケーション能力」があげられる。特に働く場で必要となるコミュニケーションのことを生徒に理解してもらう上で大事にしていることは，まず伝える私自身がいかに「生徒の立場」に立って「わかりやすく」伝えるかである。そのため，生徒たちの学年（発達段階）に応じてイメージしやすい表現や実例をもとに，具体的かつ　明瞭に伝えるようにしている。その上で社会のコミュニケーションとして重要な要素であるマナーのことを「様々な場面に応じて自分の立場を理解し，相手との関係性の中でもっともふさわしい態度やことばづかいができること」と説明している。

　また現代の若者の諸問題として「自信のなさ」や「行動力不足」も認められている。若者へのキャリアカウンセリングを通して感じることは，彼らの自信の無さは，小さいころからそれまでに積み重ねているはずの成功や失敗の様々な体験（学びの機会）が少ないことに由来しており，それゆえに自分でものごとを決断したり，行動を起こすことを避けようとする傾向へつなげているということである。原因の 1 つには，親の過干渉や，その逆の放任により，自らの行動を「認められた経験」が少ないため，自分に対する自信をもてないまま，今にいたったことがあげられる。

　このような中で，若者たちと向き合うキャリアカウンセラーとしてわたしがつねに心に留めていることは，自分が「個人の人生を尊重し，その自己決定を支援する立場」にあるという自覚である。なぜなら，われわれが若者の将来を代わりに生きるわけではない。だからこそ，その悩みに寄り添い，時に決断しようとする勇気を支持するなかで，相談者である若者は安心して進路を決め，自信をもって踏み出せていける

のである。なお，キャリア教育支援の詳細については，本文だけでは伝えきれないため，ぜひ下記のサイトで情報を確認していただきたい。
（注：ジョブカフェ石川「働くことをどう学ばせるか」
http://www.jobcafe-ishikawa.jp/static/school/anke.html）

5. 相談員（スクールカウンセラー補佐）

（1）業務内容【某中高一貫私立学校】
□中高生徒数：1000名
□勤務専門職：スクールカウンセラー（臨床心理士：SC）1名／相談員（精神保健福祉士）1名
□主な活動場所：生徒相談室，職員室，寮
□勤務内容：教員として常勤，週5日（8時間）。相談員の業務は1日3時間程度。
□相談員の業務内容：カウンセリング補佐，医療機関の受診サポート，グループワーク，心理教育，いじめのアンケート調査，適応検査，SCによる特別授業の運営等。関係者と常に連携しながら業務を行っている。

（2）具体的業務内容
① カウンセリング補佐と受診サポート：インテークを取り，スケジュールを立て，SCのカウンセリング業務を補佐する。SCが養護教諭，担任，教頭，保護者等と協議し，総合的に医療機関を受診する必要性があると判断した場合，SCの指示・指導の下，本校で把握している状況や本人からの話等をまとめて医療機関への情報提供書を作成する。受診に同行し，医師から生活上のアドバイスがあれば関係者に伝達する。薬が処方された際には特にSC，養護教諭，担任，寮舎監と連携を取り，服薬や生活状況を確認し，管理・指導を行う。必要に応じてチーム支援シートを使う。

② グループワーク：心の冒険教育，エンカウンター・グループ，ライフスキル教育等の手法を用いて，次のような「テーマ」に取り組む。(a)「自分について」：自己洞察，自分を大切にすること，自信，自律した生活，感情のコントロール等。(b)「自然について」：命の大切さ，自然環境の大切さ等。(c)「他者について」：挨拶，言葉遣い，自己主張の仕方，断り方，話の聴き方，他者の尊重等。(d)「社会について」：家族，集団行動，進路，将来の夢，責任感等。また，善悪の判断といった1つの答えが出ないテーマは，模範解答を示すのではなく意見の多様性を重視する。

③ 心理教育：朝夕礼や全校集会の場で，メンタルヘルス的・ソーシャルワーク的観点から助言を行う（例えば，睡眠にまつわる話，ストレス対処法，傾聴の大切さ等）。内容をプリントにしてクラスに掲示したり，校内LANで教職員に配信することもある。

第3節　学校教育に関わる様々な専門職の実践

【演　習】
☐ 1.　「SSWのフロンティア期にいるみなさんの努力と英知が今後のSSWの道を拓く」このことを念頭に置くと，どのような演習と実習の参加姿勢が求められるか。
☐ 2.　教師に寄り添うSSWrについて話し合ってみよう。
　①第1節5項の生活指導教師の取り組みに対して，SSWrはどういった役割を担ったり，協力，連携できるか。
　②学級崩壊や家族の崩壊の背景には地域崩壊がある。人々が地域で孤立している事への着目について考えてみよう。
　③いま，学校で求められているのは事後対応ではなく「予防」としての学校支援である。事後対応型の克服をめざすにはどうすればいいと思うか。
　④子どもを生活から切り離さない。学びや子ども社会から切り離さない。学級の中で起こった問題を学級の中で解決していく。子どもは子どものなかで育つ権利をもっているということについてどのように考えるか。
　⑤当事者参加とは本人の選択権を保証することで，人権擁護の大切な観点である。不登校やいじめの加害といった問題行動は，その子どもなりの行動の選択によるものである。その方法しか選択できなかった子どものつらさに，どのようによりそえばいいか。

第6章 社会福祉調査統計法

　本章では,まず第1節で,社会福祉調査とは何かについて説明する。第2節では,具体的に統計ソフト(SPSS)を用いた量的データの分析方法を紹介し,第3節では,グラウンデッド・セオリー・アプローチを用いた質的データの分析方法を紹介する。最後の第4節では,量的調査の例として,生きる力を育むアプローチ・モデルを紹介する。

第1節　社会福祉調査とは

1. 社会福祉調査の目的
(1) 社会調査のはじまり

　近・現代的な社会調査のはじまりは,資本主義社会や産業社会の進展によって生じた貧困問題がきっかけだといわれている。18～19世紀の西ヨーロッパでは,産業革命によって産業の機械化や労働力の集約化が起きた。その結果,労働者は,農村から都市に流れ込むと同時に熟練工から単純労働者となり貧困化していった。この実態を把握するため,社会改革運動家ル・プレー(Le Play, F.)は,鉱山労働者たちの家族の家計調査を実施し,『ヨーロッパの労働者』(1855)を著わした。また,社会学者ブース(Booth, C.)は,『ロンドン市民の生活と労働』(1981～1903)において,質問紙調査だけでなく面接や観察を駆使し,当時のスラム街や救貧院に関わる労働者の3分の1が貧困状態にあり,その原因が低賃金などの社会的要因にあることを明らかにした。彼らの貧困調査は,今日の社会調査のパイオニア的存在と位置づけられる。

【情報プラス1】
　社会調査の始まりは,B.C.3000年ごろの古代エジプトまでにさかのぼる。当時,ピラミッドを建設するために王達が所有していた領地・人口について,その特色,慣習,信条,経済的状況等を調査したという記録がある。また,日本書紀によると,わが国でも,男女に調役(ちょうえき:貢ぎと役のこと)を課すために,崇神(すじん)天皇12年に人民を調査し資料を作成したという記録がある。つまり,社会調査は,時の権力者が,税や労働力を徴収するために,人口や領土を調査することからはじまったといってよい。

---

(2) 社会調査と社会福祉調査の目的
　以上で紹介した調査はいずれも,ある社会事象を対象として,それらに関するデー

タを収集し，その整理・分析・統合を通じて，対象の実態を明らかにしている。社会調査とは，このようなプロセス全体をさす。また，データを収集する際に採用する調査技法をさす場合もある。

だが，社会調査を「社会的事象の実態の把握とその技法」としてとらえることは，あまりにもその意味を狭めている。なぜならば，社会調査を行う場合，「税や労働力を徴収するために何を基準にすべきか」であるとか，「貧困問題を解決するために血縁だけで対処可能か」であるとかというような，調査研究者が抱く動機や，調査対象に対する問い・仮説が存在しているからである。このような動機や問いから求められるニーズに対処していくことは，社会調査の重要な役割である。したがって，この動機や問いの部分も含め，社会調査をとらえる必要がある。

社会調査と社会福祉調査を区別する場合，この動機や問いの部分が大きく異なる。社会調査では，この動機や問いの部分は特に限定されず，広く一般的な対象を範囲とする。一方，社会福祉調査では，動機や問い，あるいは調査目的や調査対象が福祉領域に限定される。すなわち，社会福祉対象者の抱える問題に関するデータを収集し，その分析・整理を通じて，サービスに対する要求や潜在的なニーズを見いだし，課題の予防や解決を目指す。また，社会福祉理論の一般化を図るうえでの科学的な根拠や資料を提供するための調査も社会福祉調査に含めることがある。社会福祉調査の意味を前者に限定する場合，コミュニティーワーク（地域援助技術），社会福祉計画・施設運営管理（アドミニストレーション）とともに間接援助技術として位置づけることができる。一方，後者の意味を含む場合，社会福祉調査は社会調査の一領域といえるだろう。

2. 社会福祉調査の分類
(1) 分類の基準

社会調査あるいは社会福祉調査の概要をとらえるためには，その目的やデータの性質，対象，技法などにそって分類することが重要である。ここでは，「調査目的に沿った分類」「データの性質に沿った分類」「調査対象の範囲に沿った分類」「調査技法に沿った分類」という4つの基準から調査を分類する。また，それらをマクロ調査とミクロ調査の観点から整理する。

(2) 調査目的に沿った分類

調査の目的に沿った分類は，調査研究者が調査対象によってどのようにアプローチをするかという視点に立った分類であり，表6-1の3つの型がある。

表6-1 調査対象によるアプローチの分類

① 「基礎資料的接近型」…調査対象の実態や意識といった基本的な資料を収集することを目的とした調査で，国勢調査や労働力調査といった官庁統計や各種世論調査が該当する。
② 「問題解決的接近型」…問題を解決するために実態を調査し，そのデータにもとづいてアクションを起こす目的をもつ。
③ 「理論構成的接近型」は，理論や仮説を検証し，その一般化を図るとともに，新たな知見を提出し理論を構築する目的で行われる。

(3) データの性質に沿った分類

調査によって収集されるデータには，数値に置き換えられる量的データと，文章や映像などの質的データとがある。そして，それに応じて表6-2の2つの調査に分けられる。

表6-2 データの性質による分類

① 量的調査：調査対象を量的データで把握する調査。定型化された調査票によって大量にデータを収集し，それらを統計的に分析することが多いことから，統計調査とも呼ばれる。
② 質的調査：質的データで把握する調査。非定型的で柔軟な調査技法—面接法や観察法，フィールドワーク—を通じて，少数の事例の多様な側面を全体的に把握することが多いことから，事例調査とも呼ばれる。

(4) 調査対象の範囲に沿った分類

調査対象の範囲，つまり調査規模に沿って分類すると「全数調査」，「標本調査」，「典型調査」に分けることができる（表6-3）。前二者は量的調査で，後者は質的調査で用いられる。

表6-3 調査の範囲による分類

① 全数調査（悉皆調査）…調査対象をくまなく調査するものである。国勢調査などがこれに該当する。
② 標本調査…調査対象全体（母集団という）の中から，対象を選び出し（標本抽出〔サンプリング〕と言う），その選び出された調査対象（標本〔サンプル〕という）からデータを収集する方法をいう。
　標本抽出の方法には，標本をランダムに選び出す「無作為抽出法」と，母集団を代表すると考えられる標本を作為的に選ぶ「有意抽出法」がある。
③ 典型調査…全数調査や標本調査のように，多くの調査対象からデータを収集する必要がない事例調査。調査研究者によって，母集団を代表すると思われる典型的な標本を抽出しなければならない。

全数調査は，母集団についての正確で信頼性の高いデータが得られるが，調査対象が大きくなるため労力や時間，費用が膨大になる。一方，標本調査は，全数調査に比べて労力や時間，費用を抑えることができるが，標本に対する調査を通じて母集団の統計量を推定する（推測統計という）ために誤差が生じる。この誤差を標本誤差という。母集団から各標本が抽出される確率が均等で，抽出される標本数が大きいほど，標本誤差は小さくなる。典型調査での標本は，調査の目的に応じて抽出することになるが，その判断は調査研究者の主観に委ねられる。したがって，標本抽出の点で，母

集団を反映しているかどうかという客観的な保障はないという難点をもつ。

(5) 調査技法に沿った分類

調査の実施方法には,「質問紙法」,「観察法」,「面接法」がある。

「質問紙法」は,調査対象者の属性や意見,行動傾向などを質問紙(調査票)に書かれた質問項目に回答させ,その結果を一定の基準に従って整理する調査技法である。短時間で一度に多くの調査対象者に実施でき,実施と結果の整理が簡単である点,調査者の主観的解釈が入りにくい点が長所である。短所としては,回答者が意図的に回答を操作できる点,回答者の言語的理解や表現に困難性がある場合には適用できない点がある。質問紙法には,自由に記述する自由回答法と,あらかじめ設定された選択肢からあてはまるものを選ぶ選択肢法とがある。

選択肢には,3つ以上の選択肢の中から回答を選ばせる多項選択法(図6-1),複数の選択肢に対して順序づけをさせる順位法(図6-2),複数の選択肢の可能な組み合わせすべてのペアに対してどちらか1つを選んでもらう一対比較法(図6-3),程度や頻度をいくつかの段階で示し,そのなかから自分にもっともよくあてはまると思うものを選んでもらう評価法(図6-4)がある。

> あなたは学校生活の中でどのようなことに不安や悩みを感じていますか。当てはまる番号をすべて選び,番号に○を付けて下さい。
>
> 1. 勉強・成績 2. 進路 3. 友人関係
> 4. 自分の外見 5. 教師との関係
> 6. その他(   )

図6-1　多項選択法

> あなたは学校生活の中でどのようなことに不安や悩みを感じていますか。1から順位をつけ,括弧の中にその順位を記入してください。
>
> 勉強・成績(　　)　進路(　　)
> 友人関係(　　)　自分の外見(　　)
> 教師との関係(　　)

図6-2　順位法

> あなたは学校生活の中でどのよなことに不安や悩みを感じていますか。次の2つの組み合わせについて,不安や悩みを感じる方を○で囲んで下さい。
>
> 勉強・成績 ― 進路
> 友人関係 ― 自分の外見
> 教師との関係 ― 勉強成績

図6-3　一対比較法

> あなたは自分の将来の進路に不安を感じていますか。
>
> 1. とても不安である
> 2. やや不安である
> 3. どちらともいえない
> 4. あまり不安でない
> 5. まったく不安でない

図6-4　評価法

「観察法」は,調査者が調査対象のありのままの実態をとらえ,それを直接的に記録・観察する調査技法をいう(表6-4)。他の調査技法に比べ対象に対する統制が少ないため,調査対象の自然な実態が把握できる点,言語的理解や表現が十分でない乳幼児や障害者などの対象にも適用できる点が長所である。短所としては,対象が行動生起を待つ必要がある点,調査者の五感に基づいて対象をとらえるため,どうしても

視点や解釈が主観的になる点がある。

表6-4　観察法の種類

①自然観察法…調査対象に人為的な統制を加えず日常行動をそのまま観察する。通常、観察法という場合は自然観察法をさす。
②実験的観察法…目的に沿って観察の対象となっている事態に対し何らかの統制を加える。
③参与観察…調査者が対象の社会や集団のメンバーとして参加しながら観察をする。
④非参与観察…調査者が対象の社会や集団のメンバーに影響を与えないようにして、それらのありのままを客観的に観察する。

※自然か実験か、参与か非参与かという見方がある。

「面接法」は、調査者が直接に調査対象者と顔を合わせ、言語的コミュニケーションを通じて必要な情報を収集する調査技法である。実際の面接場面では、会話における言語だけでなく、その話し方や表情や態度、身振りや手振りなど非言語的な表現を観察することによって、言語以外のさまざまな情報を入手することができる。福祉や心理療法におけるインテークは、利用の最初において利用者からの基本的な情報収集と援助する側（機関・施設）からの情報提供（提供可能な援助の内容、利用要件、料金など）が主要な作業となることから、面接法の技術が求められる。他の調査技法に比べ、調査者と調査対象者が一対一で対面するため、調査者が意図する質問を深く調べることができるとともに、その回答の信頼性を高めることができる点が長所である。同様の理由で、回答を得るための効率が悪いという点、調査者と調査対象者との間の心理的疎通性（ラポール）により回答が変化する点が短所である。

面接法は、調査対象者が自由に発言する「非構造化面接」と、事前に計画された質問項目に沿って調査対象者が発言する「構造化面接」に分けられる。また、質問項目は計画されているが、調査対象者が自由に発言する中で、流れに沿って質問項目を織り込んでいく「半構造化面接」がある。

【情報プラス1】
　一般に、質問紙法はデータの数量化が容易であるため量的調査に分類され、観察法や面接法は収集されるデータが言語や映像などの数量化できないものが多いため質的調査に分類される。ただし、質問紙法でも自由回答法の場合は文章のような数量化しにくい質的データを扱うことになる。一方、面接法でも構造化面接法では質問項目があらかじめ計画されているので数量化しやすい。また、観察法でも、ある行動が出現する頻度を測定する場合は、数量的なデータとして扱うことができる。

(6)　社会福祉調査におけるマクロ調査とミクロ調査

以上、種々の社会調査および社会福祉調査の分類を概観したが、これらは、大きくマクロ調査とミクロ調査という2つのカテゴリーに大別できる。

マクロ調査とは、既存の理論から仮説を演繹（一般的・抽象的な事柄から、特殊

的・具体的な事柄を導き出すこと）し，その仮説を検証することで，その理論が社会現象にあてはまるか否かを検討することを目的とする。前述のアプローチによる分類にしたがえば，理論構成的接近型に相当する。このような調査では社会全体を対象とするので，大規模な標本が必要である。また，仮説を明確に検証するためには，量的データとその統計分析が有効である。このことから，マクロ調査は，非参与観察や構造化面接でもデータの収集は可能かもしれないが，実際には質問紙法による量的データを収集する調査がほとんどである。

一方，ミクロ調査は，個人や小集団，あるいは特定の状況を把握することを目的とする。また，把握した社会的問題について何らかの解決を図ることを目的とする場合もある。後者は，前述のアプローチによる分類にしたがえば問題解決的接近型に相当する。いずれにせよ，ミクロ調査は調査対象の内面に深く入り込み，潜在的な要求や構造を明らかにすることが求められる。したがって，多くの情報を含んだ質的データを収集し，そのデータに基づいて帰納的（個々の観察された事例から，普遍的な法則を導き出す）に新たな理論や仮説を柔軟に生成するための調査手法が必要となる。この主たる調査法の1つが参与観察や非構造化面接などを用いた質的調査である。

研究者というよりはむしろ実践者であるSSWrとしては，マクロ調査よりもむしろ，おもに質的データを収集するミクロ調査に関心を示す者が多いだろう。しかし，すべての児童・生徒を対象としたSSWにおいては，マクロ調査である質問紙法による量的調査も不可欠である。帰納的に個々の事例から導かれた法則が演繹的に一般的に証明することができるかを個々の事例で検証するというミクロとマクロ（帰納から演繹・演繹から帰納）との関係は，相互に連関しているのである。そこで，次に量的データと質的データの分析方法について紹介する。

第2節　量的データの分析

1.　統計解析ソフト

質問紙法などで収集された量的データは，統計分析を行うことができる。このような分析を通じて，結果を集約できるとともに仮説の検証が可能となる。今日，統計分析はSPSS（IBM SPSS Statisticsともされている）やSASなどのようなコンピューターの統計ソフトウェアを用いることがほとんどである。以下にSPSSの使用手順を示す。

2.　データの入力
（1）　エディティング

エディティングとは，収集されたデータの中で回答が明らかにまちがっているものや矛盾しているものに対して，必要に応じて修正や取捨選択を行うことをいう。ただ

し，この作業は，調査者が勝手にデータをねつ造したり加工したりすることを許すものではなく，一定の基準にしたがって行わればならない。その基準は調査の目的や方法，データの量などによって異なるが，一般には50%以上の設問に対し無回答がある場合や調査目的の趣旨とは異なる回答がなされている場合，性別や年齢などの基本属性項目が無回答だった場合，そのデータを無効として処理する。また，データの一部が欠損している場合，全体の平均値でもって補うなどの修正を行うことがあるが，それらが多い場合は，回答内容の信頼性に問題があるとみなし，破棄した方がよい。

(2)　コーディング

コーディングとは，性別や職業など言語によって得られたデータを，ある基準（性別ならば，男性と女性）によって分類し，分類したカテゴリーごとに数値や記号（これらをコードという）を割り当てることをいう。たとえば，男性なら“1”，女性なら“2”というように割り当てる。この作業によって，入力とその後の処理は格段に効率的になる。コーディングにはプレコーディングとアフターコーディングがある。プレコーディングとは，設問の選択肢にあらかじめコード（数値や記号）を割り当てておくことをいう。一方，アフターコーディングとは，調査の後に言語的データに対してコードを割り当てることをいう。

(3)　データの入力

エディティングとコーディングが終わったならば，割り当てた数値を統計ソフトウェアに入力することになる。図6-5はSPSSのデータ入力画面である。SPSSに限らず統計ソフトウェアは，縦横に区切られたセル形式になっている。一般にそのセル形式の表の中に，表頭（列）には性別や年齢等の基本属性と各設問を，表側（行）に回答者（ケース）を配置し，コードを入力する。なお，基本属性の名前の入力は，変数ビュー（実際は図6-5の画面左下に切り換えるタブがある）にし，入力する。コーディングは変数ビューの“値”に入力することになる。

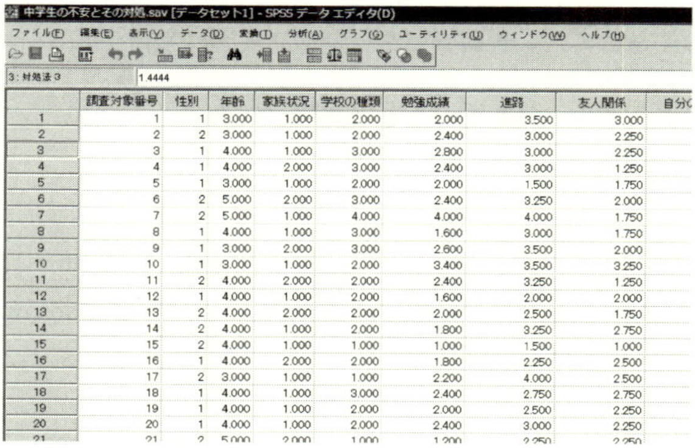

	調査対象番号	性別	年齢	家族状況	学校の種類	勉強成績	進路	友人関係	自分(
1	1	1	3.000	1.000	2.000	2.000	3.500	3.000	
2	2	2	3.000	1.000	2.000	2.400	3.000	2.250	
3	3	1	4.000	1.000	3.000	2.800	3.000	2.250	
4	4	1	4.000	2.000	3.000	2.400	3.000	1.250	
5	5	1	3.000	1.000	2.000	2.000	1.500	1.750	
6	6	2	5.000	2.000	3.000	2.400	3.250	2.000	
7	7	2	5.000	1.000	4.000	4.000	4.000	1.750	
8	8	1	4.000	1.000	3.000	1.600	3.000	1.750	
9	9	1	3.000	2.000	3.000	2.600	3.500	2.000	
10	10	1	3.000	1.000	2.000	3.400	3.500	3.250	
11	11	2	4.000	2.000	2.000	2.400	3.250	1.250	
12	12	1	4.000	1.000	2.000	1.600	2.000	2.000	
13	13	2	4.000	2.000	2.000	2.000	2.500	1.750	
14	14	2	4.000	1.000	2.000	1.800	3.250	2.750	
15	15	2	4.000	1.000	1.000	1.000	1.500	1.000	
16	16	1	4.000	2.000	2.000	1.800	2.250	2.500	
17	17	2	3.000	1.000	1.000	2.200	4.000	2.500	
18	18	1	4.000	1.000	3.000	2.400	2.750	2.750	
19	19	1	4.000	1.000	2.000	2.000	2.500	2.250	
20	20	1	4.000	1.000	2.000	2.400	3.000	2.250	
21	21	2	5.000	2.000	1.000	1.200	2.250	2.250	

図6-5　SPSSデータービュー（データ入力画面）

(4) データクリーニング

データの入力が終わったならば，そのデータの分析を行うことになるが，その前に，入力データにミスがないかどうかチェックしなければならない。その作業を，データクリーニングという。データクリーニングには，単数チェックとクロスチェックがある。単数チェックとは，1つひとつのデータについて，単純集計表の作成や度数や平均などの記述統計量を算出することで，入力ミスをチェックすることをいう。たとえば，1～5のいずれかの数値で回答する5段階評定の質問項目の場合，その質問項目の平均値は5を超えることはない。しかし，6.52のような平均値が算出された場合，その質問項目の中に，5以上の数値が入力されていることになる。また，クロスチェック（理論チェックともいう）は，たとえば，病歴なしと回答しておきながら，後に設定されている持病についての設問に回答しているというような，回答上の理論的矛盾を発見するチェックをいう。単数チェックにせよクロスチェックにせよ，入力ミスが見つかったならば，ミスした個所を確認し，改めて入力をやり直す必要がある。

3. データの分析

(1) データの性質

統計ソフトウェアを用いて入力したデータを分析する前に，その数値の性質について知っておく必要がある。なぜならば，数値の性質によって実施してよい統計分析と実施できない統計分析があるからである。

調査によって得られる数値は，その性質によって名義尺度，順序尺度，間隔尺度，比例尺度に分類される。これらをまとめて尺度水準という。それぞれの尺度水準の性質を表6-5に示す。名義尺度と順序尺度は，数値と数値の間が等間隔でないため，演算操作ができない。したがって，この両者をまとめて質的データという。一方，間隔尺度と比例尺度は，数値と数値の間が等間隔であるため，演算操作が可能で，数量的な統計分析ができる。したがってこの両者を量的データという。尺度水準によって統計分析に相違があるのは，質的データと量的データの違いがあるためである。

表6-5 尺度水準の種類と性質

種類	性質
名義尺度	IDや背番号など，対象の識別のみを意味する尺度
順序尺度	ランキングやゴールの順位など，名義尺度に加えて順序を区別する尺度
間隔尺度	温度（摂氏）や西暦など，順序尺度に加えて間隔の長さに意味がある尺度
比例尺度	重さや時間など，間隔尺度に加えてゼロに本質的な意味がある尺度

(2) 記述統計

記述統計とは，得られたデータを集約して整理し，客観的に効率よく記述することをねらって算出される統計量をいい，度数，平均，中央値，最頻値，標準偏差，範囲

第2節 量的データの分析

などがある。以下では，度数と度数分布，平均と標準偏差，相関分析，クロス集計について解説する。なお対象集団を母集団と見なし結果を示す記述統計の一方で，母集団から標本（対象）を抽出し，標本から母集団の性質をとらえようとするものを推測統計という。

1）度数と度数分布

度数とは，収集されたデータの数をいう。標本から得られた場合の記号はn（小文字イタリック体）を用い，その母集団についてはN（大文字イタリック体）を用いる。たとえば，ある中学校の3年生がどの程度，将来の進路に対して不安を感じているかについて調査をするとしよう。3年生の全学生数が120人で，そのうち38人が「とても不安である」と答えた場合，$N = 120$であり，そのうちの「とても不安である」と答えたものが$n = 38$ということになる。

また，度数分布とは，収集されたデータをいくつかの階級に分け，それぞれの階級での度数をリストにしたものをいう。このとき，それを表にしたものを度数分布表といい（表6-6），グラフ化したものをヒストグラムという（図6-6）。度数は，すべての尺度水準で算出することが可能である。

表6-6　度数分布表

	項目度数（人）	相対度数（%）
1. とても不安である	38	31.7
2. やや不安である	23	19.2
3. どちらともいえない	52	43.3
4. あまり不安でない	5	4.2
5. まったく不安でない	5	1.7
合計	120	100.0

設問：あなたは自分の将来の進路に不安を感じていますか

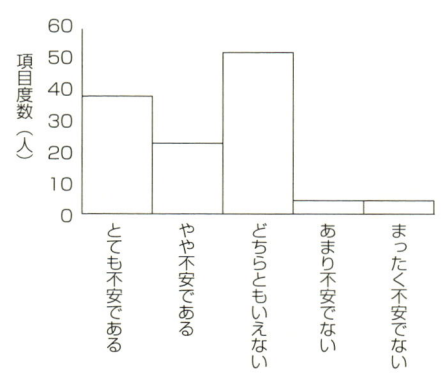

図6-6　ヒストグラム

第6章 社会福祉調査統計法

　SPSSによって度数分布表を作成するには、①SPSSを起動し、②分析をしたいデータビューを表示した上で、③SPSS画面上部のプルダウンメニューから「分析」→「記述統計」→「度数分布表」をクリックする（図6-7）。すると、度数分布表ダイアログが開くので、左側のボックスから度数分布を見たい変数を選んで反転させ、矢印ボタンをクリックし、右側の変数ボックスに移動させる（図6-8）。④そして「OK」をクリックすると、出力画面が開いて度数分布表が表示される。なおヒストグラムの表示方法は、図6-8の「図表」をクリックし、図表の種類：「ヒストグラム」にチェックし、「続行」である。

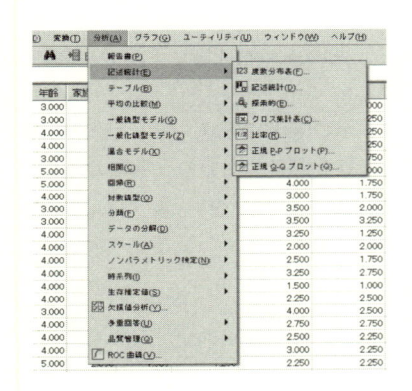

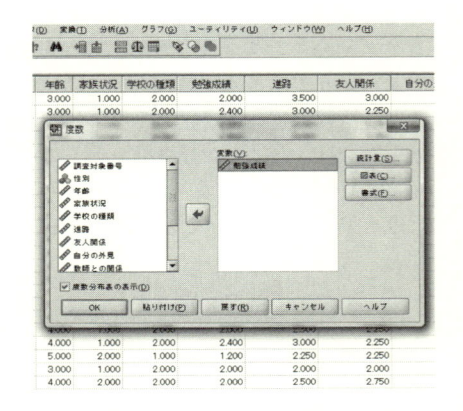

図6-7　記述統計の呼び出し方　　　　図6-8　度数分布の変数の指定

2) 平均と標準偏差

　平均とは、得られたデータから、その散らばり具合を均すことによって得られる統計量であり、データの総和をデータ数で除すことによって求められる。記号では、Mや$\bar{X}$とあらわす。平均は、得られたデータを均したものであるので、データのばらつきの情報がない。しかし、同じ$M = 50$でも、25と75の平均と49と51の平均とでは、データのばらつきが大きく異なる。このデータのばらつき具合を示す統計量の1つが標準偏差（σあるいはsと記号で表わす）である。標準偏差は図6-9の式で求めることができ、数値が大きいほどデータのばらつきも大きいことを示す。平均及び標準偏差は、量的データでしか算出することができない。

$$\sigma = \sqrt{\frac{\sum (X_i - \bar{X})^2}{N-1}}$$

X_i：各測定値　　$\bar{X}$：平均値
N：データの総数

図6-9　標準偏差の式の定義

なお平均には，一般に用いられる算術平均（相加平均ともいう）のほか，幾何平均（相乗平均ともいう。たとえば，4月から10月までの物価上昇率が7%のときの1か月の平均物価上昇率を算出する際に用いられる）や調和平均（配分の平均で，速さの平均を算出する場合などに用いられる）などがある。

SPSSで平均や標準偏差などの基本統計量を算出するには，①SPSSを起動し，②分析をしたいデータビューを表示した上で，③SPSS画面上部のプルダウンメニューから「分析」→「記述統計」→「記述統計」をクリックする（図6-7）。すると，ダイアログが開くので，左側のボックスから基本統計量を算出したい変数を選んで反転させ，矢印ボタンをクリックし，右側の変数ボックスに移動させる。④右にある「オプション」ボタンをクリックして，記述統計：オプションのダイアログを開き，平均，合計，標準偏差など算出したい基本統計量にチェックを入れ，「続行」をクリックする（図6-10）。⑤記述統計ダイアログに戻って「OK」をクリックすると，出力画面が開いて基礎統計が表示される。

図6-10　基本統計量の指定

3）相関分析

「学年が高くなるほど，進学に対する不安が強くなる」というように，2つの変数間に関連があることを相関といい，その相関を数量的に検討することを相関分析という。相関分析では，2つの変数が間隔および比率尺度である場合にはピアソンの積率相関係数を，順位尺度である場合にはスピアマンの順位相関係数やケンドールの順位相関係数を算出する（なお，順位尺度の場合，後者よりも前者を用いるのが一般的である）。この相関係数（rと記号で表わす）は，$-1 \leq r \leq +1$の値をとる。プラスの場合は正の相関（一方の変数〔変量x〕が増加するほど，もう一方の変数〔変量y〕も増加する）を，マイナスの場合は負の相関（一方の変数〔変量x〕が増加するほど，

もう一方の変数〔変量 y〕は減少する）を意味する。また，r が絶対値で 1 に近いほど関連が強く，0 に近いほど関連が弱いことを表わす。これらの事柄を図で示すと，図 6-11 のようになる。

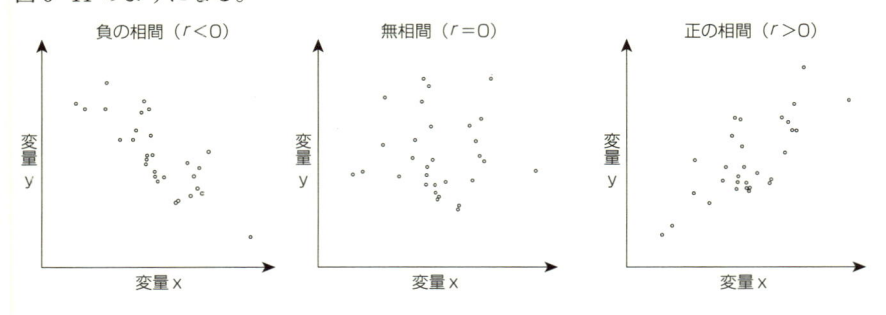

図 6-11　相関係数のモデル図

ピアソンの積率相関係数を SPSS で算出するには，① SPSS 画面上部のプルダウンメニューから「分析」→「相関」→「2 変量」をクリックする（図 6-12）。②ダイアログが開くので，ここで相関分析を行いたい 2 つの変数を右側に移動させる（図 6-13）。そして，ダイアログ内の「Pearson（N）」に，チェックする。ケンドールあるいはスピアマンの順位相関係数を算出したい場合には「Kendall のタウ（K）」あるいは「Spearman（S）」にそれぞれチェックし，「OK」ボタンをクリックする。すると，出力画面が開いて相関係数が行列で示される。相関関係が認められる場合，有意確率が 0.5 以下（$P < 0.05$）となり ＊（アスタリスク）で示される。

図 6-12　相関分析の呼び出し 　　図 6-13　関連を検討したい変数の指定

4）クロス集計

質的データの場合，度数分布表に整理するほかに，クロス集計表に整理することがある。クロス集計表とは，2 つ以上の項目に関して度数を数えたもので，1 つの項目

第3節 質的データの分析

を縦軸に，もう1つの項目を横軸に配置する（表6-7）。このようにクロス集計表に整理すると，項目間の関係を明らかにすることが可能である。

　SPSSでクロス集計表を作成するには，①SPSSを起動後，②SPSS画面上部のプルダウンメニューから「分析」→「記述統計」→「クロス集計表」をクリックする（図6-7）。③ダイアログが開くので，ここでクロス集計を行いたい2つの変数をそれぞれ行と列に移動させ，「OK」ボタンをクリックする（図6-14）。すると，出力画面が開き，クロス集計表とそれに関する情報が出力される（図6-15）。なお，クロス集計では3つ以上の変数を同時に扱う場合がある。その場合は，ダイアログでクロス集計を行いたい変数を行あるいは列に移動させればよい。

表6-7 クロス集計表

	13歳前半	13歳後半	14歳前半	14歳後半	15歳前半	15歳後半	合計
まったく不安でない	1	3	10	12	4	0	30
あまり不安でない	6	1	22	60	9	4	102
やや不安である	2	0	7	10	2	0	21
とても不安である	0	0	1	2	3	0	6
合計	9	4	40	84	18	4	159

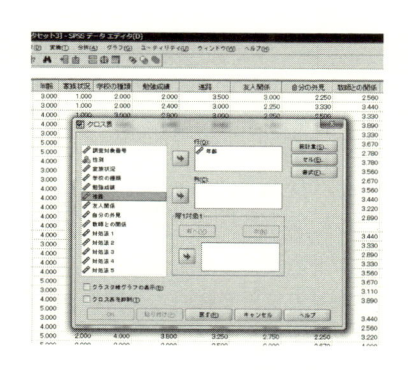

図6-14　クロス集計表の行列の指定 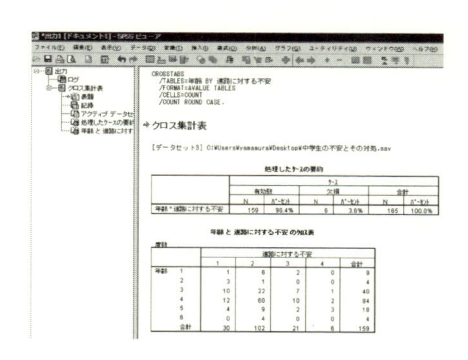　　図6-15　クロス集計表の出力

第3節　質的データの分析

1. 代表的な質的データの分析方法

　観察法や面接法で得られるデータの多くは，テキストや映像などの質的データである。それらを整理する方法の1つは，それら質的データをコーディングし，頻度や方向性（ポジティブか，ネガティブか），総合点などを算出する方法である。しかし，

この方法では、質的データのもつ具体性、要素間のダイナミックな関係、微妙なニュアンスなどが失われてしまう。そこで、これらの特性を生かした整理方法が必要となる。そのようなデータの整理方法の代表的なものとして、グラウンデッド・セオリー・アプローチ、KJ法、ナラティブ分析がある。以下では、その中でも最もよく知られているグラウンデッド・セオリー・アプローチについて紹介する。

【情報プラス1】
① KJ法：文化人類学者の川喜田二郎によって考案された質的データのための手法である。名称は、彼のイニシャルに由来する。まず、収集したデータを要約したものをカード等に記入し、その内容が似ているものどうしをグルーピングして、見だしをつける。つづいて、そのグループがどのような論理的関連をもっているかを考えながら文章化していく。このプロセスを経ることにより、データの背景にある構造や文脈を見いだすことができる。
② ナラティブ分析：面接者の質問に答える対話形式で、調査対象者が自分史を語り、その物語（ナラティブ）について、時系列や因果関係などの下位カテゴリーをつくることで分析していく手法である。KJ法やグラウンデッド・セオリーアプローチが収集したデータを細分化することで、元の文脈から切り離した上で新たな構造を見いだすことを目的としているのに対して、ナラティブ分析は、調査対象者の語る文脈をそのままの形ですくい取る点が特徴である。

2. グラウンデッド・セオリー・アプローチ

(1) グラウンデッド・セオリー・アプローチとは

　グラウンデッド・セオリー・アプローチ（Grounded Theory Approach）は、アメリカの社会学者グレイザー（Glaser, B.）とシュトラウス（Strauss, A.）が1967年に『データ対話型理論の発見』の中で発表した方法論的立場である。当時のアメリカ社会学界では、大規模な量的調査で、既存の理論や仮説の検証を行い、一般化された理論を導出するグランド・セオリー（誇大理論）が主流を占めていた。これに対しグレイザーとシュトラウスは、現場の状況に即した具体的なデータから、直接的に理論を構成し、仮説を生成する必要性を説き、その方法論の確立を目指した。

(2) 基本的なプロセス

　基本的なプロセスは、図6-16のように表わされる。ただし、データ収集と分析において、他の調査プロセスと大きく異なる点がある。一般の調査の場合、データ収集が終わった後に分析が行われるが、グラウンデッド・セオリー・アプローチの場合、両者は同時に行われる。すなわち、データを収集し、その整理を行う中で新たなカテゴリー間の関係や概念が発見されたなら、それに基づいてサンプリングを行い、データを収集する。これを、これ以上新しくカテゴリーや概念が出現しない状態までくり

第3節 質的データの分析

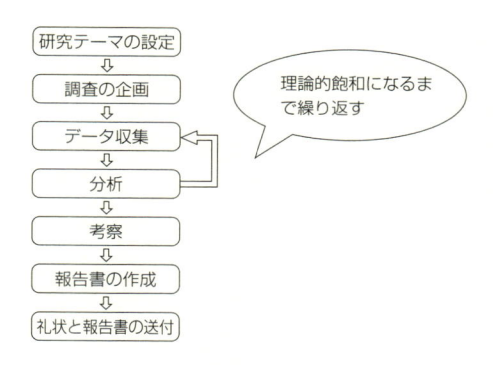

```
研究テーマの設定
   ⇩
調査の企画
   ⇩
データ収集  ←──┐
   ⇩          │ 理論的飽和になるま
分析  ────────┘ で繰り返す
   ⇩
考察
   ⇩
報告書の作成
   ⇩
礼状と報告書の送付
```

図6-16 グラウンデッド・セオリー・アプローチの
基本プロセス（宮本・梶原・山村，2008）

返す。その状態を理論的飽和という。また，一般的な調査の場合，母集団からの標本抽出は一度だけ行われるが，グラウンデッド・セオリー・アプローチの場合，あらかじめ標本数を決めずに段階的に標本抽出を行い，理論的飽和にいたるまで何度でもくり返す。このような標本抽出の方法を理論的サンプリングという。

(3) 分析の方法

グラウンデッド・セオリー・アプローチでのデータの分析方法は，研究者によって設問・命題の設定などが異なる。しかし，標準的な手法はおおよそ切片化，ミクロ分析，オープン・コーディング，軸足コーディングの順で行われる。

1) 切片化

収集されたデータを，逐語に起こす。そして，テキスト化したデータをこまかく分断する。この作業を切片化という。切片化は，データを文脈から切り離し，そのデータから正確な概念を浮かびあがらせるために行われる。したがって，切片化をはじめる前に元となる逐語を丹念に読み込むことが重要であるとともに，可能な限り客観的な立場でデータを切片化しなければならない。

2) ミクロ分析

切片化したデータについて，その内容を適切に表現する簡潔なラベル名をつける。この作業をミクロ分析という。ミクロ分析においてラベル名をつける場合，そのラベル名は，その後のカテゴリー化の作業で概念の抽象度をあげていく必要があるため，できるだけ具体的なものの方がよい。たとえば，「ネコ」「イヌ」「インコ」という切片化したデータが得られたならば，「生物」というような抽象的なラベル名ではなく，「ペット」というような具体的なラベル名をつける。ここでは，データがもつプロパティ（特性）とディメンション（次元）をみつけ，それに基づいてラベル名を付けることが求められる。たとえば，青いボールならば，プロパティを色と形と設定すると，

ディメンションは色に対しては青、形に対しては丸となる。このようにラベル名をつけることは、概念の特徴を明確にするためにも不可欠である。

3) オープン・コーディング

ラベル名のついたデータを、類似しているものごとに分類し、上位概念となるカテゴリーをつくりカテゴリー名をつける作業をオープン・コーディングという。このカテゴリー化の作業では、ラベル名を付けた際に利用したプロパティとディメンションが参考になる。単に主観的に類似していると判断し、複数のラベルを1つのカテゴリーに分類してしまっては、学術的な意味をもたない。また、そのようなカテゴリー化を進めてしまうと、判断基準が曖昧になり、混乱をもたらすことになる。しかし、同一のプロパティやディメンションによってオープン・コーディングを行うことによって、基準が明確になり客観性をもたせることができる。なお、ここでカテゴリー名をつける際には、ミクロ分析でつけたラベル名よりも抽象度が高いものでなければならない。たとえば、前述した「ペット」に対する「生物」のような名称がそれに当たるだろう。なお、カテゴリー名をつけるにあたって、カテゴリーの範囲を広げ、かつ明確にするために動詞のはいった短文にした方がよいとする考えもある。

4) 軸足コーディング

すべてのラベルをカテゴリーに分類したならば、それらカテゴリー間の関連付けを、カテゴリー、プロパティ、ディメンションに注目しながら、階層的に組織化する。この作業を軸足コーディングという。その際、パラダイムとよばれる枠組みを用いて、概念どうしを結びつける。ここでいうパラダイムとは、状況（条件）、行為、帰結の3つの部分から構成されるものである。オープン・コーディングで生成されたカテゴリーがパラダイムの3つの部分のうちのどの要素となっているかを確認しつつ、調査しようとする内容の答えとなるストーリーを浮かびあがらせる。このような作業を通じて生成された概念と、それらを結びつける関連性がグラウンデッド・セオリー・アプローチの論文となる。

第4節　予防・開発的要因の同定

1.　生きる力を育むための調査

第1章でも述べられたように、SSWは問題解決の他、子どもたちの問題の予防や可能性の開発を行っていくことが求められている。そのアプローチの1つにソーシャルワーカーに求められるエンパワメントが考えられるが、具体的にどのような援助方法がエンパワメントであるかという"客観的視座"は得られていない。そこで本節では、自己受容と学校生活スキルの促進がエンパワメントアプローチの1つになると仮定されたモデル（米川，2009）を核とし、中学生（対象424名）の生きる力を育むことを目指した生きる力促進モデル（予防的・開発的援助版）の仮説モデルの検証結果

第4節 予防・開発的要因の同定

を紹介する（詳細は，米川・津田，2009 を参照）。分析には Amos 6.0（図6-17；図6-18のように図を用いたモデル分析ソフト）によるパス解析を用いた。なお Amos の分析方法等については多くの書物が出版されているため，それを拝読いただきたい。本モデルは，文部科学省が掲げる生きる力を表6-8のように仮定し，自己受容並びに学校生活スキルを高めることで，各生きる力の変数が効果的に促進されるという構造をもつ（表6-8）。結果は，男女に分別しなくともモデルの適合性が示された。また人間関係や情緒安定度など成熟性を示す自己受容並びに学校生活スキルが生きる力のそれぞれの変数に大きく影響を与えていた。そのため，自己受容と学校生活スキル

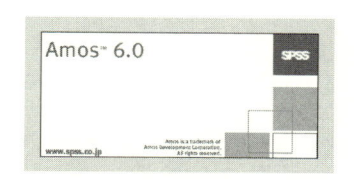

図6-17 Amos スタート画面

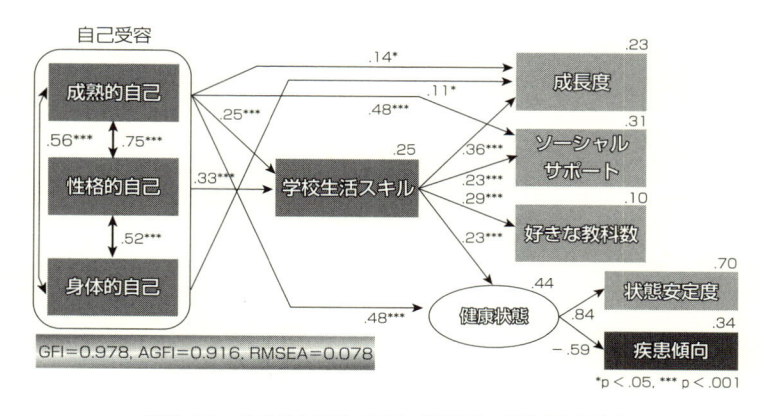

図6-18 生きる力促進モデル（予防的・開発的援助版）

表6-8 生きる力の変数

生きる力		仮定された変数
①自ら課題を見つけ，主体的に判断し，行動する力（問題解決力を含む）	⇒	学校生活スキル（コミュニケーション，健康維持，自己学習，集団活動，進路決定）
②他人とともに協調する力	⇒	ソーシャルサポート（担任，教科担任，友だち，先輩）
③他人を思いやる心や感動する心などの豊かな人間性	⇒	自己受容（成熟，性格，身体）
④たくましく生きるための健康や体力	⇒	健康状態（状態安定度〔QOL含〕・疾患傾向）
この他，関連項目	⇒	成長度 好きな教科数

133

の双方を高めることが，中学生にとって効果的に生きる力を育む予防的・開発的要因になることが考えられ，仮説を支持した。

【情報プラス1】
パス解析の図において，矢印の近くにある数値は，矢印方向に影響する値（高いほど影響力がある），変数（四角；なお楕円は潜在変数）の右上にある数値は矢印から受けた影響を合わせた値。GFIとAGFIは，モデルの適合度を示し，1に近いほど適合性が高い。RMSEAは，適合性の説明力を示し，0.05以下ほどが高いとされる。*は，確率的に影響が証明されることを表す。0.05以下で証明される。

【演習】
☐1. 演習グループごとに学校現場で活用できる質問紙を選択肢法を用いて作ってみよう。作ったものを他のグループに実施し，改善点をまとめてみよう。
☐2. 実際に上記演習で得られたデータを用いてSPSSで相関分析をしてみよう。相関関係が示されたら，その結果の理由を考察してみよう。
☐3. あなたがなぜSSWに興味をもったか，2人組で5〜10分話し合ってみよう。そのとき，できる範囲で相手の話の内容を逐語に起こし，グラウンデッド・セオリー・アプローチの分析手順にそった分析を行ってみよう。そして，自分や相手がもつストーリーをみつけてみよう。

第7章 スクールソーシャルワーク実習

本章では、まず第1節で、スクールソーシャルワーク(以下、SSW)実習についての事前から事後の流れを含めた基本的事項を説明する。第2節では、実習のための計画立案の方法について紹介し、第3節では、実際の実習での実習記録の方法について紹介する。最後に第4節では、実習時に学生に求められる資質について、教育委員会側からの1つの考えを提示する。

第1節　実習の心構えと準備

1.　ソーシャルワーク実習とスクールソーシャルワーク実習

SSWはソーシャルワークの専門的な知識、技術、価値・倫理をベースにした社会福祉援助技術の1つである。よって社会福祉領域における援助技術である以上、基本的にはSSW実習においても、ソーシャルワーク実習に類似した実習形態になることを想定しながら取り組んでいくことが求められる(図7-1)。

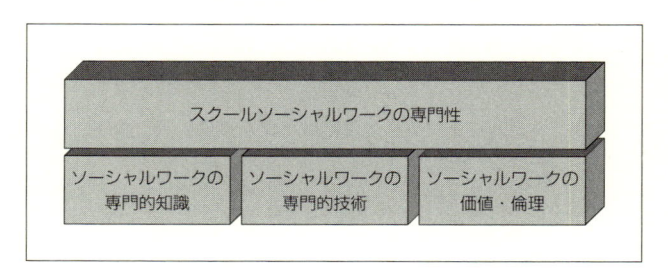

図7-1　スクールソーシャルワーカーの専門性

ソーシャルワーク実習においては支援の対象である利用者(クライアント)がいる施設や団体、またはフィールドにおいて、実習生は単独、あるいは少人数の現場実習指導担当者(スーパーバイザー)に様々な指導・助言を受けながらソーシャルワークの試行やその専門的知識の理解を行い、ソーシャルワーカーとしての技能を修得していく。

よってSSW実習においてもソーシャルワーク実習と同様に、現場のスクールソーシャルワーカー(以下、SSWr)をスーパーバイザーとして、現場での実際のソーシャルワーク活動に参加しながら指導、助言等を受け、自らが立てた実習計画に基づい

た実習を行っていくことになる。

2. スクールソーシャルワーク実習の特性

SSW 実習においては通常のソーシャルワーク実習と決定的に異なる点がある。

ソーシャルワーク実習における実習先は，高齢者福祉施設をはじめとして，障害者福祉施設や児童福祉施設，もしくは社会福祉協議会といったような，いわゆる『社会福祉施設』であることが多い。

ところが SSW 実習における実習先は，実習先の施設が社会福祉の関連施設というよりはむしろ，基本的には『学校』や『行政機関』といった社会福祉領域以外の専門機関が中心の場所になるということである（図 7-2；表 7-1）。

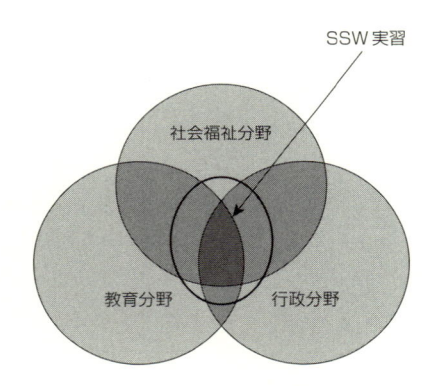

図 7-2　スクールソーシャルワーク実習の実施対象分野

表 7-1　スクールソーシャルワーク実習の時間数と主な実習先（日本社会福祉士養成校協会，2008；2010 を参考に作成）

学校現場等での実習 （80 時間）	①基本的に学校（18 歳未満の児童を対象）をフィールドとして，SSWr が実習の指導を行う実習。 ■教育分野…幼稚園，小学校，中学校，高等学校，特別支援学校，教育委員会等 ②但し，当分の間は，教育課程内容の実習（第1章表 1-5 参照）を行うことができ，SSW（SSWr でなくともよい）を行う者を置く施設・機関等でも可能。この場合，SSW 実習指導では，学生は SSW の視点を持ち，レポート作成を課題とし，養成校側の SSW 実習指導担当教員の十分な指導を受けることが求められる。 ■行政分野…福祉事務所，社会福祉協議会等 ■社会福祉分野…児童養護施設，母子生活支援施設，児童館，保育所，学童保育等 注：上記施設・機関でも該当しない場合，実習時間数の算入を制限される可能性もある。詳細は，日本社会福祉士養成校協会へ
学校現場等での見学実習 （40 時間）	上記指定施設・機関での実習が困難な場合，見学をすることでの実習。40 時間を超えない範囲で，80 時間の実習時間に算入することができる。

このことが何を意味しているかというと，実習希望者が，それまで学んできた主として福祉的な観点と異なる専門性やスタンダードが存在し，それに基づいた活動を行っている可能性が十分ありえるということである。
　つまりSSW実習の実習先である『学校』というフィールドは，教育学分野における専門性に基づいた活動を行っている現場である。よってそうであるがゆえに『ソーシャルワーク』の知識，技術，価値・倫理に対する理解や，その専門性に対するコンセンサス（同意）が初めから得られるかどうかはわからない。特にSSWrが不在の実習先においては，このような可能性があるだろう。行政分野での実習も同様のことがいえる。
　これらのことを踏まえ，自らがもっているソーシャルワークの知識や技術などを学校という現場でどう活用していくのかを計画した上で，実践していく必要がある。そのため，児童生徒や教育現場に関わる経験のない者については，正規の実習時間以外に自らボランティア等として学校現場またはそれに準ずる現場での学習活動も求められるだろう。このような活動を通じて実習計画の構想が生まれてくるものである。

3. 実習の課題（「なぜ実習に行くのか？」）

　SSW実習に限らず専門的な技術や知識を習得するために行われる実習においては，実習生自身が自らに『なぜ実習をするのか？』『何のための実習なのか？』という問い掛けをつねに行いながら実習に取り組んでいくことが重要である。
　その理由の1つとしては，実習を行うこと自体が精神的にも肉体的にも非常にストレスがかかるたいへんな経験だからである。よってそういった実習を行う上では実習生自身にしっかりとした実習に向けた動機づけがないと，えてして実習中断といった結果に成りかねないのである。
　さらに付け加えるならば現場における実習はSSWrになるための目的ではなく手段である。よって実習生はSSW実習が単に『課程認定取得のため』としての体験だけではないことをしっかりと理解しておく必要がある。
　実習とは学校の講義だけでは学ぶことができない，演習だけでは行うことができるようになれない，そういった専門的知識や技術を得ることができる貴重な時間なのである。だからこそ実習生は長い時間をかけて事前準備をすることが求められるのである。もしこれが単に学校で学ぶだけでも十分な知識や技術が得られるならば，そのような思いをしてまで実習に行く必要はないはずである。
　SSW実習に行くということは，現場でしか得ることができない，現場でしか見ることができない，現場でしか知ることができない，現場でしか聞くことができないSSWrとしての重要な学びを得ることができるということなのである。
　よって単に単位取得のためだけではない，その人その人なりの『実習の課題』がしっかりとしていれば，SSW実習に対する自発性や積極性をもち，取り組むことがで

きるはずなのである。
　以上のように言うとハードルの高い実習のように感じられるかもしれないが、実習生は、より高度な技能の修得や新たな経験を得るという自らの能力を高めるものとして、または新たなソーシャルワークの領域を開拓する開拓者として、大いに力を実習に注いでもらいたい。加えて、第一線で活躍するSSWrがいかに苦労しながらも、児童生徒に対するウェルビーイングの向上に尽力しているかを見ることも重要な経験ともなろう。

4. 実習の流れ

　実習を行っていく上でその流れを把握するためには、その項目や流れを区切りごとにいくつかの分類にまとめていく方法がある（図7-3）。

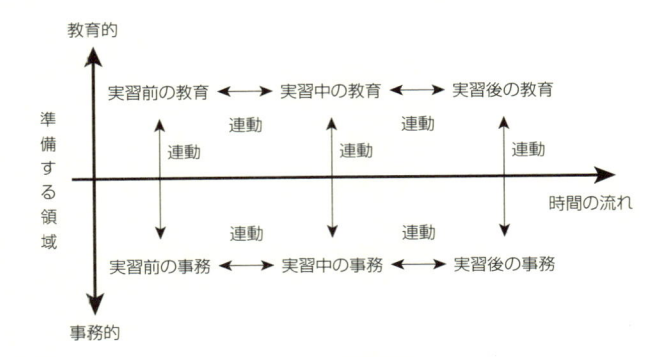

図7-3　実習の流れ

　まず1つ目の分類としては実習を時間的区切りとして実習前・実習中・実習後という3つの期間ごとにまとめ、その段階を分けていく方法である。
　それからもう1つの方法は、実習に向けての各種書類や記録を作成していく事務的準備と、実習に臨むにあたって学んでおかなければならない各種の知識や技術、価値・倫理などをまとめていく教育的準備を段階や期間や内容の種類ごとに分けていく方法である。
　事務的な準備と教育上の準備はどちらも実習を行っていく上では必要不可欠であり、またこれら2つについては軽重をつけられるものでもない。どちらも非常に大事で不可欠な実習における構成要素である。よってそれぞれについて実習生は実習指導担当教員らとともにしっかりと準備を行っていくことが求められる。
　それでは次からはそれぞれの分類の具体的な内容をさらにこまかく見ていくこととする。

第 1 節　実習の心構えと準備

5.『教育上の流れ』において行うこと―スーパービジョンを含めた視点
(1) 実習前の教育

　まず実習前の教育ではSSW実習を行っていくために必要な準備を，順を追って行っていくこととなる。第1番目の作業としてしっかりと固めていかなければならないのは『なぜ実習に行くのか』という動機づけ（課題設定や目的設定）についてである。

　SSW実習は，ソーシャルワーカーとしての基礎的素養を身に付けた実習生が，その知識技術に基づいてさらに発展・専門的に『学校』（に関連する）フィールドでソーシャルワーク実践のためのトレーニングを行っていく一連のプログラムである。そこでは実習生自身がなぜこの実習を行うのか，そしてこの実習を通してSSWrとしての何を学ぼうとしているのかというしっかりとした動機づけが行われなければならない。

　そしてその動機に基づき次の段階の2番目の作業として，その実習生が学びたい内容は，どこでどういった形の実習を行えば学ぶことができるのかということを見きわめていく，実習先の選定が行われなければならない。

　先にも述べたように一概にSSW実習といっても様々な場所や方法による実習が想定できる。よって実習生自身が学びたいことを学ぶために，選択肢の中から最もふさわしいと考えられる実習先を選定し，実習に向けての契約を結んでいく。こういった実習先と実習目標のマッチング作業は，より質の高く，より充実した実習を行う上で非常に重要となってくるのである。

　しかし，現状では，SSWrの活用が定着されつつある段階であり，実習生が学びたいことを学びたいように実習をさせてもらえるフィールドが多いわけではない。そのために，実習生と実習指導担当教員，また場合によっては実習先の実習指導担当のワーカー等との十分な話し合いに基づき手順に則った実習先調整が行われることもある。

　そうして実習先の選定が行われた後には，3番目の作業として，そこで行われる実習をより深く充実したものにするために事前学習を行う必要がある。事前学習においては実習指導内における学習だけではなく，SSW論といった各種講義科目や，SSW演習といった各種演習科目，そしてもちろんソーシャルワーク関連科目や各種近接領域の科目との連携を意識した学びを得ることも非常に重要となってくる。そういう意味では，スクールソーシャルワーク教育課程の受講当初，またはそれ以前から実習計画について検討しているほうがよい。

　学生たちのこれまでの学びを見ていると，講義科目は講義科目として，その期間の間だけの学びで完結してしまっていたり，演習科目においても同様に演習科目のみで完結してしまうといったように，それぞれを連動させて学んでいくといった意識が弱いことがある。

　よく社会福祉士等の実習に行くと言われることばとして，「大学で学んだことと現場で行っていることがまったく異なる」というものがある。しかし本来，実習と演習，そして講義というものはそれぞれが連関・継続した，いわゆる『三位一体』のもので

第7章　スクールソーシャルワーク実習

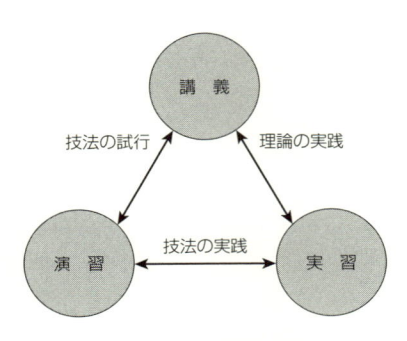

図7-4　講義・演習・実習の関係

あり，それらは非常に密接に関連した内容で構成されているものなのである（図7-4）。本来は，理論に基づいた実践であり，実践により構築された理論であるというように学問と実践との密接な関係があるはずなのである。よってそういった『つながり』を意識しながら学習を進めていくことがより良い学びへの第一歩となるのである。

加えて，事前学習では，SSWに関連する様々な構成要素について理解を深めておく必要がある。理由は，構成要素を学ぶことによって今後実習生自らがSSWを学ぶ上での1つの指針となるからである（表7-2）。

また実習前に実習指導担当教員から実習生は様々な事前スーパービジョンを受けることによって，実習に向けての準備を進めていくことになる。実習に向けての動機を固めていく段階における実習に向けたやる気の確認，事前学習の到達度のチェックや理解度の確認，また実習計画書を作成していく上における実習課題や実習方法の妥当性や専門的視点からの確認などである。この事前のスーパービジョンを受けることによって実習生が実習によりスムーズに取り組み始めることができるよう，実習指導担当教員はその開始期の助走付けと取り組み初めの補助的役割を果たしているのである。

これらの準備がすべて不足なく行われて始めて，実習に向けての事前準備が十分に行われているということになるのである。実習事前学習で必要な構成要素としては表7-2のとおりであるが，チェック項目としては表7-3を，事務手続の流れとしては

表7-2　実習事前学習で必要な構成要素（理解しておくべき事項）

①実習先でもある組織や団体・機関といったものに対する理解
②それら組織や団体・機関の活動を規定している各種法律や規則，規約といったものに対する理解
③それら組織や団体・機関に関係し，ソーシャルワーカーの支援の対象とされている児童生徒（クライアント）そのものや，その特性，抱えている課題の傾向，求めているニーズの傾向などといったいわゆる支援対象者の理解
④そういった支援対象者の周辺の環境についての理解。これには生活環境を始めとして，人的環境や地域環境，学習環境や経済的環境，労働環境や養育環境など様々な有形無形の関係性を把握していくための知識の理解
⑤SSWという支援の理論自体についてや，その特徴，長所・短所，支援モデルについてなどを学ぶことで，実際にSSWrがどのように支援活動を行なっているのか，その視点はどこにあるのかなどについての理解

第1節　実習の心構えと準備

表7-3　実習前に身に付けておくべき事項

□	1)	ソーシャルワークの定義や倫理，SSW の価値を理解している。
□	2)	SSWr の業務内容（ミクロ～マクロプラクティス）を理解している。
□	3)	SSWr の活用の地域，または全国的な動向について理解している。
□	4)	不登校，非行，虐待等の児童に関する諸問題の現状について理解している。
□	5)	特別支援教育制度，並びに発達障害（広汎性発達障害・ADHD・LD）について理解している。
□	6)	ミクロプラクティス（臨床福祉学的・臨床心理学的援助技術）を最低限習得している。例えば，来談者中心療法，認知行動療法，家族療法，エンパワメントアプローチ等。
□	7)	チーム（グループ）をまとめるファシリテーション等の集団に対する援助方法の経験がある。
□	8)	ケース会議の方法を理解している。
□	9)	個別支援計画の作成方法を身に付けている。
□	10)	他専門職との協働のスタンス，チームアプローチを理解している。
□	11)	自らが実習指導担当者（実習指導担当教員）から受けるスーパービジョンの重要性を理解している。
□	12)	実習先または教育委員会の機構を理解している。
□	13)	実習先の特性（職員数，専門職，生徒，歴史）を理解している。
□	14)	実習先周辺の児童支援に関わる関係機関を理解している。
□	15)	社会福祉士または精神保健福祉士として求められる人間関係（児童・生徒・家族・教職員・他専門職等；個人・グループ）形成能力がある。
□	16)	自分なりのSSW実習の課題を持っている。また計画がある。
□	17)	実習課題及び計画について，実習指導担当教員，実習先の実習指導担当者との三者の合意が取れている。
□	18)	実習方法や実習中の実習指導担当教員の巡回指導の方法等を理解している。
□	19)	実習記録の記載方法を理解している。
□	20)	実習を受けるために必要な科目の理解があり，履修されている。

（情報提供：米川和雄）

表7-4を，それぞれ確認してもらいたい。なお，日本社会福祉士養成校協会においても「新任スクールソーシャルワーカーのための自己チェックシート」を開示しているので参考にしてもらいたい（URL：http://www.jascsw.jp/ssw/checksheet.pdf〔2009年10月13日取得〕）。

(2)　実習中の教育

　実習中の教育は，現場である実習先から様々なことを学んでいくことが基本になる。よって当然ここでは，現場のSSWrや実際のクライアントや家族から，SSWrとしてやれるべきことや求められている機能，現場のソーシャルワーカーとしての葛藤ややりがい，そして具体的なケース対応におけるノウハウなどといった，SSWの実際的支援活動の方法を学んでいくことが中心となってくる。

　しかしそれだけでなく実習生は実習中に実習先において，在籍校の実習指導担当教員から実習巡回指導時に，いわゆる『ファーストエイド（応急処置的な）のスーパービジョン』を受けることになる。このことによって実習中の教育はより深められていくことになる。

　これは実習生が実習中の現場にいながらにして，実習において生じた様々な悩みや不安，疑問，混乱に対する助言や指導を受け，実習における取り組みを再度整理する機会を得ることを目的としたものである。

さらには実習を取り組むにあたっての視点や実践のズレを軌道修正したり，取り組む上における課題を指摘したりすることによって，その後の実習を円滑に進めるための示唆を行ったりすることも目的としている。そのため，実習生は，在籍校の実習指導担当教員と実習先の実習指導担当者との3人で，実習の方向性について話し合うこともある。

よってここにおいて当初の実習課題の達成が不完全であったり，実習への取り組みに問題があると見なされるような場合は，実習指導担当教員からも厳しい指導を受ける可能性もある。しかしそれは実習の取り組みの質をあげるためであり，実習での実習生の取り組みがその後より良い方向へと修正されるための助言なのである。よって実習生はこれらの指導によってもたらされた助言・指導の意味をしっかりと咀嚼し理解した上で，その後の実習に活かしていくという心がけが求められるのである。

(3) 実習後の教育

さらに実習終了後には実習後の教育として，実習中における実習生の取り組みを振り返り，それについて意見交換や指摘，助言を行っていく，個別のスーパービジョンやグループスーパービジョンがある。これらの振り返りやスーパービジョンは，実習生間や実習生・教員間の体験共有，体験交流を行い，実習での学びをより深化させていくことを目指している。

これらの事後の振り返りを行うことによって，自分自身の実習での学びを客観化しながら振り返ることができ，SSW実習に対する自己の取り組みについて，統合的な自己評価を行っていくことができるようになるのである。

以上を織り込みながら，今回の実習での学びを文章化し，実習報告書（おおよそレポート用紙4～6枚程度）という形にまとめていくことを行っていく。これは学びを記録化していくという目的とともに，文章化するという作業を通してからも，実習生自らの学びを客観化し整理・評価していく効果がある。

こうした長いプロセスを経て，最終段階において一連のSSW実習に対する総合評価が行われることとなる。ここでの総合評価においては，まず，事前学習や，実習中の学び，事後学習のそれぞれの学びの成果を，達成度の観点から横断的に判定していくこととなる。つまり実習前に計画した実習での学びが，どこまで達成されたかを総合的に判断・判定していくことも，最終的な実習後の教育における大きな目的の1つでもある。

次に，実習先の実習指導担当者からの評価や巡回訪問指導や継続的な実習指導における学習意欲や態度，実習生の学習向上度等を測定した観点からの実習指導担当教員の評価などについても統合し，これらをあわせてSSW実習全体における評価を行っていくのである。

実習が終わったのちには，できる限り早い時期にお世話になった実習先に対して必ず御礼の手紙（お礼状）を送付することを忘れないようにすることが重要である（章

末資料⑫参照)。これは知識を学ぶといったことや単位を取得するといったこと以前の社会における基本的マナー，礼儀である。

　実習先の実習指導担当者の先生方は，忙しい本来業務の時間の合間を縫って将来の人材育成のためにと実習生の受け入れを行い，様々な専門的視点からの指導をしてくださったのである。

　実習生はその配慮と想いを十分に理解し，感謝し，それらの想いに応えていく責務があることは言うまでもないことである。

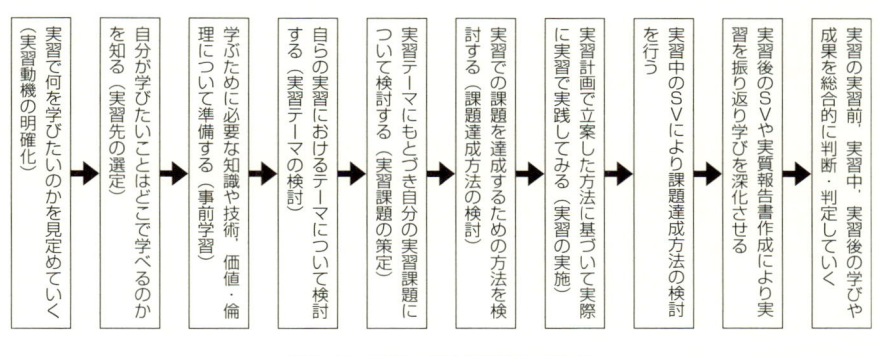

実習で何を学びたいのかを見定めていく（実習動機の明確化）→自分が学びたいことはどこで学べるのかを知る（実習先の選定）→学ぶために必要な知識や技術，価値・倫理について準備する（事前学習）→自らの実習におけるテーマについて検討する（実習テーマの検討）→実習テーマにもとづき自分の実習課題について検討する（実習課題の策定）→実習での課題を達成するための方法を検討する（課題達成方法の検討）→実習計画で立案した方法に基づいて実際に実習で実践してみる（実習の実施）→実習中のSVにより課題達成方法の検討を行う→実習後のSVや実習報告書作成により実習を振り返り学びを深化させる→実習の実習前，実習中，実習後の学びや成果を総合的に判断・判定していく

図7-5　実習における教育上の流れ

6.『事務上の流れ』において行うこと

　では次に事務的な準備として，具体的に実習前にどういった準備をしていく必要があるのかについて，ここから確認していくこととする（表7-4）。

　まず実習を行うにあたっては，実習先との間で諸々の実習受け入れに関する契約を

表7-4　実習事務手続きの流れ

実施時期	実施内容
11か月前初旬	第1次実習オリエンテーション（実習希望者調査）
11-10か月前初旬	第1次実習先受け入れ調査（電話確認等）
10か月前下旬	実習受け入れ依頼文書発送（章末資料①②）
9-7か月前	実習先配属調整
5か月前	実習配属先学生へ発表
4-3か月前	正式依頼文書の発送（章末資料③④） 実習契約文書の発送（章末資料⑤⑥⑦）
1か月前	実習先への事前面接（章末資料⑧⑨を持参，加えて⑥⑦を持参する場合もある）
当日	実習

第7章 スクールソーシャルワーク実習

行っていく必要がある。これは通常約1年前程度から実習直前にかけて行っていくものであるが、ここで調整され締結される実習受入承諾契約によって正式にSSW実習が行えることが確定するのである。

まず実習を予定している時期の前年度の同じ時期を少し過ぎたころあたりに、実習予定先に対して次年度の実習受け入れ可否の予備的な確認を行う。つまり、ここで次年度のSSW実習受け入れについての第一次依頼を行うこととなる。ここでは次年度の一定の時期に依頼施設でのSSW実習を予定していること、その実習について受け入れを承諾して欲しいこと等を養成校側より文書で依頼する。実習先によっては、個人面談をしてから、検討する場合もあり、予備的な確認のときに実習依頼方法の確認が必要である（「実習受入内諾依頼文書の見本」「実習受入内諾書の見本」：章末資料①・②参照）。

一定期間後に実習受入依頼先より返送されるこの依頼文書の返答書をもとに、次年度のSSW実習の実習配属先を検討していくことになる。ここでは学生の特性や能力、施設側の特色との相性、また実習生の住所地と通勤経路などについても考慮しながら、実習担当教員がおもに配属調整を行っていく。

もちろんこの配属先の検討にあたっては実習生に希望アンケート調査を行ったり、個人面談を行ったり、実習生の実習内容や実習先についての要望をも最大限配慮し、実習指導担当教員と共同しながら配属先の決定を行っていく。

これらの調整が一通り終了した時点で、実習先に実習生の数を含んだ実習受入内諾依頼文を送付し、実習先の内諾を得ることとなる（文書の書式は、章末資料①を用いる）。学生が依頼文を発送する場合、学生は実習依頼の前に実習指導担当教員の許可は必ず取る必要がある（ほとんどの養成校が学生でなく養成校側の発送になると思われる。）。加えて、実習実施の養成校における履修条件等もクリアしていることを確認する必要がある。

そしてその年度が変わり実習年度に入って1か月前後あたりをめどに、最終的な実習依頼文書（「実習受入承諾依頼文書見本」「実習受入承諾書見本」：章末資料③・④参照）、および実習受入契約書（「実習委託契約書の見本」：章末資料⑤参照）を締結することで正式に実習の受入が確定することとなる。

この契約書は、実習生、養成校、実習受け入れ先の3者間において統一すべき実習受入に関する諸条件の確認を目的とするものなのである。その内容としては、契約の期間や契約日数（時間数）、指導内容の範囲、事故やトラブル発生時の責任の範囲や補償体制、実習生の義務、実習に関連する経費の規定、そして契約変更や解除の条件などといった項目がある。3者間または実習先と養成校にて、複写した書面を取り交わしていくこととなる（章末資料⑤）。

これらのことからもわかるように、実習というものは実習先と実習生、および養成校の3者間における契約によって成り立っているものであり、その契約は非常に重い

意味をもつものである。このことを、実習生自身がしっかりと認識する必要がある。それゆえに契約に反する状況が発生した場合などには、いつでも中断され得るものであるからこそ、実習生は"真摯な態度"と"実習に臨むに値するしっかりとした基礎的学習"を踏まえて、始めて実習に臨める資格を得るのである。

　またこれら実習に関する契約文書のやり取りに関連して、学生側の身上書である個人票やソーシャルワーカーとしての倫理綱領を遵守する旨、並びに個人情報やプライバシー等に配慮して実習を行う旨の誓約書、また今回の実習においてどのような課題についてどのような方法を用いて学んでいくのかを記した、後述する実習計画書などといったものについても、契約書類に付随する文書の一部として、実習開始までの間に実習先と実習生および養成校は取り交わししていく必要がある（図7-6，章末資料⑥・⑦）。

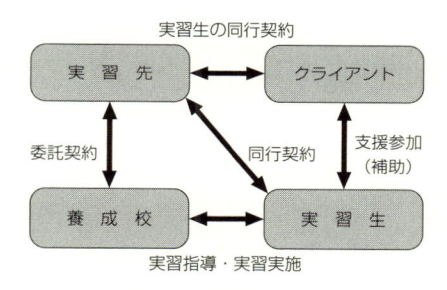

図7-6　実習における契約関係

第2節　実習課題の設定

　実習課題の設定をどう行っていくかということは、実習を質の高い学びの多いものにできるかどうかということに大きく関係してくる。実習先で何を見、何を聞き、何を行ってきたいのか、どのような方法で、実習に取り組めばその希望するものが学べるのか、そしてそのためにはどういった課題（目標）を設定する必要があるのかということは、実習における根幹たる部分である。もちろん、課題（目標）設定から方法を検討することもある。明確な実習の課題（目標）をたてることがより良い実習における学びにつながっていくのである。

　<u>フィールドで児童生徒等（クライアント）に対する支援を行っているSSWrになるための訓練を行うことになるのだ</u>、という意識をしっかりもった上で、実習での活動を行っていくことが重要となるのである。

1．課題設定前の実習先の理解

　では具体的にどのような方法で実習課題を設定していけばいいのだろうか。

第7章 スクールソーシャルワーク実習

　実習課題を設定するためには，まずしっかりとした実習先の理解が不可欠となる。前述したようにSSW実習における実習先は，それまで自分たちが実習を行った経験のある相談援助実習における実習先や精神保健福祉援助実習における実習先とは明らかに異なる（図7-7）。もし仮に『ソーシャルワークの世界では』といった考え方から論理を進めていこうとする場面があったならば，それは大きなトラブルの種になる危険性があることを，事前に十分理解しておかなければならないだろう。

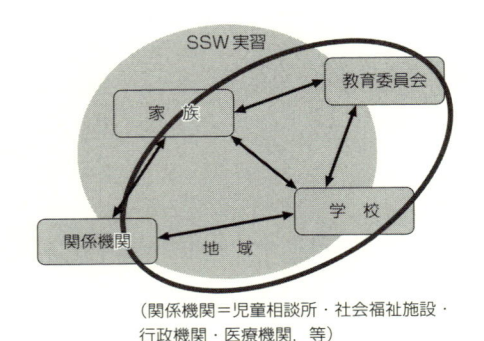

（関係機関＝児童相談所・社会福祉施設・行政機関・医療機関，等）

図7-7　スクールソーシャルワーク実習の実習先の範囲

　実習を行う先の教育委員会，学校，機関，施設は，どういった課題をもって，どのような専門性の基に活動を行っているのかをしっかりと理解し，その上でその実習先においてSSWrはどういったアプローチをなし得るのか，どういった特性に着目しているのかなどについてをとらえていく必要がある。実習先を理解することで課題設定を行うということである。

2. スクールソーシャルワーカーの配置形態別スケジュール

　実習先によってSSWrの配置形態が異なることから，実習先の理解が深められるよう配置形態別（第1章第3節参照）に1日のモデルスケジュールを紹介する。
　一日のスケジュールは，勤務形態（頻度・時間），対象校の抱える課題やニーズ，地域の特性，SSWrの特性などに大きく左右される。現段階では，SSWrが導入されてシステムとしてどのくらい定着しているかなども大きく影響するだろう。そのため，各モデルはあくまでも一つのモデルとして捉えていただきたい。
　ここでは，共通条件として8：30〜17：00（昼休み1時間）といった勤務時間とし，担当範囲はA中学校区（校区内にB〜D小学校を含有）を定めた。業務内容としては，各ミーティング（以下，MG）や各会議等の時間が，児童生徒への集団対応や行事，また教員や保護者への研修に用いられることもある。またケース会議が地域の

第2節 実習課題の設定

表7-5 指定校配置型のスケジュール(指定校=A校)

08:30-	10:00-	11:00-	11:30-	12:30-	13:30-	14:30-	15:00-	16:00-	-17:00
A校に出勤 校長・教員とMG	個人面談	教員と情報交換	個人面談	昼食 生徒との交流	事務作業・調査・報告等の	校内巡回	家庭訪問(移動)関係機関訪問又は	ケース会議	A校を退勤 活動報告

※モデル検討:土井幸治・米川和雄・大西良・高木政代.以下同様。

表7-6 拠点校配置型のスケジュール(拠点校=A校)

08:30- 10:00- 12:30-			13:30- 14:00-		15:00-		-17:00
A校に出勤 校長・教員とMG 個人面談 校内巡回 昼食	B校へ移動	B校訪問 校長・教員とMG 個人面談	C校へ移動	C校訪問 校長・教員とMG ケース会議	A校へ移動	A校を退勤 活動報告	

表7-7 依頼派遣型のスケジュール(配置先=教育委員会:委員会)

08:30-	09:00-		10:30- 12:30-			13:30-		15:00-		-17:00
委員会に出勤	A校訪問 校長・教員とMG 個人面談(新規)	B校へ移動	B校訪問 校長・教員とMG(継続) 個人面談 教員と情報交換 昼食	移動しながら昼食もある	C校へ移動	C校訪問 教員面談(新規)	D校へ移動	D区(継続)の 教員面談 ケース会議	委員会へ移動	委員会を退勤 活動報告

表7-8 巡回派遣型のスケジュール(配置先=教育委員会:委員会)

08:30-		09:30-		12:30-		13:30-		-17:00
委員会に出勤 巡回先の確認	A校へ移動	A校訪問 校長・教員とMG 個人面談 家庭訪問 教員面談	B校方面へ移動	昼食	移動しながら昼食もある B校へ移動	B校訪問 個人面接 教員面談 ケース会議	委員会へ移動	委員会から退勤 活動記録

*隔週でC校訪問   *隔週でD校訪問

様々な会議に変更されることもある。なおケース会議は，校内・校外・内外のチームで行われるもの等様々な形態がある。

（1）指定校配置型のスケジュール（表7-5参照）

　A校指定ということから，支援範囲が限られている。そのため移動に時間がとられることが，他の配置形態より少なく校内での支援も多い。空きが出来た際は，校内巡回や教員との情報交換，生徒との交流なども可能である。

（2）拠点校配置型のスケジュール（表7-6参照）

　A校を拠点に，依頼により，または定期的に中学校区内の小学校区の支援も行う。やはりA校のケースが中心になりがちである。校区全体を拠点校とみなせば直接学校に赴くか教育委員会に赴くかの違い以外は，巡回型派遣と類似する。

（3）依頼派遣型のスケジュール（表7-7参照）

　依頼による派遣型といえども，継続ケースなどは支援計画に沿って訪問を行う。移動も多く時間のロスが多いが，勤務時間を考慮し継続の必要なケースに必要な時間だけ，計画的な支援が行える。何度でも面談を行うのではなく1か月の面接数を1～2回にする等で継続する場合もある。依頼があったときのみに活動する場合や普段は教育相談センター等で活動しているような場合もある。

（4）巡回派遣型のスケジュール（表7-8参照）

　派遣日時と派遣校が決まっており，輪番制でその学校を巡回（訪問）し，その状況に応じて支援を行う。決まった時間に決まった学校にいなければならないということから，時間の使いまわしはしにくい。しかし各校に対し，支援時間の配分などは平等に行える。そのため，その時間は派遣先の学校の専属SSWrとして扱ってもらえる。曜日毎に訪問校を変える場合や1日に1中学校区内の小中学校すべてに訪れる場合もある。つまり巡回型派遣は，複数の指定校への配置的な形態とも言えよう。

　以上の配置形態の他，指定や依頼がなくとも関係機関からの情報提供等で，必要と判断した場合，学校へ訪問するアウトリーチ型，計画的に配置形態を変更していく計画型もある。

3．実習計画立案の方法

　では，実際のSSW実習における実習計画の立案方法について確認していくこととする。

　実習計画を作成していく時にはまず「知識」「技術」「価値・倫理」「自己覚知（個人的課題）」の領域を意識して計画を立案していくことが重要である。加えてそれぞれの領域の中においても，さらにこまかく『どういった内容』に関することを学びたいのかを検討し，それを学ぶ方法についての具体的な方法を課題に連動する形で立案していく。この一連の作業をくり返していくことで実習計画（章末資料⑧・⑨）は作成されていく。

第2節 実習課題の設定

表7-9は，自らの実習課題（目標）を分類した上で，その課題（目標）に対する実習での取り組み方（実習方法）を対の形で考案していくワークシートである。そこで作案した計画を文章に起こし，実習計画書へとまとめていくことがわかりやすい実習計画書の作成や提示につながると考える。

この実習計画立案において注意しなければならない点がいくつかある。

それは学びたいこと（実習課題）と学ぶ方法（実習方法）は可能な限り具体的に検討しておかなければならないということである。実習課題と実習方法の検討が曖昧な

表7-9　実習計画の立案シート

領域	項　目	実習課題（目標）	実習方法（実習での取り組み案）
専門的知識	組織・団体・機関の理解		
	法律・規則・規約の理解		
	児童生徒等の特性・課題等の理解		
	児童生徒等の周辺環境の理解		
	SSWの特徴や支援モデル等の理解		
専門的技術	児童生徒との関係性（コミュニケーション）		
	教員等との関係性（チームアプローチ）		
	ファシリテーション（ケース会議・グループワーク）		
	アセスメント（ニーズ把握・調査方法）		
	支援計画の立案		
	ニーズに対する問題解決，予防・開発的実践		
価値・倫理	個別化の原理		
	個人情報・人権擁護等への対応		
	志・使命感・目的意識をもった主体的態度		
自己覚知	自己の援助技術の洞察		
	自己の人間観・福祉観の理解・涵養		
	仕事やSSWrとしての適性		

まま実習に突入してしまうと，えてして実習先で実習にどう取り組んでいいかわからず立ち尽くしてしまうといった事態が発生しがちである。よってそういった状況にならないためにも，実習計画は事前にしっかりと詳細まで検討しておくことが必要である。なお本来的ではないが，SSWの理解が難しい場合は，スクールソーシャルワーク実習評価（章末資料⑪）から検討してもよいだろう。

　もちろんとはいっても実習計画は実際の現場を知らない状況で空想的に作成していくいわば『机上の空論』である。よって実際に実習を行ってみると事前に想定していなかった事態が発生する可能性は十分に考えられる。そのため綿密に作成する必要がある一方で，けっしてここで立てた計画が絶対的なものなどではないということもあわせて理解しておかなければならない。

　実習は限られた範囲の中で限られた手法のみを用いて行う疑似的支援活動ともいえる。よってその範囲を超える実習計画を取り組むことは困難である。また実習先はリアルな支援の現場である。よってその現場の状況によって，その時できること，できないことが流動する可能性は十分にあり得る。それを踏まえた上で実習が行われていることを実習生は了承することが非常に求められる。そのような全体性を総合的にとらえ，実習計画も柔軟に微調整した結果，その柔軟さが実習評価へと繋がることもあろう。

第3節　実習記録と記録方法

1.（スクール）ソーシャルワークにおける実習記録の意義

　SSWに限らずソーシャルワークの領域において，記録をとることはたいへん重要な意味をもっている。それは記録が利用者（クライアント）に対し実習生がいつ，どこで，どのような支援を行ったのかという証拠になるからである。さらに記録はその現場にいなかった実習指導担当教員等に対し，その状況がどのようなものであったのかを伝える重要なコミュニケーション手段にもなるからである。

　よって記録を書く上では，自らが見たこと，聞いたこと，行ったことを客観的，かつ，また正確に記入することが求められると同時にその状況にいた自分がどのように感じ，どのように考えたのかという主観的記述（分析，考察）を対比させながら書くことで，その記録に付加価値を加えることができるのである。さらにその記録の技法の有無によって，まるであたかも自らが当事者であるかのように読むものに状況のリアリティを与えることができるようにもなるので，記録者はその記録を読む他者がどれだけその場面をイメージする事ができるかに配慮して記録を書く事が求められる。

　SSW実習においては，実習記録が最も重要な記録物と言えよう。

2.　実習における記録

　一概に記録といってもそれには様々な種類と目的があり，その目的によって形式や

第3節 実習記録と記録方法

記入法も異なってくるので、その記録がどのような場面で何を意図して用いられるものであるかを記入する側がしっかりと意識しておく必要がある。実習記録においても、その記録内容によって書き方を変えていく必要がある。

たとえば個人の履歴を示すようなもの（フェイスシートもその1つ）では、これは個人のいわば歴史が一目瞭然となるように書かれておかなければならない。よってこのような記録においては記録者の主観はまったく必要のないものであり、当事者の事実のみが明確に伝わるように記入することが非常に重要なのである。またケース記録においては、どのような支援が行われ、それによってどのような変化があったのか、またなかったのかといった客観的事実も重要である。

しかし、そういった事実に対して、実習生がどういった意図をもってその支援を行ったのか、そして支援の結果に対し、どういった感想を抱き、どう考察を行ったのかについての評価を書いておくことが、その後の実習へのスーパービジョンをしていくために非常に重要な記録となる。

このように記録はその用途、目的において書き方が異なってくるので、そのことを意識することが重要なのである。

SSW実習における実習記録は、その日その時に実習生が実習先でどのような活動を行い、その時に何を感じ、何を考えていたのかを後に振り返り、自らの実習を確認するためのものでもある。よって実習においては、その日1日の中において、特に印象的な関わりなど数項目に絞って、その時の状況と自己の活動の結果や意図、考察、今後の課題等を対比させながら記録していくことがポイントとなるのである。

ここで気をつけなければならないことは、実習記録の内容が実習生の『感想文』になってしまわないようにすることである。実習記録に書かれる実習生の主観的記述はあくまでも後のスーパービジョンにおいて、そのときの状況を知るための資料である。よって記録の内容における客観的記述と主観的記述のバランスにも十分に注意しながら記録を行っていく必要がある。表7-10には、このような主観的記述（感想・考察）と客観的記述（タイムスケジュール・学習内容・結果）をとらえた実習記録例を提示した（章末資料⑫）。

実習中には養成校の実習指導担当教員が、実習生が実習を行っている実習先を訪問し、実習生や実習先の実習指導担当者等と面談を行い、実習生の実習の進捗状況や実習生の取り組みの姿勢についての確認、実習についての意見交換、実習内容に対する助言・指導等を行うことを目的とした実習巡回指導が行われる。

これは実習生が実習先において事前に計画した実習課題に沿って実習が行えているかどうかを確認するとともに、実習を行っていくことによって生じた新たな疑問や不安等についての助言、指導を行うことを目的としたスーパービジョンの1つである。

実習が終了すると実習生はそれぞれの在籍校に戻り、実習指導担当教員とともに実習での取り組みの振り返りを行っていく。ここではまず個々の実習生が個人の振り返

第7章 スクールソーシャルワーク実習

表7-10 実習記録モデル

実 習 記 録（実習・見学）

名 前	○○賢人	実 習　1　日目	平成△△年　7月　7日（水）
本日の目標	学校機関の理解とピアサポートの効果の理解		

【タイムスケジュール】　　　　　　　　　　　【学習内容】

時　間	実習内容事項	本日の取り組みにおける学び
9：00〜	校内見学	・私立学校A（中高一貫校）の歴史的背景を学ぶ
9：30〜	校長先生にご挨拶	・生徒理解（学校生活）
	養護教諭のお話	・教員と他専門家における連携理解
	中学教諭Y先生のお話	・ピアサポートの技術（SSW・教員・高校生・
11：00〜	SSWrと振り返り	中学生の役割）
12：30〜	昼　食	生徒間で行うピアサポートの見学を通じて，学内
13：40〜	ピアサポート実践の見学	での生活の様子，それにSSWrがどのように
15：30〜	高校生の反省会と対話	関わっていくかについて学ぶように心掛けた
	中学教諭S先生のお話	
16：30	SSWrと振り返り	
17：00	実習終了	

【実習の感想：とくに印象に残ったこと】

　今日は，はじめて学校の現場での実習だった。生徒間で行うピアサポートを見学させて頂いた。コミュニケーションについて学んできた生徒たちが，中学生の悩みをテーマにピアサポートを行っていた。クラスでの人間関係について悩むA君に対し，上級生が自らの経験をもとに何をするべきかを提案していたことが印象的だった。また特別な支援が必要な後輩に対して，私が大学で学んでいる知識や技術を用い，高校生が支援しているという事実を目の当たりにし，このような環境を教師とともに構築していくSSWに対する興味深さを改めて感じた。

　しかし，いままで他の施設での実習に行ったことはあったが，教育の場は今までとは違い生徒だけでなく，教員や各機関等とのコミュニケーションを円滑に図ることが難しく感じた。

【目標に対する結果】

　学校のこれまでの歩みの他，教員，養護教諭や心理職との連携についてもお話の場をいただき学校機関のことや様々な専門職の支援体制についても知ることができた。またピアサポートを通じて生徒の学内での生活，クラス内の様子や他の学年との交流方法について知ることができた。ピアサポートにおいて生徒の意識の向上を図ることで，生徒個人の問題解決をするだけでなく，生徒自らがクラスや学校の環境を改善していこうと考えられるようになることがわかった。SSWrは上級生を通じ下級生に助言（間接的な援助，環境への援助）をしていることがわかった。

【本日の実習における考察・今後の課題】

　今回，生徒の姿を見て，大人が答えを出して，説得し納得させるよりも，自分で考えて目標を出させたほうが確実に行動につながると実感した。また生徒の行動に対して結果だけを求めるのではなく，結果にいたるまでの過程についても目をむけることが大切であると学んだ。このことから，SSWは「答え」を提供するのではなく，答えを導けるようにしていくことで，生徒の持つ様々な能力の幅を広げる援助なのだと考える。大切なことは，教育者側が伝えた大切な思いが子どもたちの中に「生きること」であり，これが，その人の力を最大限引き出す「ストレングス」や「エンパワメント」視点に関係するのかもしれない。今回の実習を通じて，教育は，子どもたちの生き方をよりよくしていくことができる重要な役割を担っているのだと実感した。このような場をつくれる専門性を身につけるためにも，ただ話しをしたり，聞いたりするだけではなく，生徒がどのように感じているのか，生徒の考えはどのようなものかを深く考え，理解していく必要性を感じた。

【実習指導者からのコメント】

【養成校　実習指導担当教員】（実習指導のあった場合）

【実習先　実習指導担当者】

　　　　　　　　　　　　　　　　　　　指導者　　　　　　　　　　　㊞

※本実習記録例は，米川和雄・鳶谷賢人・宮田礼弥（後者2名：帝京平成大学　スクールソーシャルワーク実習経験者）によって作成された。

りを通して自らが実習期間中に取り組めたこと，取り組めなかったことを整理し，さらに実習を行うことによって新たに浮かびあがった自らの課題を整理することを行っていく。そして実習生のその振り返りに対し，実習指導担当教員は専門的視点からの指摘や助言を行い，その振り返りの深化をうながしていく作業を行っていく。

　これを個別スーパービジョンというが，この作業を行うことによって実習生は個々の実習中における個別の出来事に対して，実習中のリアルタイムでの視点だけではなく，実習が終わった段階での実習中とは異なる視点から，もう一度あらためて実習を振り返ることができ，自己評価を行っていくことができるようになるのである。

　個別のスーパービジョンを行うとともに，今度はそれぞれ個人で振り返った実習での取り組みや課題をもとに，数名のグループをつくった上で，その中で互いに自らの実習体験を発表，意見交換し，実習生間での相互評価や，指摘や助言を行うグループスーパービジョンを行っていく。

　これによって個別スーパービジョンにおける個々の振り返りだけでなく，さらには同じ体験を共有する実習生どうしの視点からも，それぞれの実習での取り組みを振り返ってもらい，その取り組みにおける成果や課題，等について意見交換を行っていくのである。もちろんこのグループスーパービジョンにおいても実習担当教員は，それぞれの実習生に対し，専門的な見地からの助言，指導を行い，振り返りがより効果的に行われるように関わっていくことを行うのである。

　これらのスーパービジョンを行った後に，振り返りを踏まえたまとめの総決算として実習報告書の作成という形で文章化し，振り返りを文字で記録しておくということを行う。

第4節　実習または採用時に求められるスクールソーシャルワーカーとしての資質

　本節では，東京都杉並区（SSWr採用側）において，SSWr採用の際に求められている応募者の資質並びに力量について言及する。学生においては実習においても同様の資質が求められることと解釈いただきたい。もちろん，地域によって，その基準が異なる可能性はあるため，1つの参考となるだろう。ただし，資質は財源などの表面的条件に左右されないものであるため，大きな齟齬はないと考える。

①問題解決は児童生徒あるいは保護者，学校関係者との協働によって図られるものであり，SSWrは，問題解決を代行する者ではなく，児童生徒の可能性を引き出し，自力解決できるような条件づくりに参加するスタンスを取る。
②問題を個人に帰属するのではなく，人・社会システム等の環境との不適合状態としてとらえ，個人が不適合状態に対処できるための力量形成や，環境が個人のニーズ

にこたえられるように調整するという個人・環境の両者に働きかける。

上記２点は，文部科学省（2006）が示すSSWrの業務概念である。この概念とともに児童生徒，学校，地域等の実態を鑑み，本区では採用時に求めるSSWrの資質・力量を以下のようにとらえた。

1. 業務に対する志，使命感，目的意識など業務遂行の根幹を成す資質

いかなる職種においても，自らの業務に関する「志」「使命感」「目的意識」は不可欠なものである。中でも，SSW事業は今後発展・拡充が期待される取り組みであり，SSWrは，学校，家庭・地域，関係機関もしくは世間一般からの認知をうながすために，自らの業務に対する目的意識を明確にもち，その価値を志高く，胸を張って主張するとともに，確実な実績をあげていくことが求められる。むろん，「人とのかかわり」を業務の根本に置くことから「深い人間愛」や「高い人権意識」「適切な倫理観」「自ら学び続けようとする向上心」等の基本的な資質を有する者でなければ本職に就く資格はない。つまり，国家資格をもっていれば，誰でもなれるというものではない。

2. 情報収集力や関係調整力など組織的対応を推進するために基本となる能力

問題解決のためには，主体である児童生徒にかかわる多面的・多角的な情報を収集，分類・整理，分析することを通して支援のあり方を決定していくという組織的対応が必要となる。SSWrは主体を取り巻く環境と確実な信頼関係を構築しつつ，対応の核となることを期待される人材である。特に当該児童生徒に直接教育活動を行う教職の専門家である教師，学校組織内における教員外の専門家であるスクールカウンセラー（以下，SC），保護者，その他関係機関との連携・協働は必須である。このことが，支援の対象となる児童生徒の学習面・生活面の実態や心理面の特性等を十分に把握できるという適切な支援の第一歩となる。そのためにも，自らが様々な対象を訪れて情報収集する「フットワークの軽さ（柔軟な対応能力）」と，対人関係を構築するうえで，相互の意思疎通を図れる媒介ツールとなる言語力を含む「コミュニケーション能力」は，SSWrにとって欠かすことができない能力である。

また，関係機関などから出される様々な考え方，方針等を仲介・調整し，方向づける「ファシリテーション能力」や，関係機関と調整しつつ既存の制度では包括できない事例に対する新たな受け皿を企画・構想・実現・運営する「ソーシャルアクション能力」などもSSWrにとって不可欠な能力といえよう。

3. 学校教育や学校文化への知識・理解と共感

SSWrの主たるフィールドは言うまでもなく「学校」である。学校組織・運営・内容やそれを抱合する学校文化への確かな知識，深い理解，課題意識と共感が必要であ

り，この実現こそが周囲からの SSWr への信頼や認知に繋がるものである。学校教育は，誰もが経験した時と場であり，国民1人ひとりが一定の知識や理解，主張を有する。しかし，これらはあくまでも「過去の学習者としての体験」を通して得られたものであり，それをもって，理解や共感を深めようとすることは不適切であり危険ですらある。特に近年の教育改革の流れの中で，学校はシステムも内容も大きく変化・進化しており，学校教育に関する日々の学びは不可避である。

　また，あまたの組織はそれぞれの「文化」を有するが，いわゆる「学校文化」は固有性が高く，「学校の常識は世間の非常識」などと揶揄されることもある。加えて学校種によっても文化は異なり，学級担任制を敷く小学校では担任が個々の問題を1人で抱え込む傾向が強く，中学校ではいまだに生活指導的な視点で問題解決を図ろうとする傾向が強い。他にも，教師（学校文化）は，規則や慣例を重んじる，外部批判に対して警戒感をもつ，情意主義・努力主義，均質性と平等性を重視する，などの特性を有することもある。しかし，他業種に比べて非常に大きな多忙感，ストレスを感じていること（三楽病院他，2008）を十分に理解しておかなければならない。

　現在の学校現場は，情報共有，行動連携が必要であることは理解できても，同僚との対話・協議の時間が満足に取れない事実がある。このことを斟酌することなく教員との対話・協議を強引に求めた場合は，組織内に齟齬が生まれかねない。かといって情報共有，対話・協議は問題解決において不可欠であり，SSWr にとって大きなジレンマとなる。直接対話の時間確保が困難ならばノートなどの情報共有ツールを活用する，教室への移動時間などの隙間を縫って立ち話でも必要な情報を伝える，信頼関係を構築し教員から相談できる風土を創る，校内会議の際に積極的にファシリテーター役を引き受け限られた時間を有効活用する等の「小さな努力」こそが，学校文化に身をおく SSWr に求められるのである。

4. より高い専門性を発揮するために必要となる発展的能力

　文部科学省（2002）によると，通常学級に在籍する，知的発達の遅れはないものの特別な支援を要する児童生徒は全体の 6.3％であり，40人学級に換算すると2～3人の割合となるという。これらの児童生徒の対応によって教師の多忙さが増幅されているだけでなく，個人的な問題や困難性を背景とするいじめや不登校，虐待なども発生し，そのまま学校教育にとって優先順位の高い課題の1つとなっている。各校においては，校内における特別支援教育推進の中心的役割を担うコーディネーターが配置されており，支援が必要な児童生徒の情報が集約されるとともに，個別指導計画の作成マネジメントや校内委員会の開催，研修の企画・実施などを執り行っている。

　SSWr は，各校のコーディネーターとの情報共有を密に行うとともに，自らも特別支援教育に関する基礎的知識を深めたり，自治体の施策を理解したりしながら，支援に当たる必要がある。また，SSWr は直接児童生徒，保護者・教員及び関係者などと

面接を行い、情報収集や環境調整を行うことも多い。その際前述したスキルとしての「コミュニケーション能力」を身に付けていなければならないことはもちろんであるが、その根拠となるカウンセリング技能の習得は不可欠である。さいわいなことに多くの学校にはSCが配置されている。SSWrとSCが互に学びあう現場教育訓練（OJT）の風土を醸成することで、両者が力量を高め、ひいては児童生徒の支援を多角的・多面的に行うことができるようになると考える。

その他、SSWrには「調停機能」「代弁機能」「教育機能」「問題解決的機能」など、総合的な役割が期待されており、行政としても採用時には面接、仮任用などの手法によって、これらの基礎能力を把握するとともに、OJTを通した意図的・計画的な能力開発が求められている。

SSWrは主体（個人）を取り巻くあらゆる環境を資源としてとらえ、主体に最も適した環境を提供したり働きかけたりする職業である。このことは保護者、家庭・地域、関係機関のみならず、学校教育そのもの、すなわち教師も教材も内容・方法もSSWrにとってはすべて資源であることを示す。資源の効果的かつ適正な活用は、その資源を正しく理解することから始まる。このことからもSSWrは非常に幅の広い知識・理解が求められることは明白である。さらに学校は日々刻々と変化する流動的な組織であり、机上の理論だけではその理解が表層的にならざるを得ない。つまり資源やその活用は日々変化するといえるだろう。

今後、SSW制度の拡充を図るためには、大学（SSWr養成校）と行政が連携し、養成段階から実践的力量を高めることができるインターンシップ等のシステム構築が不可欠であると考える。

【演習】
以下の項目はSSWrの業務として大切な事柄の1例です。臨地実習などにおいて、自らの行動を点検する項目として、あるいは行動としてなし得なくても、実践の視点として、1つひとつチェックしてみましょう。また、実習指導担当教員や実習生のグループで討議してみましょう。

実務経験者はキャリアアップのためにもチェックが増えるように取り組んでみましょう。実習生の場合は、自信のない部分を実習先で学べるように実習計画を組んでみましょう。

1. 子どもに対して
□学力・学習意欲の向上のために何らかの取り組みができる。
□子どもの学力向上に資するプログラムをつくりグループワークなどを通じて実行してみることができる。
□「子ども自らが教育機会を最大限に活かすことのできる教育環境をつくりだすこと」について、具体的に何かができる。
□子ども本人が友達や教師、家族との人間関係を改善していくことをうながせる。
□「自己肯定感が育ち、社会的に自立する能力が身につくように働きかける」とはどういうことか説明できる。

□子どもが不安やストレスへの対処方法，問題解決や自己決定するスキルを身につけるための働きかけができる。
2．保護者・養育者に対して
　□子どもの教育のために保護者の積極的で効果的な学校参加をうながせる方法を理解している。
　□子どもの社会的情緒的ニーズをその保護者に理解してもらうためにどのように働きかければよいか理解している。
　□特別なニーズをもつ子どもに役立つ学校や地域への働きかけ方をいかに理解してもらい，いかに行動をうながせばよいか理解している。
　□子ども理解や親業（ペアレントトレーニング）をめぐる学習機会や情報の提供，親向け教育プログラムをつくり実施できる。
3．学校，教職員，教育機関に対して
　□子どもの学校での諸体験を最大限有用なものにするために，いかなる教育活動を実践すればよいか理解している。
　□子どもや家族の諸ニーズに応える適切な社会資源づくりについて，学校や地域関係者といかに協働をすればいいかを理解している。
　□子どもの置かれている諸環境（養育，健康，地域，社会，経済など）の要因がその子どもの学習や生活にどんな影響を与えているのか理解している。さらにその分析を行い，関係者にその理解を喚起したり提言を行うことができる。
　□「気がかりな子ども」の把握をつねにチームで行うために，どうすれば効果的な働きかけができるか理解している。
　□児童虐待や非行犯罪などの困難事例の要因を峻別し，チームの中で共通理解をうながしていくことができる。
　□保護者や学外機関との有効で継続的な関係ができるように橋渡しを行うことができる。
　□不登校や自殺念慮，虐待・ネグレクト，若年妊産，校内暴力，薬物濫用などをテーマとした危機介入や予防プログラムの研修を教師向けに行うことができる。
　□「個別支援計画」や「個別教育計画」の作成に参画することができる。
　□幼・保－小，小－中，中－高などとの接続支援の計画や提案ができる。
4．地域・関係機関に対して
　□学校の考え方や取り組みを地域や関係機関の人々が理解できるようにうながせる。
　□子どもや保護者のニーズに応えるための地域人材の確保や場所づくりを行うことができる。
　□特に援助の必要な家族へのサービス提供のために地域の関係機関と連携する方法を理解している。
　□子どもやその家族にとって手の届く諸資源の開発に携わることができる。
　□地域・行政・市民団体等による学校応援団づくりの一員となることができる。
　□次世代育成や障害児の自立支援，要保護児童対策などの地域会議に参画し，コーディネートの役割をおうことができる。

章末資料①　〈実習受入内諾依頼文書の見本〉

○○○○年○月○日

実習先団体名　○○○○
代表者名　○○　○○様

○○大学
学長　○○　○○

○○○○年度　スクールソーシャルワーク実習について（依頼）

　謹啓　時下ますますご清祥のこととお喜び申し上げます。
　平素は本学の教育に対し格別のご理解とご高配を賜り、厚く感謝申し上げます。
　さて、○○○○年度○年次生を対象に、「スクールソーシャルワーク実習」を開講いたしたいと考えております。
　つきましては、実習予定期間中における現場実習のお引き受けにつき、格段のご配慮を賜りたくお願い申し上げる次第でございます。
　実習生のお引き受け日程等につきましては、恐れ入りますが別添内諾書にご記入のうえご返送くださいますようお願い申し上げます。
　なお、事情によりご内諾いただきました人数と実際の配属人数に変更が生じる場合がございます。誠に勝手を申しますが、その際は事前にご連絡いたしますので何卒よろしくお願い申し上げます。

謹白

記

1　実習期間　　　　　○○○○年○月○日（○）～○月○日（○）の期間内
2　実習生数　　　　　　　○　名
3　実習時間（日数）　　○○時間以上（○○日間以上）
4　実習形態　　　　　○○

　連絡先：　　　　○○大学○○○○学部○○○○学科　実習指導室
　　　　　　　　　〒○○○-○○○○　○○県○○市○○　○-○-○
　　　　　　　　　TEL/Fax：（○○○）○○○-○○○○
　　　　　　　　　E-mail：○○○○＠○○○○.ac.jp
　　　　　　　　　担当：○○　○○

以上

第7章 スクールソーシャルワーク実習

章末資料② 〈実習受入内諾書の見本〉

平成　年　月　日

○○大学
学長　○○　○○　宛

事業所名　_____

代表者名　_____㊞
所在地　〒

_____
TEL
FAX　_____

内　諾　書

　○○○○年度　スクールソーシャルワーク実習の受け入れについて、下記の通り内諾する。

記

1　実習期間　　　○○○○年○月○日（○）〜○月○日（○）

2　実習生数　　　○名

3　実習時間　　　○○時間以上（○○日間以上）

4　実習形態　　　○○

5　実習ご担当者　役職_____　お名前_____

6　備考

以上

章末資料③ 〈実習受入承諾依頼文書見本〉

○○○○年○月○日

実習先団体名
代表者名　様

○○　大学
学長　○○　○○

○○○○年度
スクールソーシャルワーク実習　実習生受け入れ承諾書の送付について（依頼書）

　拝啓　時下ますますご清栄のこととお慶び申し上げます。
平素より本学の教育・研究につきましては、格別のご理解・ご協力を賜り、厚くお礼申し上げます。
　さて、○○○○年度「スクールソーシャルワーク実習」に関し、下記に示します期間におきまして、貴団体にて学生を実習生として受け入れていただきたく、お願い申し上げます。
　ご多忙のところ誠に恐縮に存じますが、受入れにつきまして、同封の実習委託契約書、及び承諾書にご記入・押印の上、返送（実習委託契約書は2通のうち1通）いただけますようお願い申し上げます。

敬具

記

1. 実習生氏名・実習希望期間：

実習生氏名	性別	実習希望期間
○○　○○	男	○○○○年○月○○日（○）〜○月○○日（○）うち○○日間。1日当たり8時間（合計○○時間以上）

※実習期間等の詳細につきましては、実習先のご都合も勘案し、後日調整させていただく場合もあります。

2. 同封物：
　①　○○○○年度「スクールソーシャルワーク実習」実習生受入承諾依頼書
　②　○○○○年度「スクールソーシャルワーク実習」実習生受入承諾書
　③　○○○○年度「スクールソーシャルワーク実習」委託契約書
　④　実習生個人票
　⑤　実習生誓約書

3. 連絡先：○○大学○○○○学部○○○○学科　実習指導室
　〒○○○−○○○○　○○県○○市○○　○-○-○
　TEL/Fax：（○○○）○○○-○○○○
　E-mail：○○○○＠○○○○.ac.jp
　担当：○○　○○

以上

第7章 スクールソーシャルワーク実習

章末資料④ 〈実習受入承諾書見本〉

○○○○年○月○日

○○○○大学
学長　○○　○○　殿

実習先名：○○　○○
代表者名：○○　○○　　　　公印

○○○○年度スクールソーシャルワーク実習　実習生受け入れ（承諾書）

○○○○年度の実習生受け入れに関しまして、下記のように承諾いたします。

1. 実習生氏名・実習期間

実習生氏名	性別	実習期間
○○　○○	○	○○○○年○月○日（○）〜○月○日（○）うち○○日間。 1日当たり　○　時間（合計○○時間以上）

2. 現場実習指導ご担当者

　　①ご氏名：＿＿＿＿＿＿＿＿＿＿＿　　役職名：＿＿＿＿＿＿＿＿＿＿＿

3. ご連絡先：

4. 実習の受け入れに対してのご要望

章末資料⑤ 〈実習委託契約書の見本〉

○○○○年度　スクールソーシャルワーク実習委託契約書

　○○大学　（以下、「甲」という。）と、　○○○○　（以下、「乙」という。）とは、甲が学生のスクールソーシャルワーク実習の指導を乙に委託することに関し、次のとおり委託契約を締結する。

（実習の委託）
第1条　実習教育の最終的な責任は甲が負うものとし、その教育の一部として甲は乙に対し、スクールソーシャルワーク実習の指導を委託し、乙はこれを受託するものとする。

（実習の内容）
第2条　実習場所は、原則として乙の所在地とする。
　2　実習生の員数、氏名、実習時期及び期間については甲乙協議の上、決定するものとする。
　3　甲は乙に実習に関する要綱等（実習ハンドブック・記録・申し合わせ事項等）を提示し、乙は甲に実習指導の方針等を説明し、実習の指針とするが、具体的な実習内容については、甲乙協議の上、決定するものとする。なお、甲と乙の協議により第2項・第3項は変更することができる。

（実習教育と指導）
第3条　実習指導は、あらかじめ乙が甲に示したスクールソーシャルワーク実習指導担当者を責任者として行うものとし、詳細については別に定める。

（連携と協力）
第4条　甲と乙は、実習の実施にあたって、双方、連携と協力を図り、円滑な実習を行うことができるよう努力するものとする。

（事故の責任）
第5条　実習中に、実習生の過失等に起因し、乙または乙の利用者および第三者に損害を与えた場合は、実習生もしくは甲がその損害賠償の責任を負うものとする。
　2　実習中に、実習生の過失等に起因し、実習生に事故が発生した場合および災害等による事故が発生した場合の責任は、実習生もしくは、甲が負うものとする。

（緊急時の対応）
第6条　甲は乙に対し、あらかじめ実習中の事故、病気、天災等緊急時における連絡先などを伝えておくものとする。
　2　ただし、やむを得ない事情により乙が甲に対して連絡することが困難な場合は、当該事故等に対して乙の判断で対応後、速やかに甲に連絡するものとする。

(実習生への配慮)
第7条　乙は、実習生の人権等を侵害しないよう、適切な配慮を行うものとする。
　　2　甲は、乙に対して実習生に関する個人情報等を必要最小限の範囲で提供するものとし、乙は実習生の個人情報等について守秘義務を負うものとする。

(実習生の義務)
第8条　甲は、実習生に対し、実習期間中に知り得た事実について、実習期間中はもとより、実習終了後においても、守秘義務を負わせるものとする。
　　2　実習期間中の実習日および実習時間は、乙の職員の勤務日および勤務時間に準じるものとする。
　　3　実習生は、必要な事項の報告など、乙のスクールソーシャルワーク実習指導担当者の指示に従うものとする。

(費用負担)
第9条　実習期間中、実習生が実習に要した費用については、実習生もしくは甲の負担とする。

(実習委託費)
第10条　甲は乙に対し、甲の規定による実習委託費について説明し、実習終了後、乙より指定のあった金融機関に振り込み、支払うものとする。なお、甲と乙の協議により、実習委託費の金額および支払い方法について変更することができる。

(契約の解除・変更)
第11条　実習の継続が困難な状況に至った場合には、甲乙協議の上、本委託契約の解除もしくは変更を行うことができる。

(その他)
第12条　本委託契約の履行に関し、とくに定めのない事項の取扱いおよび解釈上、疑義が生じた場合の取扱いについては、その都度、甲乙協議によるものとする。

　以上、本書は締結の日から〇〇〇〇年〇月〇日までの間とし、契約の締結を証するため、本書を2通作成し、甲乙両者記名捺印の上、各自1通を保有するものとする。
　　　　　　　　　　　　　　　　　　　　　　　　　　　〇〇〇〇年〇月〇日
　　　　　　　　　　　甲　　〇〇県〇〇市〇〇　〇-〇-〇
　　　　　　　　　　　　　　〇〇　大学
　　　　　　　　　　　　　　学　長　　　　　〇〇　〇〇　　　　印

　　　　　　　　　　　乙　　〇〇県〇〇市〇〇　〇-〇-〇
　　　　　　　　　　　　　　〇〇〇〇
　　　　　　　　　　　　　　団体代表　　　　〇〇　〇〇　　　　印

章末資料⑥ 〈個人票の見本〉

```
┌─────────────────────────┐
│ スクールソーシャルワーク実習 │
│      個　人　票         │
└─────────────────────────┘
```

〒○○○-○○○○
○○県○○市○○　○-○-○
○○大学○○学部　実習指導室
TEL／FAX　○○○-○○○-○○○○

実習先名称：

学籍番号			年度　年組（　クラス）		写真 (3×4cm) 6ヶ月以内に 撮影した カラー写真
フリガナ 氏　　名		性別	生年月日		
			年　月　日（　）歳		
現　住　所	〒 携帯電話		TEL		
緊急時の 連　絡　先	〒 氏名　　　（続柄　　）		TEL		左記について、該当する ものにﾚをつけること。 □ 保護者自宅 □ 保護者勤務先 □ その他
所属団体 （大学内の クラブ・ サークル活動）		特　技			
保　有 免許・資格					
実践経験、 ボランティア 等の経験		機関・施設・団体名		内容	
	年　月				
	年　月				
	年　月				
自己PR					
健康など 配慮を 希望する点	□ 特になし □ 身体障害者手帳　種　級　所持 □ その他（　）		【備　考】		

（　年　月　日現在）

＊個人情報保護のため実習終了後は本票を本学へご返送いただくか、シュレッダーなどで破棄して下さいますようお願いいたします。

第7章 スクールソーシャルワーク実習

章末資料⑦ 〈誓約書の見本〉

スクールソーシャルワーク実習における誓約書

　私は、○○大学○○○○学部○○○○学科の実習生として、スクールソーシャルワーク実習に関する事前学習に励み、実習の準備を怠らないとともに、下記の内容を誠実に履行することをここに誓約いたします。また、下記の内容に反した場合、実習施設の決定した処置に従います。

記

1　実習中は当該実習施設の定める諸規則を遵守するとともに、実習指導担当者（スーパーバイザー）からの指示に従い、実習に必要な知識・技術等の習得に全力を注ぎます。

2　実習期間中は無断で遅刻・欠勤・早退をせず、病気や事故など止むを得ない事態が発生した時は、すみやかに実習指導担当者及び○○大学実習指導室に連絡し、指示を受けます。

3　実習中にトラブル・事故が発生した場合には、すみやかに実習指導担当者および○○大学実習指導室に連絡し、指示を受けます。

4　実習中に知り得た個人情報等に関して、実習施設における個人情報取扱規程等を尊重するとともに○○大学個人情報取り扱い規程に基づき、知り得た情報等については外部に漏洩しないよう細心の注意をはらいます。

以上

○○○○年○月○日

団体名＿＿＿＿○○○○＿＿＿＿＿＿＿＿＿

代表者＿＿＿＿○○　○○＿＿＿＿様

　　　　　　　　　　　　○○大学　○○○○学部　○○○○学科　○年次

　　　　　　　　　　　　　　学籍番号＿＿＿＿＿＿＿＿＿＿＿＿＿＿＿＿

　　　　　　　　　　　　　　氏　名＿＿＿＿＿＿＿＿＿＿＿＿＿＿㊞

章末資料⑧ 〈実習計画書見本（表紙）〉

〇〇大学
〇〇〇〇学部〇〇〇〇学科

〇〇におけるスクールソーシャルワーク実習計画書
（〇〇〇〇年度）

1　実習生
　　学籍番号：〇〇〇〇〇〇〇〇　〇年次　　学生氏名：〇〇　〇〇　　性別　〇

2　実習先
　　(1)　施設名称：
　　(2)　種別：
　　(3)　住所：
　　(4)　電話：
　　(5)　実習先の代表者名　　：　〇〇　〇〇　先生
　　(6)　スーパーバイザー名　：　〇〇　〇〇　先生
　　(7)　根拠法・歴史・特徴：

3　実習期間
　　〇〇〇〇年〇月〇日（〇）〜〇月〇日（〇）

4　実習指導担当教員
　　教員名：

第 7 章　スクールソーシャルワーク実習

章末資料⑨　〈実習計画書見本（2 枚目以降）〉

実習計画書

1　実習の動機

2　実習のテーマ（課題）

3　実習目標と方法

4　実習にあたって希望すること・配慮して欲しいこと

章末資料⑩ 〈御礼状の見本〉

謹啓
　盛夏の候、時下ますますご清祥の段、お喜び申し上げます。さて先日のスクールソーシャルワーク実習では大変お世話になりましてありがとうございました。お忙しい中で、いろいろとご迷惑をおかけしましたが、温かいご指導を頂き深く感謝いたしております。
　今回の実習を通じて現場におけるスクールソーシャルワーカーの役割や業務の内容、また福祉専門職としての重要性を学ぶこと（具体的な例を含めながら書く）が出来ました。

　　　　　　ここに自分の感想・特に印象に残った体験・これからの抱負等を書く

この学習で体験し、学んだことを今後に十分生かしていきたいと考えております。
末筆ですが（代表者名）様はじめ諸職員の方とともに『（実習先）名称』の一層のご発展をお祈り申し上げます。
　　　　　　　　　　　　　　　　　　　　　　　　　　　　　　　　　　　謹白

〇〇〇〇年〇月〇日
実習先名称
代表者（実習指導担当者）名

　　　　　　　　　　　　　　　　　　　　　　　　〇〇大学〇〇〇〇学部〇〇〇〇学科
　　　　　　　　　　　　　　　　　　　　　　　　　〇年　氏名　〇〇　〇〇
　　　　　　　　　　　　　　　　　　　　　　　　　　　　　　　　　名前を記載

（注：下線部_____は送る時期，実習先，状況などによって文章が変わるので注意）

〈時候の挨拶の一例〉
1月………麗春の候・厳冬の候・寒冷の候
2月………春寒の候・晩冬の候・梅花の候
3月………早春の候・春暖の候
4月………麗春の候・春暖の候・陽春の候
5月………薫風の候・新緑の候・晩春の候
6月………梅雨の候・初夏の候・五月雨の候
7月………盛夏の候・大暑の候・酷暑の候
8月………残暑の候・晩夏の候・立秋の候
9月………初秋の候・清涼の候・秋涼の候
10月……清秋の候・紅葉の候・爽涼の候
11月……晩秋の候・菊花の候・向寒の候
12月……師走の候・初冬の候・歳晩の候
　　　　　　　　　　　………等。

第7章 スクールソーシャルワーク実習

章末資料⑪ 〈スクールソーシャルワーク実習評価〉

スクールソーシャルワーク実習評価（自己・実習先）

年　　月　　日

実習生所属	大学　　　　学部　　　　　　科	【学籍番号】名　前	【　　　　　　】		
実習先機関名		機関長名			㊞
		実習指導担当者名			㊞
実習期間	自　　年　　月　　日 至　　年　　月　　日	実習時間	実習日数	遅刻・早退日数	欠勤日数
		合計　　　時間	日	日	日

■下記の各評価項目について、次の評価に基づき、当てはまる番号に○印をつけてください（経験・確認していない場合はEへ印）。

1：達成できなかった　2：助言されても達成できなかった　3：助言によってある程度達成できた　4：十分達成できた

	評　価　項　目	評　価	備　考
Ⅰ	専門知識〔総合評価〕	E・1・2・3・4	
1	実習先及び関係する組織・団体・機関の理解	E・1・2・3・4	
2	SSWに関連する法律・規則・規約の理解	E・1・2・3・4	
3	児童生徒の発達・特性・課題等の理解	E・1・2・3・4	
4	児童生徒の周辺環境（家族・教員・地域等）の理解	E・1・2・3・4	
Ⅱ	専門的技術〔総合評価〕	E・1・2・3・4	
1	児童生徒との関係性（コミュニケーション）	E・1・2・3・4	
2	教職員・他機関との関係性（チームアプローチ）	E・1・2・3・4	
3	ファシリテーション（ケース会議・グループワーク）	E・1・2・3・4	
4	支援計画の立案	E・1・2・3・4	
5	アセスメント（ミクロ的ニーズの明確化）	E・1・2・3・4	
6	SSW調査手法（メゾ・マクロ的ニーズの明確化）	E・1・2・3・4	

7	ニーズに対する実践（問題解決予防・開発的実践）		
Ⅲ	価値的・倫理的姿勢	E・1・2・3・4	
1	ミクロからマクロレベルの観点を合わせた個別化	E・1・2・3・4	
2	個人情報・守秘義務・人権擁護等の理解	E・1・2・3・4	
3	SSWに対する志・使命感・目的意識をもった主体的態度	E・1・2・3・4	
4	スーパービジョン等の指導・助言の理解と尊重	E・1・2・3・4	
5	自分自身の思考・感情・行動の洞察	E・1・2・3・4	
6	基本的実習事項（連絡・相談・実習記録提出等）の遂行	E・1・2・3・4	

【評価の事由】
Ⅰ　専門知識

Ⅱ　専門的技術

Ⅲ　価値的・倫理的姿勢

【総合所見／今後の課題】

　　　　　　　　　　　　　　　　　　　　　　　記載者　　　　　　　　　　　　

【来年度実習に対する養成校への要望】

第7章　スクールソーシャルワーク実習

章末資料⑫　〈スクールソーシャルワーク実習記録〉

実 習 記 録（実習・見学）

名　前		実習　　日目		年　　月　　日

本日の目標	

【タイムスケジュール】　　　　　　　　【学習内容】

時　間	実習内容事項	本日の取り組みにおける学び

【実習の感想：とくに印象に残ったこと】

【目標に対する結果】

【本日の実習における考察・今後の課題】

【実習指導者からのコメント】

【養成校 実習指導担当教員】（実習指導のあった場合）

【実習先 実習指導担当者】
指導者　　　　　　㊞

第8章 スクールソーシャルワークに関わる法律と諸問題

　本章では，スクールソーシャルワーク（以下，SSW）に求められる法律や条約等の理念や目的，それらに関わる施策や取組を紹介する。図8-1の通り，各節においては，比較的関連する事項別に整理した。

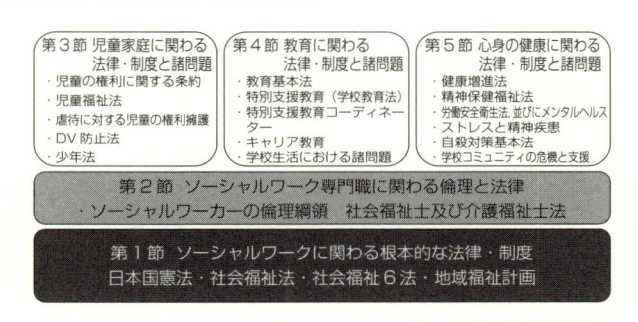

```
┌─────────────────┬─────────────────┬─────────────────┐
│第3節 児童家庭に関わる│第4節 教育に関わる │第5節 心身の健康に関わる│
│　法律・制度と諸問題 │　法律・制度と諸問題│　法律・制度と諸問題  │
│・児童の権利に関する条約│・教育基本法     │・健康増進法      │
│・児童福祉法      │・特別支援教育（学校│・精神保健福祉法    │
│・虐待に対する児童の │　教育法）      │・労働安全衛生法，並び│
│　権利擁護       │・特別支援教育コーディ│　にメンタルヘルス  │
│・DV防止法       │　ネーター      │・ストレスと精神疾患  │
│・少年法        │・キャリア教育    │・自殺対策基本法    │
│            │・学校生活における諸問題│・学校コミュニティの危機と支援│
└─────────────────┴─────────────────┴─────────────────┘
┌─────────────────────────────────────────────────────┐
│第2節 ソーシャルワーク専門職に関わる倫理と法律           │
│・ソーシャルワーカーの倫理綱領　社会福祉士及び介護福祉士法    │
├─────────────────────────────────────────────────────┤
│第1節 ソーシャルワークに関わる根本的な法律・制度         │
│日本国憲法・社会福祉法・社会福祉6法・地域福祉計画        │
└─────────────────────────────────────────────────────┘
```

図8-1　スクールソーシャルワークに関わる法制度と諸問題
　　　（イメージ）

第1節　ソーシャルワークに関わる根本的な法律・制度

1.　日本国憲法

　わが国における最高法規である日本国憲法（以下，憲法）には，人権，教育を受ける権利など，児童生徒が健全に育成されるために必要な理念が示されている。憲法にある生存権（25条），基本的人権の尊重（13条）といった理念は社会福祉法の基盤となっており，13条，14条，23条，26条，89条における教育を受ける権利にかかわる理念は教育基本法の基盤になっている（文部科学省「教育基本法資料室」；表8-1）。
　スクールソーシャルワーカー（以下，SSWr）は，児童生徒の立場からの幸福権の追求（13条）より，学校生活の中での児童生徒のウェルビーイングを支援する使命をもつとも考えられよう。しかし学校においては，児童生徒の学力低下の問題，経済的な困窮による心身の健康や学習の機会が損なわれている問題，さらには在日外国人児童生徒の修学支援や特別支援教育などの多岐にわたる問題，これらの課題が提示されている。そのため児童生徒のウェルビーイングを高めるためにも教育に携わるSSWrには，生活文化や社会的身分等の異なった者どうしが教育を受けることへの理

第8章　スクールソーシャルワークに関わる法律と諸問題

表8-1　日本国憲法（一部抜粋）

第十一条【基本的人権の享有と性質】 　国民は，すべての基本的人権の享有を妨げられない。この憲法が国民に保障する基本的人権は，侵すことのできない永久の権利として，現在及び将来の国民に与へられる。 第十二条【自由・権利の保持義務，濫用の禁止，利用の責任】 　この憲法が国民に保障する自由及び権利は，国民の不断の努力によつて，これを保持しなければならない。又，国民は，これを濫用してはならないのであつて，常に公共の福祉のためにこれを利用する責任を負ふ。 第十三条【個人の尊重，生命・自由・幸福追求の権利の尊重】 　すべて国民は，個人として尊重される。生命，自由及び幸福追求に対する国民の権利については，公共の福祉に反しない限り，立法その他の国政の上で，最大の尊重を必要とする。 第十四条【法の下の平等，貴族制度の否認，栄典の限界】 　1　すべて国民は，法の下に平等であつて，人種，信条，性別，社会的身分又は門地により，政治的，経済的又は社会的関係において，差別されない。 　2　華族その他の貴族の制度は，これを認めない。 　3　栄誉，勲章その他の栄典の授与は，いかなる特権も伴はない。栄典の授与は，現にこれを有し，又は将来これを受けるものの一代に限り，その効力を有する。 第十九条【思想及び良心の自由】 　思想及び良心の自由は，これを侵してはならない。 第二十条【信教の自由，国の宗教活動の禁止】 　1　信教の自由は，何人に対してもこれを保障する。いかなる宗教団体も，国から特権を受け，又は政治上の権力を行使してはならない。 　2　何人も，宗教上の行為，祝典，儀式又は行事に参加することを強制されない。 　3　国及びその機関は，宗教教育その他いかなる宗教的活動もしてはならない。 第二十五条【生存権，国の生存権保障義務】 　1　すべて国民は，健康で文化的な最低限度の生活を営む権利を有する。 　2　国は，すべての生活部面について，社会福祉，社会保障及び公衆衛生の向上及び増進に努めなければならない。 第二十六条【教育を受ける権利，教育の義務，義務教育の無償】 　1　すべて国民は，法律の定めるところにより，その能力に応じて，ひとしく教育を受ける権利を有する。 　2　すべて国民は，法律の定めるところにより，その保護する子女に普通教育を受けさせる義務を負ふ。義務教育は，これを無償とする。 第二十七条【労働の権利・義務，労働条件の基準，児童酷使の禁止】 　1　すべて国民は，勤労の権利を有し，義務を負ふ。 　2　賃金，就業時間，休息その他の勤労条件に関する基準は，法律でこれを定める。 　3　児童は，これを酷使してはならない。 第八十九条【公の財産の支出利用の制限】 　公金その他の公の財産は，宗教上の組織もしくは団体の使用，便益若しくは維持のため，又は公の支配に属しない慈善，教育若しくは博愛の事業に対し，これを支出し，又はその利用に供してはならない。

解と配慮，また価値観が多様化する中での人権の理解及びそれらの教育への実践等が求められている。SSW の展開には，憲法の正しい理解と，支援対象者に即した解釈が必要である。ゆえに，憲法は SSW において重要な原理であるといえる。

2．社会福祉法

　社会福祉法は日本国憲法第 25 条などを基として制定された，日本の社会福祉に関するあらゆる事項の共通基礎概念を定めた法律である。この法律では，「人格の尊厳を擁護・保持すること」を目的とした社会福祉事業や福祉サービスの提供における具

体的な実施体制について規定し，生活の質を保持・向上させるための支援の方向性を示している。また，社会福祉法の分野法として，「生活保護法」「児童福祉法」「身体障害者福祉法」「知的障害者福祉法」「母子及び寡婦福祉法」「老人福祉法」の6つの法律を社会福祉六法とし，具体的な支援施策の指針としている。

3. 社会福祉六法

社会福祉六法の「生活保護法」は，「国民の最低限度の生活を保障するとともに，自立した生活を送ることができるように支援すること」を目的とする法律である。その生活を保障するために，生活保護費の申請等，具体的な保護の原則，種類や範囲を定めている。なお，生活保護の種類には，8種類の扶助があり（図8-2），申請や届出により必要とするものに応じて支給するしくみなどが記されている。子育てに伴う，生活保護申請に関しては，それよりもまず先に児童福祉法，母子及び寡婦福祉法等によって定められた児童保護のための各手当てへの申請が必要である（図8-2）。なぜなら，生活保護制度よりも他法の制度等を優先して適用することとされているからである。

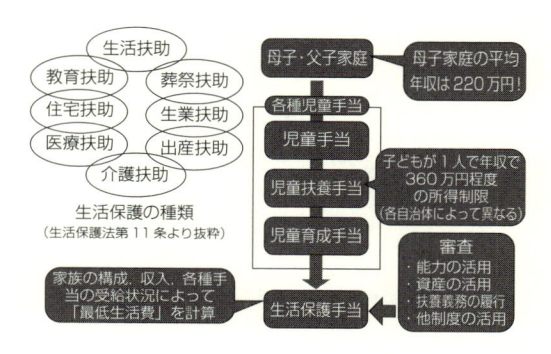

図8-2 子育てに伴う各種公的扶助申請のイメージ

「身体障害者福祉法」は「身体障害者の自立と社会経済活動への参加を促進するため，身体障害者を援助し，及び必要に応じて保護し，もって身体障害者の福祉の増進を図ること」を目的とする法律である。また，「知的障害者福祉法」は「知的障害者の自立と社会経済活動への参加を促進するため，知的障害者を援助するとともに必要な保護を行い，もって知的障害者の福祉を図ること」を目的とした法律である。これらの法律では，生活や社会参加のための相談などの支援や支援施設の設置について規定している。

「母子及び寡婦福祉法」は「母子家庭等及び寡婦（夫と死別または離婚して，再婚しないでいる女性）の福祉に関する原理を明らかにするとともに，母子家庭等及び寡婦に対し，その生活の安定と向上のために必要な措置を講じ，もって母子家庭等及び

寡婦の福祉を図ること」を目的とする法律である。母子生活支援における施設や手当て等を規定している。

「老人福祉法」は「老人の福祉に関する原理を明らかにし、老人の福祉の実現を図ること」を目的とする法律である。この法律では、老人に対しその心身の健康の保持及び生活の安定のために必要なサービスや支援施設の設置について規定している。

なお、「児童福祉法」については後述する。

4. 地域福祉計画

厚生労働省では2000年（平成12年）6月の社会福祉事業法等の改正により、地域福祉計画を社会福祉法に新たに規定した。これは、地域での潜在的なニーズ発掘と、適切なサービス提供に向けた積極的な環境への取り組みである。

地域福祉計画は、各地方自治体が主体的に取り組むこととし、各自治体で、地域住民の意見や提案を反映させながら策定されている。その具体的なプランでは、委員会の設置、地域で活用できるマニュアルつくりなど、地域住民が参加しやすい具体的なシステムつくりが行われている。地域福祉計画の策定にあたっては、その地域での要援護者の情報を適切に把握するために、民生委員・児童委員等の関係機関等との間で共有を図ることを推進していることが多い（表8-2）。

表8-2　民生委員・児童委員の役割

【民生委員】　※民生委員法第14条より要約・抜粋
1. 住民の生活状態を必要に応じ適切に把握しておくこと。
2. 生活に関する相談に応じ、助言その他の援助を行うこと。
3. 福祉サービスを適切に利用するために必要な情報の提供、その他の援助を行うこと。
4. 社会福祉事業者と密接に連携し、その事業又は活動を支援すること。
5. 福祉事務所その他の関係行政機関の業務に協力すること。
6. その他、住民の福祉の増進を図るための活動を行うこと。

【児童委員】　※児童福祉法第17条より要約・抜粋
1. 児童及び妊産婦につき、その生活及び取り巻く環境の状況を適切に把握しておくこと。
2. 児童及び妊産婦につき、その保護、保健その他福祉に関し、サービスを適切に利用するために必要な情報の提供その他の援助及び指導を行うこと。
3. 児童及び妊産婦に係る社会福祉を目的とする事業を経営する者又は児童の健やかな育成に関する活動を行う者と密接に連携し、その事業又は活動を支援すること。
4. 児童福祉司又は福祉事務所の社会福祉主事の行う職務に協力すること。
5. 児童の健やかな育成に関する気運の醸成に努めること。
6. その他、必要に応じて、児童及び妊産婦の福祉の増進を図るための活動を行うこと。

【主任児童委員】　※児童福祉法第17条より要約・抜粋
1. 児童の福祉に関する機関と区域を担当する児童委員との連絡調整を行うこと。
2. 区域を担当する児童委員の活動に対する援助及び協力を行うこと。

第2節　ソーシャルワークの専門職に関わる倫理と法律

1. ソーシャルワーカーの倫理綱領

　ソーシャルワークに関わる専門職として，社会福祉士・介護福祉士・精神保健福祉士・保育士の4つの国家資格がある。いずれも名称独占である。これは有資格者でないものが，その名を語って業務に携わることはできないという資格である。社会福祉士及び介護福祉士は「社会福祉士及び介護福祉士法」，精神保健福祉士は「精神保健福祉士法」，保育士は「児童福祉法」によって，それぞれその業務の内容や範囲が規定されている。また，特定非営利活動法人日本ソーシャルワーカー協会にて，ソーシャルワーカーの倫理綱領が示されている（表8-3）。

　国際ソーシャルワーカー連盟のソーシャルワークの定義（2000）によると，ソーシャルワークでは，社会に存在する障壁，不平等，不公平さに対しての問題解決に取り組み，そのプロセスは，価値観や時代性に伴って，たえず協議，再協議を要する動的なものであるとされた。支援にはレトリック（修辞技法・美辞・巧言：この場合，お互い背反する2つの真理といった意味で使用）が存在することから，援助する側は，つねに「だれのための，何のための支援なのか」と自分に問いかけながら，支援対象者の生き方の幅を主体的に選択する能力（潜在能力）を広げていく必要がある（Amartya, 1992）。ソーシャルワーカーは，その活動の中に，多くの曖昧，緊張，矛盾を有しており（Lorenz, 2001），ソーシャルワークの展開においては，それらと対話しつつ問題解決への挑戦をし続けるところにその専門性が発揮されるのである（シューポール & ジョーンズ, 2001）。それが人々のウェルビーイングを高めることになる。このような実践をしていくためには，専門職としての倫理観，道徳観，使命感，実践力，挑戦心が求められる。

2. 社会福祉士及び介護福祉士法

　社会福祉士及び介護福祉士法は，「社会福祉士及び介護福祉士の資格を定めて，その業務の適正を図り，もつて社会福祉の増進に寄与すること」を目的とし，1987年に制定された法律である。

　2008年にその一部が改正され，社会福祉士，介護福祉士の資質の向上，社会福祉の普及向上を図るための具体的かつ現実的な視点を明快にした。改正のポイントは，定義，義務規定の見直し，各資格取得方法の検討，有資格者の任用活用の促進となっている（厚生労働省, 2008a）。定義規定では，従来の福祉サービスを介した相談援助のほか，他のサービス関係者との連絡・調整を行い，橋渡しを行うことが明示され，義務規定では「誠実義務」と「資質向上の責務」が加わった。また，他職種との「連携」の規定は，福祉，医療等の地域の専門職と連携し，積極的に問題解決に取り組む

第8章 スクールソーシャルワークに関わる法律と諸問題

表8-3 ソーシャルワーカーの倫理綱領（特定非営利活動法人日本ソーシャルワーカー協会，2005より一部抜粋）

（特定非営利活動法人日本ソーシャルワーカー協会，2005）
　　　　　2005年1月27日最終提案 社会福祉専門職団体協議会・倫理綱領委員会　　委員長　仲村優一
　　　　　2005年5月21日　日本ソーシャルワーカー協会承認

前 文
　われわれソーシャルワーカーは，すべての人が人間としての尊厳を有し，価値ある存在であり，平等であることを深く認識する。われわれは平和を擁護し，人権と社会正義の原理に則り，サービス利用者本位の質の高い福祉サービスの開発と提供に努めることによって，社会福祉の推進とサービス利用者の自己実現をめざす専門職であることを言明する。
　われわれは，社会の進展に伴う社会変動が，ともすれば環境破壊及び人間疎外をもたらすことに着目する時，この専門職がこれからの福祉社会にとって不可欠の制度であることを自覚するとともに，専門職ソーシャルワーカーの職責についての一般社会及び市民の理解を深め，その啓発に努める。

　われわれは，われわれの加盟する国際ソーシャルワーカー連盟が採択した，次の「ソーシャルワークの定義」（2000年7月）を，ソーシャルワーク実践に適用され得るものとして認識し，その実践の拠り所とする。

ソーシャルワークの定義
　　ソーシャルワーク専門職は，人間の福利（ウェルビーイング）の増進を目指して，社会の変革を進め，人間関係における問題解決を図り，人々のエンパワーメントと解放を促していく。ソーシャルワークは，人間の行動と社会システムに関する理論を利用して，人びとがその環境と相互に影響し合う接点に介入する。人権と社会正義の原理は，ソーシャルワークの拠り所とする基盤である。（IFSW；2000.7.）

　われわれは，ソーシャルワークの知識，技術の専門性と倫理性の維持，向上が専門職の職責であるだけでなく，サービス利用者は勿論，社会全体の利益に密接に関連していることを認識し，本綱領を制定してこれを遵守することを誓約する者により，専門職団体を組織する。

価値と原則
Ⅰ（人間の尊厳）
　ソーシャルワーカーは，すべての人間を，出自，人種，性別，年齢，身体的精神的状況，宗教的文化的背景，社会的地位，経済状況等の違いにかかわらず，かけがえのない存在として尊重する。
Ⅱ（社会正義）
　ソーシャルワーカーは，差別，貧困，抑圧，排除，暴力，環境破壊などの無い，自由，平等，共生に基づく社会正義の実現をめざす。
Ⅲ（貢　献）
　ソーシャルワーカーは，人間の尊厳の尊重と社会正義の実現に貢献する。
Ⅳ（誠　実）
　ソーシャルワーカーは，本倫理綱領に対して常に誠実である。
Ⅴ（専門的力量）
　ソーシャルワーカーは，専門的力量を発揮し，その専門性を高める。

倫理基準
1．利用者に対する倫理責任
1.（利用者との関係）　ソーシャルワーカーは，利用者との専門的援助関係を最も大切にし，それを自己の利益のために利用しない。
2.（利用者の利益の最優先）　ソーシャルワーカーは，業務の遂行に際して，利用者の利益を最優先に考える。
3.（受　容）　ソーシャルワーカーは，自らの先入観や偏見を排し，利用者をあるがままに受容する。
4.（説明責任）　ソーシャルワーカーは，利用者に必要な情報を適切な方法・わかりやすい表現を用いて提供し，利用者の意思を確認する。
5.（利用者の自己決定の尊重）　ソーシャルワーカーは，利用者の自己決定を尊重し，利用者がその権利を十

第3節 児童家庭に関わる法律・制度と諸問題

> 6. （利用者の意思決定能力への対応）ソーシャルワーカーは、意思決定能力の不十分な利用者に対して、常に最善の方法を用いて利益と権利を擁護する。
> 7. （プライバシーの尊重）ソーシャルワーカーは、利用者のプライバシーを最大限に尊重し、関係者から情報を得る場合、その利用者から同意を得る。
> 8. （秘密の保持）ソーシャルワーカーは、利用者や関係者から情報を得る場合、業務上必要な範囲にとどめ、その秘密を保持する。秘密の保持は、業務を退いた後も同様とする。
> 9. （記録の開示）ソーシャルワーカーは、利用者から記録の開示の要求があった場合、本人に記録を開示する。
> 10. （情報の共有）ソーシャルワーカーは、利用者の援助のために利用者に関する情報を関係機関・関係職員と共有する場合、その秘密を保持するよう最善の方策を用いる。
> 11. （性的差別、虐待の禁止）ソーシャルワーカーは、利用者に対して、性別、性的指向等の違いから派生する差別やセクシュアル・ハラスメント、虐待をしない。
> 12. （権利侵害の防止）ソーシャルワーカーは、利用者を擁護し、あらゆる権利侵害の発生を防止する。
>
> Ⅱ．実践現場における倫理責任
> 1. （最良の実践を行う責務）ソーシャルワーカーは、実践現場において、最良の業務を遂行するために、自らの専門的知識・技術を惜しみなく発揮する。
> 2. （他の専門職等との連携・協働）ソーシャルワーカーは、相互の専門性を尊重し、他の専門職等と連携・協働する。
> 3. （実践現場と綱領の遵守）ソーシャルワーカーは、実践現場との間で倫理上のジレンマが生じるような場合、実践現場が本綱領の原則を尊重し、その基本精神を遵守するよう働きかける。
> 4. （業務改善の推進）ソーシャルワーカーは、常に業務を点検し評価を行い、業務改善を推進する。

よう見直された。「資質向上の責務」では、資格取得後の自らの知識及び技能の向上を推進している。資格の取得方法の変更では、児童福祉司等の行政職経験4年以上に加え、6か月以上の養成課程を経た上で、国家試験を受験する形に変更、任用・活用の促進では、児童福祉司に加え、身体障害者福祉司、知的障害者福祉司、社会福祉主事任用資格として、社会福祉士を位置づけることとなった。

第3節　児童家庭に関わる法律・制度と諸問題

1．児童の権利に関する条約

1924年に国際連合（以下、国連）で批准されたジュネーブ子どもの権利宣言は、「子どもが平和、尊厳、寛容、自由、平等および連帯の精神の下で育てられるべきであるとして特別の配慮を必要としていること」を明言した初めての子どもの人権条約である。戦後、子どもは尊重されるべきかけがえのない存在であるとして、その健康、平和な生活を理念とした運動がユニセフ（国連児童基金）などを中心に展開されてきた。このような背景を通して、国連によって子どもの基本的人権を国際的に保障するために定められた児童の権利に関する条約（子どもの権利条約）は、1989年の第44回国連総会において採択され、1990年に発効し、わが国は1994年に批准した。2009年現在、アメリカ、ソマリア以外の193の国や地域が締約する国際的な条約である。締約国には、条約の実行と進捗状況報告を義務づけている。

この条約では，18歳未満を「児童（子ども）」と定義し，児童を「保護の対象」としてではなく，「権利の主体」と見なしている。また，子どもの視点から，子どもの生存，発達，保護，参加という権利を実現するために必要な事項を具体的に規定し，たとえばアドボカシー活動などを推奨している。この条約を基にして，各自治体での取り組みが始まっている。図8-3は神奈川県川崎市の計画である。なおユニセフでは，子どもの権利条約の柱として，「生きる権利」「守られる権利」「育つ権利（教育を受ける権利）」「参加する権利」の4つをあげている（URL：http://www.unicef.or.jp/about_unicef/about_rig.html〔2009年12月25日取得〕）。

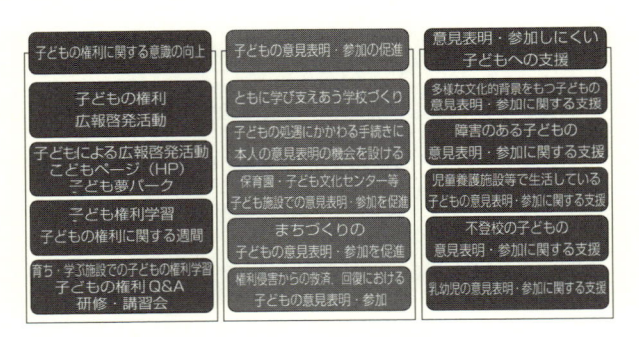

図8-3　子どもの権利条約に基づく川崎市の重点プラン
（川崎市，2009より一部抜粋）

2. 児童福祉法

児童福祉法は，「すべての児童における心身の健全な育成を援助する」原理となる法律で，保育，母子保護，児童虐待防止対策など，児童の福祉を援助する具体的な項目を規定した法律である。この法律では，児童の支援を推進していく機関として，児童相談所・児童養護施設等の設置や，児童生徒の保護について規定している。

児童相談所は児童福祉法第12条に基づき，各都道府県に設けられた児童福祉の専門機関である。すべての都道府県および政令指定都市，中核市に最低1以上の児童相談所が設置されており，都道府県によってはその規模や地理的状況に応じて複数の児童相談所およびその支所が設置されている。

児童養護施設とは，児童が生活する家庭環境が悪く，生活に困難をきたしている状況である（環境上，養護を要する）と児童相談所長が判断した児童を養育する児童福祉施設である。近年入居児童の特徴として，被虐待児，障害児の割合が増加していることが指摘されている（厚生労働省，2008b）。厚生労働省の調査（2009e）では，児童養護施設に入所している児童のうち53.4％が被虐待の経験があることも指摘されている。また児童養護施設に入所する児童の内訳は，「父又は母の虐待・酷使」14.4％，

第3節　児童家庭に関わる法律・制度と諸問題

「父又は母の放任・怠だ」13.8％となっており，虐待を理由とした入所の比率が高くなっている。同様の状態は，情緒障害児短期治療施設でも起こっている。

児童の生活支援施設としては，保育園のような一時預かりの施設，特に障害があるために家庭で養育が困難である児童を対象とした障害児施設，ドメスティックバイオレンス（以下，DV）等で家庭生活が困難な母子を対象とした母子生活支援施設等が幅広く規定されている。それぞれの機関は相互に連携をとっている（図8-4）。

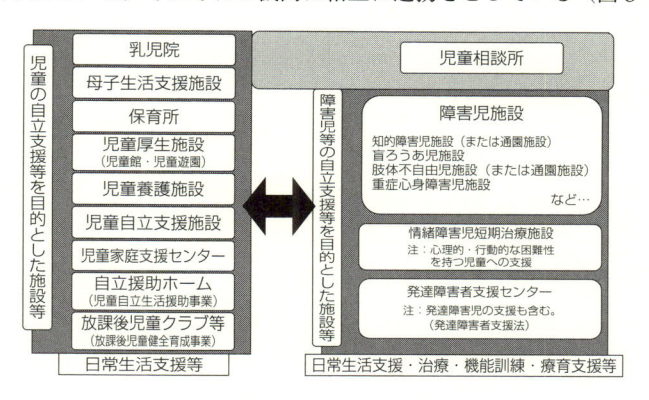

図8-4　児童福祉法等の児童支援機関

3. 虐待に対する児童の権利擁護
(1) 児童虐待防止法

児童虐待は，平成12年に施行された「児童虐待の防止等に関する法律」（以下「児童虐待防止法」）によって，身体的虐待，性的虐待，ネグレクト（育児放棄），心理的虐待の4種類の虐待行為が定義されている（図8-5）。児童虐待防止法の制定の意味は，児童虐待が，家庭内におけるしつけとは明らかに異なり，子どもの心身の成長と人格形成に重大な影響を与えることであると明文化し，子どもたちを取り巻く社会が地域の子どもたちを育てるといった視点を強調したことにある。具体的に，児童福祉法第25条では「保護者のない児童又は保護者に監護させることが不適当であると認める児童を発見した者は，これを福祉事務所若しくは児童相談所又は児童委員を介して福祉事務所若しくは児童相談所に通告しなければならない」といった要保護児童の通告を，児童虐待防止法第6条では「虐待を受けたと思われる児童」の通告を国民に義務付けている。児童虐待件数の増加（図8-6）も，単に児童虐待が増加しているといった観点だけでなく，地域住民の虐待に関する意識の高まりとともに通告の件数が増えたといった見方もできる。

また，虐待から子どもを守ることに，地域をあげて取り組む必要があるとして，地域住民の代表となる民生委員，児童委員を中心に児童虐待防止に向けたネットワーク

第8章 スクールソーシャルワークに関わる法律と諸問題

身体的虐待
児童の身体に外傷が生じ，又は生じるおそれのある暴行を加えること。
例：殴る，蹴る，投げ落とす，逆さ吊りにする，タバコの火を押しつける，戸外に締め出す

性的虐待
児童にわいせつな行為をすること又は児童をしてわいせつな行為をさせること。
例：性器をみせる，性交を見せる，ポルノビデオを見せる，裸体を撮影する

育児放棄 ネグレクト
児童の心身の正常な発達を妨げるような著しい減食又は長時間の放置，保護者以外の同居人による前二号又は次号に掲げる行為と同様の行為の放置その他の保護者としての監護を著しく怠ること。
例：食事を与えない，入浴させない，汚れた衣服を着続けさせる，病気になっても医師の診察を受けさせない

心理的虐待
児童に対する著しい暴言又は著しく拒絶的な対応，児童が同居する家庭における配偶者に対する暴力その他の児童に著しい心理的外傷を与える言動を行うこと。
例：「うちの子じゃない」「産まなければよかった」などと言う

図 8-5　児童虐待の定義（児童虐待防止法：第2条より）

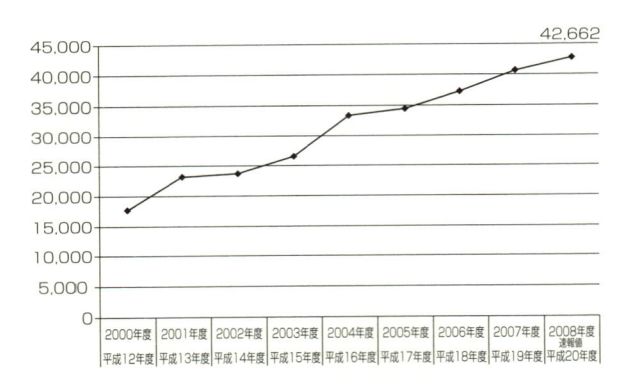

図 8-6　児童虐待相談対応件数の推移（厚生労働省，2009c）

づくりを推進した（2004年児童虐待防止法の一部改正により）。同法律の第5条には，「学校の教職員，児童福祉施設の職員，医師，保健婦，弁護士その他児童の福祉に職務上関係のある者は，児童虐待を発見しやすい立場にあることを自覚し，児童虐待の早期発見に努めなければならない」と早期発見の努力義務を設けている。

行政機関，医療機関，学校等で働く職員，児童委員には，法律上守秘義務が課せられているが，児童虐待の通告義務は守秘義務に優先するととらえられている。このように，児童虐待は子どもの生命に危険が及び，子どもの人権を著しく侵害するものとしてとらえられ，よりその人権の保護を強化する方向となっている。

(2) 虐待の要因

児童虐待は子どもの人権を著しく脅かす行為であることから，その要因の特定と予防に向けた取組が展開されている。厚生労働省の虐待児死亡事例の分析（2009c）で

は，心中を含まない児童の死亡例について，3つのポイントを見いだしている。1つ目は若年妊娠や望まない妊娠などの「出生時に問題があったケース」，2つ目は養育者が育児不安やうつ状態にあるなど，「精神面で問題を抱えているケース」，3つ目は児童相談所などの「関連機関の関与がなかったケース」である。これらのケースに当てはまる場合または当てはまる可能性のある場合，早期に養育者の支援が必要ということである。

また，1970年代の児童虐待は，虐待の世代間伝達が通説であったが，現在では虐待の世代間伝達はおよそ30％（渡辺，1998）とされている。近年では，虐待の経験なしに虐待に走る親が全ケースの約半数存在することや，虐待の伝達を行っている親たちの多くは，病態水準にあることも指摘されている（厚生労働省，2009c）。佐藤ら（2003）は，高校生と親の虐待意識が世代間で伝播することを明らかにしているが，ネグレクトや性的虐待に対しては，家族間で意識のばらつきがあることから，虐待という認識がなく実施されている虐待行為が伝播する可能性が示唆される。また，山口（2003）は，乳児期の母子の身体接触の質の低さが児童期だけでなく思春期にわたってその子の攻撃性に影響を及ぼす可能性を指摘していることから，それらの特徴をもったまま成長することにより，虐待行為の担い手になっていく可能性も示唆される。

4. DV防止法

児童の権利を侵害するものの1つとして，夫婦間での配偶者からの暴力（DV）がある。信田（2002）は，DVと児童虐待は，多くの場合，同時多発的に発生することを指摘している。配偶者からの暴力の防止及び被害者の保護に関する法律（以下，DV防止法）は，2002年に施行され，2004年には，保護命令の対象範囲を婚姻関係者以外にも拡大した形で改正法が施行された。この法律では，「配偶者からの暴力を防止するとともに，配偶者の自立を支援することを含め，その適切な保護を図る責務」を国と地方自治体に設けた。また，配偶者からの暴力を「生命及び身体に危険を及ぼす身体に対する暴力」と「心身に有害な影響を及ぼす言動」とし，「配偶者」は，「婚姻の届け出をしていないが事実上婚姻関係と同様にある者」とした，幅広い概念でとらえている。

警視庁（2008）が明らかにした配偶者等からの暴力事件は年々増加し（図8-7），これに合わせDVにおける社会的関心の高さや認知度の向上が指摘されている。また，内閣府による「男女間における暴力に関する調査」（2005）では，配偶者等からの暴力経験が女性において深刻な状況でありながら，男性ではその認識が薄いことがうかがえる（図8-8）。

DV防止法において，婦人相談所，婦人相談員，婦人保護施設が，配偶者からの暴力の被害者である女性（暴力被害女性）の相談・保護を行うこともその役割とされた。さらに，被害者が未成年の子と同居している場合に，加害者とその子との接近を禁止

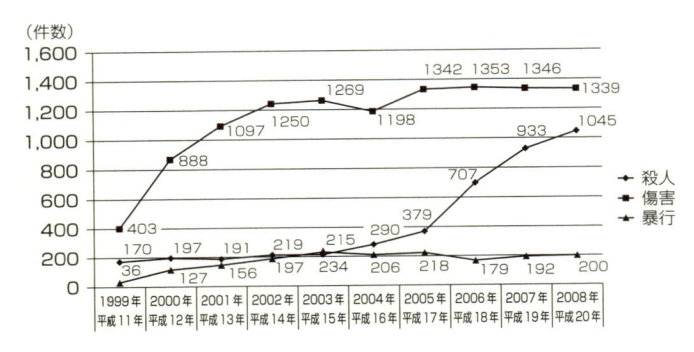

第8章 スクールソーシャルワークに関わる法律と諸問題

図8-7 配偶者による殺人，暴行事件の検挙件数の推移（警察庁，2008より一部改編）

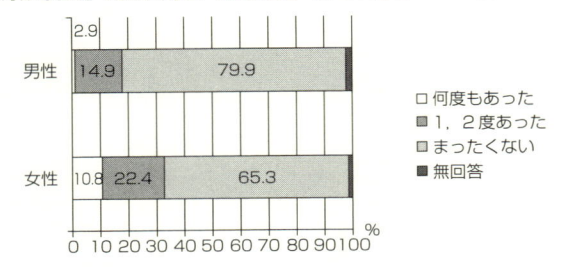

図8-8 配偶者からの被害経験（内閣府男女共同参画局，2009）

する項目として，被害者同様子に対する接近（つきまとい，面会要求，無言電話，連続してのメール等）の禁止命令（法10条2項）も有している。なお児童が父親による母親への暴力を目のあたりにすることが虐待を受けていることになるという認識はとらえておく必要がある。DVに関わり，虐待の要因が経済的困窮なのか，生育暦的要因なのか，個人的要因なのか等の要因の理解と対策を継続して検討していく必要がある。

5. 少年法

少年法は，「少年の健全な育成を期し，非行のある少年に対し性格の矯正および環境の調整に関する保護処分を行うとともに，少年の刑事事件について特別の措置を講ずること」を目的とする法律である（1948年制定）。

少年犯罪の大半は，窃盗であり，そのほとんどが放置自転車の乗り逃げである（法務省，2008）。犯罪白書（2008）によれば，少年の犯罪件数も低下傾向にあり，凶悪

犯罪については，1960年代をピーク時として，現在は4分の1の件数にまで低下している。犯罪発生率は14〜16歳でいちばん高く，それ以降の年代では，急速に犯罪発生率が低下している。犯罪の種類における性差は，男子では，すべての年齢層で窃盗の比率が最も高く，女子では，年齢とともに，具体的な犯罪は行っていないが将来犯罪を起こす可能性のある不良行為であるぐ犯の比率が低下し，覚せい剤取締法違反の比率が上昇している。少年人口比に占める犯罪件数の割合である1.2％は，成人人口比に占める犯罪件数の割合である1.0％と比較し，高い水準となっている。一方で，強盗，殺人，強姦などのインパクトのある凶悪事件が世間をにぎわしており，特に，低年齢層の児童が加害者となる事件が目立つようになってきた。その個々の事件における残虐さや凶悪性，自己中心的な動機に対し，その罪の重さと深刻さが注目されている。

こういった社会情勢を踏まえ，2007年の少年法の改正により，14歳以上の場合，成人と同様に扱い警察や検察庁の捜査が行われ家庭裁判所に送致されることとなった。家庭裁判所の審判の結果，少年院，児童私立支援施設等の送致または保護観察の処分がなされる（14歳未満の場合，まずは児童相談所へ通告され，必要により家庭裁判所へ送致される流れがある）。特に凶悪な場合は，逆送が行われ検察官により起訴され，地方裁判所にて刑事裁判として執り行われることにもなった。また，少年院に送致可能な年齢を14歳以上からおよそ12歳以上とすることを盛り込むなど，低年齢化する凶悪犯罪への対策を打ち出している。

一般刑法犯により検挙された再非行少年（本件前に道路交通法違反を除く非行により検挙［補導］されたことがある少年をいう）の人員（2008年28404名）は減少傾向だが，再非行少年率（再非行少年率［少年による一般刑法犯検挙人員に占める再非行少年の人員の比率をいう。2008年31.2％]）は，平成10年以降ほぼ一貫して上昇している（法務省，2009）。また少年院送致者の出院年を含む5年間の再入院率は，16.0〜17.4％であり，5年間に刑事施設に入所した者の比率は，8.7〜9.6％であった（法務省，2009）。

なお少年法では，20歳に満たない者を"少年"とし，児童福祉法等では，母子及び寡婦福祉法（20歳に満たない者）をのぞき，18歳に満たない者を"児童"（児童扶養手当法の一部をのぞく）とし，教育基本法では，満6歳に達した日以後の最初の学年初めから，満12歳に達した日の属する学年の終わりまで（小学校や特別支援学校の小学部在学時）を"学齢児童"，小学校修了後の最初の学年の初めから，満15歳に達した日の属する学年の終わりまで（中学校や特別支援学校の中学部在学時）を"学齢生徒"としており，法律により児童の定義の違いがあるため注意が必要である。

第4節　教育に関わる法律・制度と諸問題

多くの学校では，児童・生徒の学力低下・学習意欲低下への対応（宮崎，2005），学習への目的意識を見いだせずに不登校や退学をしていく生徒への対応に苦慮している。一方，児童生徒や保護者の不適切な行動を注意しきれないといった，教師側の対応にも苦慮している。

文部科学省は，児童生徒の学習や生活の意欲などを向上する取り組みとして「生きる力を育む」教育の展開を推進している。各学校でも，おもに総合学習の時間を用いて，「生きる意欲を育む」取り組みや，人間関係能力の向上を目的とした他者との関わりを促進するような取り組み（歌川ら，2005）などが実践されつつある。多くの高等学校等では，これらの取り組みをキャリア教育と関連させて行ってもいる。米川（2009）が検討している中高一貫校のピアサポーター（著者は従来のピアサポートにコーチングを組み入れピアコーチと称している）養成におけるコミュニケーション学習を通じたキャリア教育は，1つの示唆を与える（図8-9）。

中学生支援		ピアコーチ養成	高校3年生	広域活動（社会貢献等含）PPPの実施／システム導入
			高校2年生	ピアコーチのスキル般化（アシスタント活動）PPPの実施
			高校1年生	ピアコーチ養成プログラムの参加開始　ピアコーチのスキル般化（アシスタント活動）
後輩支援	中学3年生			中学1年生及び2年生の支援　プレピアコーチのスキル般化
	中学2年生			プレピアコーチ養成プログラム〔PPP〕の参加開始
中学1年生	学校環境への適応			

図8-9　ピアコーチの養成と活用のシステム（米川，2009a）

1. 教育基本法

教育基本法は，日本国憲法第23条　学問の自由の保障，第26条　ひとしく教育を受ける権利（義務教育）などを基として1947年に制定された。2006年には，今日の教育上のさまざまな課題の解決に向け，法の改正が行われた。改正では，教育の目的及び理念を明確にし，新たに「公共の精神」の尊重，「豊かな人間性と創造性」や「伝統の継承」が規定された。その第1条：教育の目的では，「教育は，人格の完成を目指し，平和で民主的な国家及び社会の形成者として必要な資質を備えた心身ともに健康な国民の育成を期して行われなければならない」としている。

また，教育の目標として，男女や障害の有無に限らず，平等な教育の機会が提供されること，平和の実現や社会参加，国際貢献といった目標が具体的に盛り込まれてい

る。教育基本法に関わる3法の改正（学校教育法，地方教育行政の組織および運営に関する法律，教育職員免許法および教育公務員特例法の改正）では，義務教育や教員の資格に関する規定の変更（教員免許状の更新制など），国・地方教育行政の役割分担，必要な財政措置の規定や相互連携といった視点がさらに具体的に明記され，家庭，学校と地域が協力して，子どもたちを育てていく視点が強調された。

特に学校教育法では，2003年の改正で，教育の国際化や社会人や様々な学習歴を有する者の大学及び専修学校専門課程への入学資格の拡大化がなされ，2006年の改正では，養護学校を特別支援学校という名称に変更し，小中学校等において特別支援教育を推進するための規定を位置づけた。そして特別支援教育を有する児童生徒の学習環境の整備と発展のための具体的な施策へと結んだ。

2. 特別支援教育
(1) 特別支援教育の流れ

特別支援教育は，学習や生活についての特別な支援を必要とする児童生徒に対する児童生徒1人ひとりの教育的ニーズを把握し，適切な対応を図るという目標のもと，学校教育法の一部改正に伴って2007年に制度化された。その背景には，2004年の「障害者基本法」の一部改正，2005年の「発達障害者支援法」の施行がある。

障害を理由として差別その他の権利利益を侵害してはならない旨を規定した「障害者基本法」では，障害のある児童・生徒と障害のない児童・生徒との交流や共同学習を積極的に推進し，相互理解をうながした。

「発達障害者支援法」では，発達障害を有するために日常生活または社会生活に制限を受ける者に対し，「心理機能の適正な発達を支援し，及び円滑な社会生活を促進するため行う発達障害の特性に対応した医療的，福祉的及び教育的援助」を行う「発達支援」を規定している。そして「発達障害」を，「自閉症，アスペルガー症候群（以下，アスペルガー）その他の広汎性発達障害，学習障害（以下，LD），注意欠陥多動性障害（以下，ADHD）その他これに類する脳機能の障害であってその症状が通常低年齢において発現するもの」と定義した。

それぞれの発達障害の概要は次の通りである（米川，2009b）。広汎性発達障害とは，①人との関係をとる社会性の乏しさ，②コミュニケーションにおける受信・処理・発信の困難さ，③特定のモノへのこだわりなどを特徴とする障害である。アスペルガーは知的な遅れやことばの遅れを伴わない自閉症で，特にことばの理解ができているかどうかにかかわらずスムーズなことばづかいが特徴である。LDは，読み・書き・計算・推論など，特定の能力において困難さを示す障害である。ADHDは①なくしものが多かったり，忘れ物をしてしまうような注意欠陥，②じっとしていられない，ささいなことでも怒り出すような多動・衝動的な困難さを示す障害である。その他，上記の発達障害においては，運動の不器用さや感覚の過敏性をもつ場合や各特長

が重複して発現する場合もある。

またこれらの法的な流れを受けて，「学校教育法」では，これまで特殊教育の対象とされてきた知的障害，情緒障害，肢体不自由，身体虚弱，弱視，難聴に加え，広汎性発達障害，LD，ADHD 等の発達障害をもつ児童生徒を通常学級による指導の新たな対象者に規定した。特別支援教育では，通常の学級に多く在籍すると考えられる知的障害とされない発達障害への観点，障害の程度やレディネスにあわせて，できる範囲での自立や社会参加に向けた取組をしていこうとする観点が強調されている。加えて，教育だけでなく，福祉，医療等様々な側面から適切な支援を行うことが目標とされている。なお図8-10に特別支援教育における発達障害者の分類を示した。

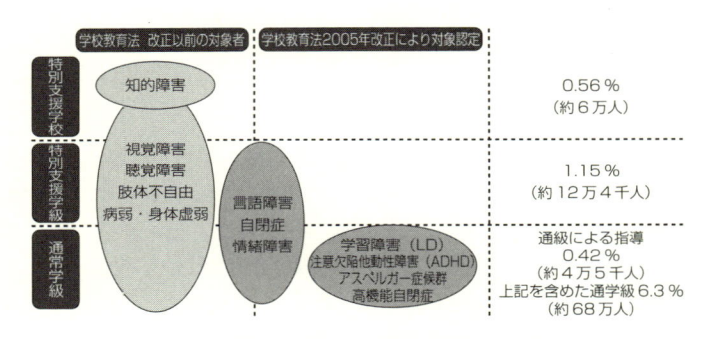

図8-10　特別支援教育における発達障害者の分類
(文部科学省，2008a より作成)

さらに特別支援教育では，小・中学校の通常の学級に在籍している障害のある児童生徒が，ほとんどの授業を通常の学級で受けながら，障害の状態等に応じた特別の指導を特別な場（通級指導教室等）で受ける指導形態（以下，通級）がある。また，障害をもつ子ども1人ひとりに応じた教育を少人数で行う学級である特別支援学級を設置している学校数はほぼ横ばいであるが，対象となる児童生徒数は確実に増加している（在籍者：平成11年88,814人，平成21年117,035人）。このような教育から，特別支援教育によって障害者の教育は，学ぶ「場」に集う人への支援から，障害をもつ「人」への支援へと変換したという考えもある（茂木，2009）。2002年の学校教育法の改正では，「認定就学者」（視覚障害者，聴覚障害者，知的障害者，肢体不自由者又は病弱者（身体虚弱者を含む）のうち，市町村の教育委員会が，その者の障害の状態に照らして，当該市町村の設置する小学校又は中学校において適切な教育を受けることができる特別の事情があると認める者：第5条）という概念も導入され，認定の機会の増加とともに，認定者も増加したと考えられる。とはいえ，障害をもつ児童生徒（幼児を含む自治体もある）が「認定就学者」として小学校または中学校へ通うためには，教育委員会の認定が必要となるなど課題も多い。

(2) 特別支援教育コーディネーター

　小・中学校においては，学習や生活上のルールを守れない子，基本的な生活指導が必要な子への対応に苦慮している現状がある。文部科学省の調査（2003b）によると，通常の学級に在籍している特別な支援が必要と見込まれる児童生徒は6.3％であるとしている。よって，なかには特別支援学校や通級などでの教育のほうがより本人に合うかもしれない児童生徒の存在が示唆されている。早期療育の観点では，これらの児童生徒が，発達段階に応じた適切な教育を受ける権利をどう保障していくかが課題となっている。また，障害の受容といったケアの観点からは，子どもが発達障害などの診断を受けた場合，その養育者が，子どもたちと向き合えるような配慮もしていかなければならないだろう。

　これらの課題に対し，文部科学省では，教育委員会に「専門家チーム」を設置すること，すべての小・中学校に「特別支援教育コーディネーター」を指名するなど体制整備と制度の見直しを推進している。

　特別支援学級などの特別支援教育コーディネーターは，児童生徒への適切な支援のために，保護者や関係機関との連絡・調整を行い，協同的に関われるようにするための役割を担っている。その業務内容は，保護者の相談の窓口，校内外の関係者の間を連絡調整すること，児童生徒への支援の推進となっている。なお現在では，発達障害を含む様々な障害のある児童生徒に対する学校生活上の介助や学習活動上の支援などを行う「特別支援教育支援員」の計画的配置も進められている。

3. キャリア教育
(1) 学習指導要領

　各学校での卒後の問題・課題として，進路意識や目的意識が希薄なまま"とりあえず"進学する傾向が指摘されつつある。若者が将来について考えたり，選択・決定することを先送りする傾向（モラトリアム傾向）により，フリーター志向，無業者の増加，就職後の早期退職・離職へと影響していると指摘する声もある。

　これらの問題に対する予防的対策の観点から，職業観を育む教育を小学校から系統立てて実施する必要があるとして，各学校における教育課程において，生きる力の育成と相まってキャリア教育が取り組まれている（図8-11）。

　キャリアとは，「個々人が生涯にわたって遂行する様々な立場や役割の連鎖及びその過程における自己と働くこととの関係付けや価値付けの累積」であると定義し，キャリア発達について，「発達とは生涯にわたる変化の過程であり，人が環境に適応する能力を獲得していく過程である」とし，「キャリア発達とは，自己の知的，身体的，情緒的，社会的な特徴を一人一人の生き方として統合していく過程である」と定義している（文部科学省，2006a）。これらの考え方に基づき，文部科学省（2004b）は，キャリア教育を「児童生徒1人ひとりのキャリア発達を支援し，それぞれにふさわし

第8章 スクールソーシャルワークに関わる法律と諸問題

```
学習プログラムの枠組み
  人間関係形成能力
  情報活用能力     →  具体的な教育
  将来設計能力        方法論へ展開
  意思決定能力
```

図8-11 キャリア教育における学習プログラムの
枠組み（文部科学省，2004aより作成）

いキャリアを形成していくために必要な意欲・態度や能力を育てる教育（児童1人ひとりの勤労観，職業観を育てる教育）」であると定義している。

学校での学習目標は，学校の種別ごとに規定されている（図8-12）。小学校の学習指導要領では，「児童が自分自身を見つめ，自らの将来について目を向ける機会などを通して，自分のよさや可能性などに気づき，自分らしい生き方を実現していこうとする態度を育成していくこと」を明記し，その実現のために，「学校の全教育活動を通じて，全教職員が児童の発達段階を考慮した，計画的，継続的な指導を行っていくこと」を推進している。たとえば自己及び他者への積極的関心の形成から，身のまわりの仕事や環境への関心，意欲の向上を図ることとなる。中学校，高等学校では，「自然体験やボランティア活動などの社会体験，観察・実験，見学や調査，発表や討論，ものづくりや生産活動など体験的な学習，問題解決的な学習をうながし，進路を主体的に選択していく姿勢を育むこと」としている。たとえば，中学校では，肯定的自己理解と自己有用感を獲得し，興味・関心等に基づく勤労観・職業観の形成を図り，

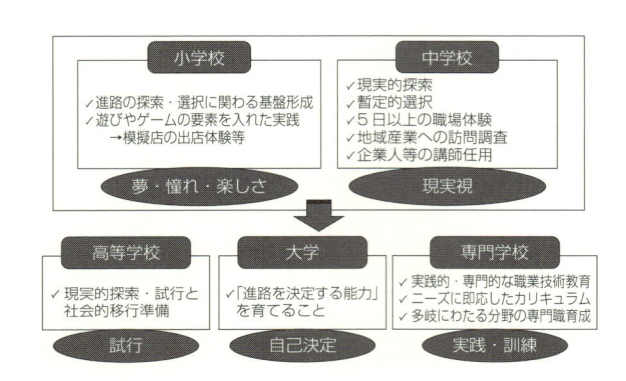

```
小学校                          中学校
✓進路の探索・選択に関わる基盤形成   ✓現実的探索
✓遊びやゲームの要素を入れた実践    ✓暫定的選択
 →模擬店の出店体験等            ✓5日以上の職場体験
                              ✓地域産業への訪問調査
                              ✓企業人等の講師任用
   夢・憧れ・楽しさ                   現実視

高等学校           大学              専門学校
✓現実的探索・試行と  ✓「進路を決定する能力」  ✓実践的・専門的な職業技術教育
 社会的移行準備     を育てること         ✓ニーズに即応したカリキュラム
                                   ✓多岐にわたる分野の専門職育成
    試行            自己決定            実践・訓練
```

図8-12 学校教育でのキャリア教育（文部科学省，2004aおよび2008bより作成）

高校では，より現実的な勤労観・職業観の形成を図ることとなる。

さらに，高等教育機関である大学において，自分でやりたい仕事を自己決定していく能力の発達を支援し，若者の就労意欲やキャリア意識の向上を図り，フリーターやニートを生み出さない教育を実践しようとしている。また専門学校では，専門学校卒業後の大学編入，大学院進学なども新たな選択肢になるなど，学習環境も変化してきたため，従来の資格取得，即戦力としての人材の育成だけではなく，若者の未熟なキャリア発達状態等さまざまな就労困難状況を考慮して，職業人としての心構えをいかにして培うかといった視点の育成と，具体的なキャリアパスの構築も望まれている。しかし，本章にある様々な社会的・個人的諸問題の要因より，若者が主体的に職業を選択することを育む「キャリア教育」の実現にはまだまだ課題も多い。

(2) 発達障害児・者へのキャリア支援

義務教育を経て，ほとんどの者が高等学校へ進学をする中，発達障害児への高等学校側の受け入れ体制が整っていないといった指摘もある。高い進学率にあるにも関わらず，高等学校では対象生徒の「個別の指導計画」「個別の教育支援計画」などの作成が不十分であり，中学校から高校への移行支援がスムーズにいっていないことが指摘されている。通信制の高校やそれに関わるサポート校が発達障害児の受け皿となっているという報告もある。今後は義務教育を超えた継続的な支援が望まれる。

さらに，向後（2007）は，発達障害者の就労支援の現状から，発達障害者は，高等学校終了後の進路先について，進路未決定でそのまま長期化すること，採用されても不適応などの問題から継続困難となることといった課題を提示している。加えて，IQ85以上の者は，一般適性検査で適職認定される場合が多いが，必ずしも一般職扱いの就職に結びついていないなど，発達障害者の就労のむずかしさを指摘している。

4. 学校生活における諸問題

(1) 不登校

文部科学省の学校基本調査（2009a）によると，小学校，中学校における不登校児童生徒の数が，平成20年度には減少した一方で，中高一貫校として設置を進めている中等教育学校の中学校に当たる前期課程では，設置数の増加とともに，不登校生徒数が増加している（図8-13）。

不登校の理由としては，経済的理由が若干増えてきたものの，依然として学校不適応が39.1％と大半を占めている。不登校が継続している理由としては，無気力（27％），不安などの情緒的混乱（23％）が全体の半数を占めており，不登校が長期化するにしたがって，心理・治療的介入が必要になってくる例が増えてくるといえる。

(2) 校内暴力・非行

文部科学省の調査（2008d）によると，学校内での児童生徒の暴力行為の状況は，その発生件数が52,756件と，調査開始以来，過去最高の件数となっている。暴力行

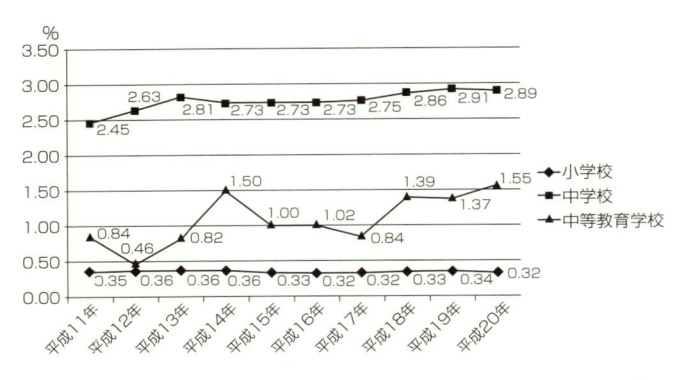

第 8 章　スクールソーシャルワークに関わる法律と諸問題

図 8-13　小学校，中学校，中等教育学校（前期課程）の不登校による長期欠席児童生徒数（30日以上）（文部科学省，2009より一部改変）

為の発生件数は，小学校5,214件（前年度より1,411件増加），中学校36,803件（前年度より6,239件増加），高等学校10,739件（前年度より485件増加）と中学校での暴力発生件数の増加が著しい。暴力の項目としては，「対教師暴力」が6,959件，「生徒間暴力」が28,396件，「その他の対人暴力」は1,683件，「器物損壊」は15,718件。となっており，対人的な暴力の増加が目立つ。

また，警察庁の発表（2009）によると，殺人，強盗，窃盗など「刑法」等の法律に規定する犯罪である刑法犯少年の数は，その大半だった高校生の数が減少し，中学生で増加している（図8-14）。また，14歳未満で刑罰法令に触れる行為をした触法犯

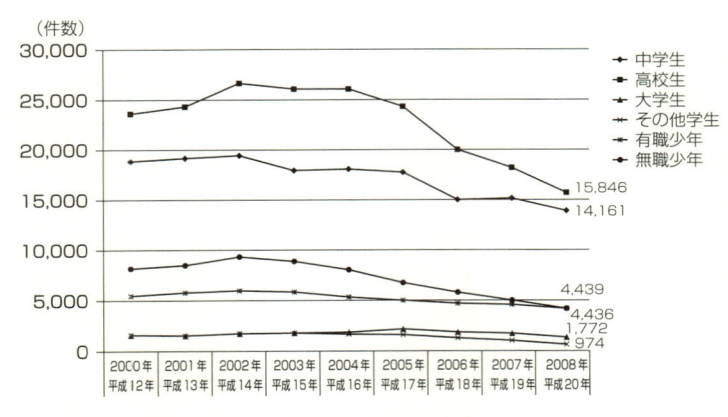

図 8-14　刑法犯少年の年齢層別構成比（警察庁，2009a；2009bより）

注）刑法犯少年とは，刑法に規定する罪に触れる行為をした触法少年及び，罪を犯した犯罪少年を言う。

による補導歴も，12歳，13歳がその大半を占める（図8-15）など，中学生による非行行為が顕著となっている。なお非行少年とは，刑法犯少年等の犯罪少年，触法少年，将来罪を犯すなどのおそれのあるぐ犯少年のことをいう（警察庁，2009a）。

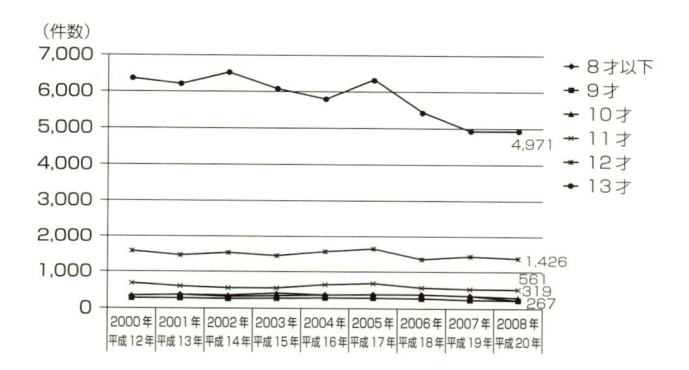

図8-15　触法少年（刑法）の年齢別補導人員（警察庁，2009a；2009bより）

注）触法少年とは，刑法に触れる行為をした14歳未満の者をいう。

(3) いじめ

いじめは，2006年度にいじめの定義を「一定の人間関係のあるものから心理的・物理的な攻撃を受け，精神的な苦痛を感じている」と変更をしてから，その件数が激増した。2007年度は，認知件数約10万1千件と前年度（約12万5千件）に比べやや減少傾向にあるものの，依然として相当な数（小学校48,896件，中学校43,505件，高等学校8,385件，特別支援学校341件）である（文部科学省，2008d）。

いじめの発見のきっかけは「本人からの訴え」が24,943件（24.7％）で「アンケート調査など学校の取組」が22,985件（22.7％）となっている（図8-16）。いじめは，学級担任が発見するよりも，本人からの訴えの件数が高いことから，文部科学省（2008d）は，教師がいじめを，学校生活の中から発見することの難しさを指摘している。

教職員が学校でのようすや友人関係の中からいじめを発見することは依然として困難さがある反面，いじめを解消している件数の割合は79.7％（文部科学省，2008d）であり，学級担任の認識の高さやいじめの解決に向け取り組もうとする意欲を周囲が支えることが，いじめの早期発見，早期解決をうながすと考えられている。なお近年注目されている携帯電話等を使ったいじめは5.8％である（冷やかしからかい等64.3％，仲間はずれ等22.6％，軽くぶつかられたり等18.7％）。

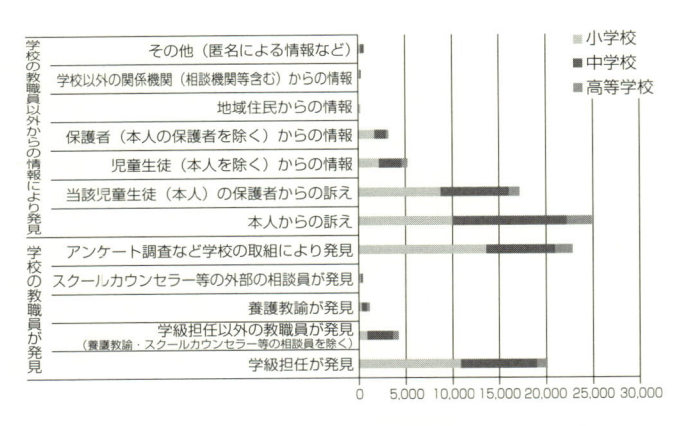

図 8-16　いじめ発見のきっかけ（文部科学省，2008d）

第5節　心身の健康に関わる法律・制度と諸問題

1. 健康増進法

　国民の健康維持と現代病予防は，2002年に制定された健康増進法によって推進されている。この法律を元に，厚生労働省では，国民の健康政策として，健康日本21という取組を行っている。

　健康日本21では，疾病予防や治療において，日常生活の質を維持していくことが理念として掲げられている。少子高齢化社会におけるわが国の健康課題は，健康寿命（自立した生活ができる生存期間）と平均寿命との差を縮めていくこと，つまり，人生の終焉を迎えるその日まで，自立した生活が営めるよう，健康を維持していくこととされる。疾病に罹患した場合，疾病によって身体の機能や生活の質が低下せざるを得ない。したがって，特にわが国の死亡率の高い疾病であるがんや循環器病などの「生活習慣病」予防に焦点が置かれている。

　児童生徒の健康問題に関して，学校では健康寿命の実現に向けた予防を目的とした学校全体，学級単位の健康教育による対策が進められている。文部科学省の調査（2005b）によると，学校内での健康教育の促進によって，虫歯，喫煙といった健康習慣の改善には効果があがっているが，運動機能は低下傾向にあるという。さらに近年注目されているぜんそく，食物アレルギーといったアレルギー疾患は上昇傾向という。

　食習慣では，朝食摂取状況が，学年があがるごとに，欠食傾向になっている。この朝食欠食傾向とテスト得点との因果関係を検証（対象中学3年生）した報告からは，欠食生徒においてテストの点が低くなる傾向を示唆した。さらに，肥満傾向児の割合は，全年齢層において増加傾向にあった反面，痩身傾向児の割合も増加傾向にあるな

第 5 節 心身の健康に関わる法律・制度と諸問題

ど，二極化されていた（図 8-17；図 8-18）。Benesse（2007）では，この二極化の状況を，文部科学省の「学校保健統計調査」（2006）を元にさらに詳しく検討している。それによると肥満は，男子にその傾向が強いこと，痩身は中学生の女子にてその傾向が強いことが指摘されている。また，男女ともに，13-14 歳で肥満傾向が減少していることについても，中学校入学により，部活動等で運動量が増えたこと，スタイルを気にし始めることなどがあげられている。

睡眠時間は，小学校低学年を超え，学年があがるごとに減少，特に女子でその傾向が強くなっているという報告がある（増田，2001）。同調査では，視力も高学年になると低下傾向となり，特に男子において顕著な低下傾向を示した。

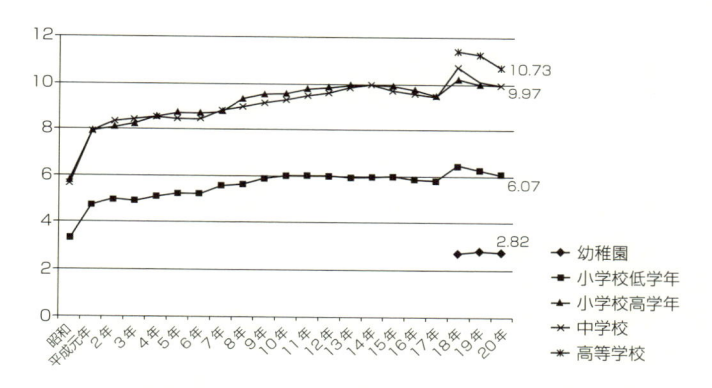

図 8-17 肥満傾向を示す児童生徒の割合（文部科学省，2009b より作成）
注）平成 18 年度より算出方法を変更したため単純な比較はできない

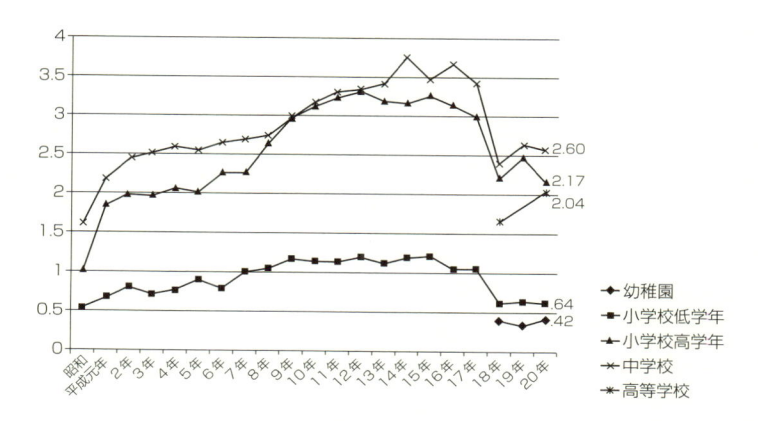

図 8-18 痩身傾向を示す児童生徒の割合（文部科学省，2009b）
注）平成 18 年度より算出方法を変更したため単純な比較はできない

第8章　スクールソーシャルワークに関わる法律と諸問題

　以上に関わる環境改善からのアプローチとしては，受動喫煙への対策として，全国の小中高校などの45％が建物と敷地内を全面禁煙にしている。建物内だけ禁煙も24％で実施，分煙を含めると95％が受動喫煙への対策を取っていた（文部科学省，2005a）。また，食習慣の定着のため，学校栄養職員が食育に取り組んでおり（文部科学省，2005b），特に小学校において積極的に実施されている。その一方で，中学校に入るとその実施状況は激減している。食習慣は，高学年になるほど悪化傾向（文部科学省，2005b）であることから，中学校や高等学校における食育の実施が望まれる。また，運動基礎能力の低下傾向や，肥満の増加傾向の改善に向けては，食生活の改善だけでなく，運動習慣の定着に向けた取組も必要である。子どもの身体活動の大半を占める外遊びが学年とともに減少する傾向であることから（増田，2001），今後，低学年時に遊びを通した身体活動の向上を推進すること，そのことを通して，生涯スポーツへの効力感を高めていく取り組みも求められる。

2. 精神保健福祉法

　精神保健福祉法は，1950年5月1日に公布・施行された法律（当時の名称は精神衛生法）である。正式名称は「精神保健及び精神障害者福祉に関する法律」である。この法律の第1条に，「精神障害者の社会復帰の促進及びその自立と社会経済活動への参加の促進のために必要な援助を行い，並びにその発生の予防その他国民の精神的健康の保持及び増進に努めることによつて，精神障害者の福祉の増進及び国民の精神保健の向上を図ること」を目的とするとあるように，精神障害者の人権・社会復帰等に関わるさまざまな支援サービスが規定され，また国民の精神保健の向上への調査研究などの義務規定が示されている。なお，「精神障害者」とは，第5条において，「統合失調症，精神作用物質による急性中毒又はその依存症，知的障害，精神病質その他の精神疾患を有する者」と定義されている。

3. 労働安全衛生法，並びにメンタルヘルス

　労働者の健康保持増進は，労働安全衛生法によって規定されている。労働安全衛生法は，「職場における労働者の安全と健康を確保するとともに，快適な職場環境の形成を促進すること」を目的とする法律である。その1条では，労働災害の防止のための危害防止基準の確立，責任体制の明確化及び自主的活動の促進の措置を講ずる等その防止に関する総合的計画的な対策を推進することが規定されている。

　これらの法律に基づいた，労働者の心の健康づくり計画の実施にあたっては，4つのメンタルヘルスケアを提唱している。この4つのケアは「セルフケア」「ラインによるケア」「事業場内産業保健スタッフ等によるケア」「事業場外資源によるケア」からなり，労働者の心身の健康保持増進は，事業主の責任において努めるべきものとされている。

教師の精神的健康の悪化が児童・生徒への対応や授業の質の低下につながること（伊藤，2000；伊藤ら，2003）も指摘されており，学内での教師のメンタルヘルス支援は急務であるといえる。過重労働による健康障害が認められていることもあり（「過重労働による健康障害防止のための総合対策」より），教師の労働環境の向上についてもSSWにとって重要なテーマである。なお厚生労働省のホームページでは，「労働者の疲労蓄積度チェックリスト」がダウンロードできるので，必ずご確認いただきたい。

　□労働者の疲労蓄積度チェックリスト（2009年10月1日閲覧）
　　http://www.mhlw.go.jp/topics/2004/06/tp0630-1.html

4. ストレスと精神疾患

　職業性ストレスの研究では，職場の対人関係に起因するストレスが，全体の38.4%を占めている（厚生労働省，2007）。特に教師のストレスは，一般勤労者に比べ高い割合であること（中島，2000）が指摘されている。休職者のうち，精神疾患による者が1996年には1,385人だったのが，2005年には4,178人（文部科学省，2006b）と急増していることも教師のストレスの高さを反映していると言えよう。

　精神疾患を発症した教師に対する調査（中島，2003）では，最も強いストレス要因は「生徒指導」42%，「同僚・管理職との人間関係」24%となっており，人間関係のストレスが教師の精神的健康に影響していることは明らかである。中島（2003）は，なかでも「保護者対応」というストレス要因に注目している。「保護者対応」は6%と先の「生徒指導」，「同僚・管理職との人間関係」に比べると低い値ではあるが，「保護者対応」が必要となる保護者とのトラブルによって，児童・生徒，管理職との関係が悪化する可能性があるとしている。つまり，「保護者対応」が職場の人間関係のストレスを引き起こす誘発因である可能性を指摘しているのである。

　近年，授業料を滞納する家庭，部活動や学校行事等での騒音に苦情をいう家庭，自身の子どもへの配慮不足に対し脅しまがいのことばで苦情を訴える家庭といったように，理不尽な要求をくり返す家庭と学校とのトラブルに対して，警察等の介入によって問題解決を図るケースが報道されるようになった。このような学校内部だけで解決困難な問題に対処するために，一部自治体では，多専門職からなる専門機関を設置して対応している（表8-4）。

5. 自殺対策基本法

　World Health Organization（WHO：世界保健機構，2008）の調査によると，わが国の自殺率は24%と，主要国の中でもロシアに次いで2番目に高い数字である。わが国の自殺率は，不景気期に上昇するなど景気の動向と密接に関連しており（東京都，1999），その動機は健康問題，次いで経済問題の順となっている（東京都，1999；警

表8-4 家庭とのトラブル対処に対する都道府県が独自に設置した専門機関等（例）

東京都	教員，弁護士，精神科医，臨床心理士，警察 OB からなる「学校問題解決サポートセンター」を設置
さいたま市	弁護士と委託契約し，法的にみて学校が対応すべきかを弁護士がアドバイスする態勢を整備
横浜市	校長 OB で作る「課題解決支援チーム」を発足
静岡県	小学校に入学する児童の保護者全員を対象に「親学講座」を開講

視庁，2008）。自殺者のうち，うつ病などの精神疾患罹患者は6割と半数以上を占め（飛鳥井，2000），精神障害による自殺で労災を認定された件数も2009年度で66件（うち教育・学習支援業は12件）と増え続けている（厚生労働省，2006；2009a：図8-19参照）。

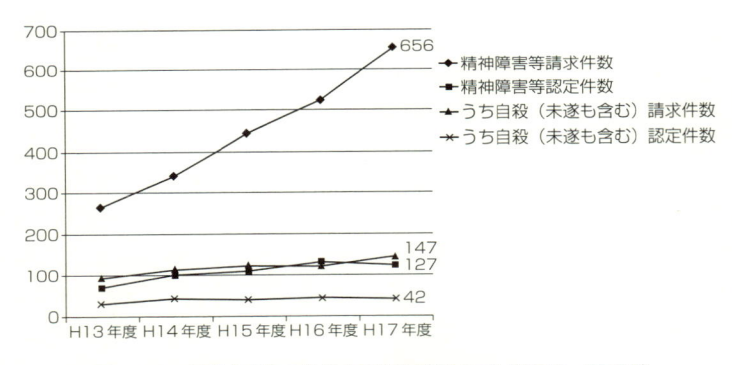

図8-19 精神疾患等の労災申請件数推移（厚生労働省，2006）

このような社会状況に対して，具体的な自殺予防対策を図るため，2006年に自殺対策基本法が制定された。自殺対策基本法の第1条では，「近年，わが国において自殺による死亡者数が高い水準で推移していることにかんがみ，自殺対策に関し，基本理念を定め，及び国，地方公共団体等の責務を明らかにするとともに，自殺対策の基本となる事項を定めること等により，自殺対策を総合的に推進して，自殺の防止を図り，あわせて自殺者の親族等に対する支援の充実を図り，もって国民が健康で生きがいをもって暮らすことのできる社会の実現に寄与すること」を目的とする法律である。

児童生徒の自殺の原因は，いじめなどの学校生活での対人関係であることが報告されていながら（警察庁，2008），文部科学省の調査では，いじめが主たる理由とされる自殺が平成17年度までは1件も報告されていない（文部科学省，2007）。児童生徒の自殺者数については，警察庁調査結果と文部科学省調査結果に大きな差があり，調査の仕方の見直しが検討されている。平成20年中の自殺件数（警察庁，2009c）は，全体32,249件で，小学生9件，中学生74件，高校生225件，大学生536件，専修学

校生等128件である。一方で，文部科学省調査に反映されない原因，たとえば，遺児の養育者が，いじめによる自殺であったことを学校に報告しないなど遺族の偏見不安についても知る必要がある。また児童生徒の周囲に自殺者がいる場合等は，親族だけでなく関係者においても長期的なストレスを与えることがある。自殺が単なる本人だけの問題ではないことに十分留意する必要があろう。

　児童・生徒の自殺予防については，スクールカウンセラーが中心となって，未然防止，早期発見，早期対応に取り組んでいる（文部科学省，2008c）。文部科学省（2007）では，児童生徒の自殺予防に向けた取組に関する検討会を立ち上げ，自殺予防教育や学校における相談体制の整備，さらには精神保健の専門家からなる危機対策チームの体制について検討が進められている。なお平成20年中における高校生の自殺原因では，"進路に関する悩み"がもっとも多いことから（警察庁，2009c），キャリア支援の重要性がうかがえる。

6. 学校コミュニティの危機と支援

(1) 学校コミュニティの危機とは

　学校コミュニティの危機とは，児童生徒，教職員等の学校コミュニティの構成員をまき込み，突発的な恐怖や喪失などをもたらす強い出来事が生じた結果，構成員が無力感や自責，他者への非難や攻撃といった反応を起こす状況である。そのような状況をもたらす具体的な出来事は以下のようなものである。

　　①児童・生徒の自殺
　　②学校の管理責任下で生じた事件・事故による児童・生徒の死傷
　　③交通事故，火災など校外（学校の管理外）の事故による児童・生徒の死傷
　　④地域で生じた衝撃的な事件や自然災害による被害
　　⑤児童・生徒による殺傷事件
　　⑥教職員の不祥事の発覚
　　⑦教職員の自殺などの突然の死

(2) 学校コミュニティの危機とその反応

　突発的で衝撃的な事件・事故に遭遇することによって生じた反応を，個人レベル（ミクロレベルともいえよう），学校（集団・組織）レベル（メゾレベルともいえよう）に分けて表8-5に示した。

　危機的な出来事に遭遇した個人は感情，身体，認知，行動に関わる様々な個人レベルの反応を起こし，それらがあいまって学校（集団・組織）レベルの反応となる。学校（集団・組織）レベルの反応が生じるような場合，学校コミュニティは機能不全に陥っており，さらに個人レベルおよび学校（集団・組織）レベルの諸反応に対して不適切で不十分な対応を行う可能性がある。その結果，個人レベル，学校（集団・組織）レベルの反応を助長させる悪循環が生じることになる。

表8-5　個人レベル，学校（集団・組織）レベルで起こる反応

■個人レベルの反応
①感情面の反応：ショック，無感動，恐怖，不安，悲しみ，怒り，無力感，自責感，不信感
②身体的な反応：不安や恐怖に伴う身体症状，睡眠障害，食欲不振，胃腸症状，筋緊張による痛み，疲労感
③認知面の反応：記憶の障害，集中力の低下，思考能力の低下，決断力の低下，判断力の低下，問題解決能力の低下
④行動面の反応：口数の変化，活動レベルの変化，うっかりミスの増加，嗜好品の増加，ゆとりをなくす，身だしなみの変化，依存行動の変化

■学校（集団・組織）レベルの反応
①人間関係の対立：自分と異なった反応を示している他者を受け入れられない，事件・事故の責任を他者に転嫁する
②情報の混乱：学校内等の情報伝達ルートの混乱，構成員間の間違った情報の伝搬，日常的に準備された問題解決システムの機能不全

（3）学校コミュニティの危機への支援

前述したような危機や悪循環の状態を打開するために学校コミュニティへの支援（緊急支援）が必要となる。では，なぜ支援が必要なのか，その必要性を表8-6にまとめた。

表8-6　支援の必要性について

①児童・生徒の様々なネガティブな反応を軽減できる
②適切な時期に適切な対応を行えば大半の健康な子どもの反応は収束可能である
③適切な時期に適切な対応がなされると，反応の長期化，重篤化を防ぐことができる
④専門的・継続的なケアに繋ぐ必要性のある児童・生徒を早期に発見することができる
⑤学校コミュニティの機能不全に伴う悪循環を緩和することができる

したがって，学校コミュニティの危機をもたらす事件・事故が生じた場合には，SSWrは，必要であれば外部機関（教育委員会や精神保健福祉センター等）と連携し，学校コミュニティが児童生徒の反応を受け止め，健全な成長・発達を支援するという本来の機能を回復させるために，緊急支援を行うのである。

支援においては，感情や認知に対する心理学的な支援の他，保護者等の関係者・各関係機関・マスコミ等への連絡，会議運営による短期・長期的な対応の決定等がある。特に心理学的支援以上にソーシャルワーク的な支援が多く求められる。逆にいえば，心理学的支援においては，日頃児童生徒と関わる教職員のほうが求められるとも言えよう。そのため，日頃から緊急時の対応について，危機対応チーム等を編成し準備しておく必要がある。

心理学的支援が必要か医学的支援が必要かについては，継続的な生活の困難性が認められるのであれば，後者の支援が必要と思われる。ただし心理学的支援を専門にする者等が医学的支援の必要性の有無を決定することはできない。医学的支援が必要かどうかは，その領域の専門家が判断するものと言えよう。つまり，基本的には領域外の専門家が判断するものではない。SSWrにおいてもこの点は注意していただきたい。

（4）危機対応の参考資料

　学校コミュニティの危機対応に関わる資料は，様々な自治体でも紹介されている。適切な対応等についても提示されているため参照いただきたい。以下には参考として2つの資料を紹介する。

■東京都教育委員会　学校危機管理マニュアル
http://www.kyoiku.metro.tokyo.jp/buka/soumu/kikikanri.htm（2009年10月1日閲覧）

■福岡県臨床心理士会（編）（2005）学校コミュニティへの緊急支援の手引き
http://kongoshuppan.co.jp/dm/0862_1.html（2010年1月1日閲覧）

　なお本項は，主として「学校コミュニティへの緊急支援の手引き」（福岡県臨床心理士会，2005）を参考に著されている。

【演　習】

☐1．表8-1に掲げた憲法の条文以外で，SSWに大切な条文を探してみよう。またソーシャルワーカーの価値にあたる「人間の尊厳」や「社会正義」とかかわる条文も探してみよう。

☐2．児童虐待が増加しているという理由を法的・社会的な観点から考えてみよう。また児童養護施設と情緒障害児短期治療施設に配置されている職種と施設の支援内容の違いを調べてみよう。

☐3．不登校・非行・いじめの関連性やそれらがキャリア発達に与える影響について，話し合ってみよう。

☐4．発達障害を持つ児童生徒は，どのような生活の困難性を感じるだろうか，またその困難性が学業やキャリアにどのような影響を与えるか，今後の課題も含めて話し合ってみよう。

☐5．自分の住んでいる地域で提示されている学校危機に関わるマニュアル等を確認し，学校危機とはなにか，学校危機の対処方法と予防的方法にはなにがあるかを調べてみよう。

■引用・参考文献■

■第1章

Agresta, J. 2004 Professional role perceptions of school social workers, psychologists, and counselors. *Children & Schools*, 26(3), 151-163.

Allen-Meares, P., Washington, R. O. & Welsh, B. L. 2000 *Social Work Services in Schools*, 3rd ed. Ohio: Allyn & Bacon. 鈴木庸裕（訳）2001 スクールソーシャルワーク活動におけるエコロジカルな視点 日本スクールソーシャルワーク協会（編） 学校におけるソーシャルワークサービス 学苑社 Pp.102-132.

岩永 靖 2009 熊本県の取り組み状況 学校ソーシャルワーク研究特集号 53-55.

門田光司・奥村賢一 2009 スクールソーシャルワーカーのしごと―学校ソーシャルワーク実践ガイド― 中央法規出版

唐津市教育委員会 2005 唐津市教育委員会事務局組織規則

文部科学省 2001 文部科学省組織規則

文部科学省 2003 「通常の学級に在籍する特別な教育的支援を必要とする児童生徒に関する全国実態調査」調査結果（今後の特別支援教育の在り方について〔最終報告〕資料）

文部科学省 2006 小学校・中学校・高等学校 キャリア教育推進の手引―児童生徒一人一人の勤労観、職業観を育てるために―

文部科学省 2009 スクールソーシャルワーカー実践活動事例集 P.2.

National Association of Social Workers. 1958 Working definition of social work practice. *Social Work*, 3(2), 10.

日本学校ソーシャルワーク学会（編） 2008 スクールソーシャルワーカー養成テキスト 中央法規出版

日本学校ソーシャルワーク学会 2009 2008年度「スクールソーシャルワーカー活用事業」―現状と課題― 学校ソーシャルワーク研究特集号

岡本泰弘 2009 「スクールソーシャルワーカー活用事業」今後の展開について 月刊生徒指導, 39(6), 6-9.

岡安朋子 2009 神奈川県の取り組み状況（横浜市を中心として） 学校ソーシャルワーク研究特集号, 23-24.

大崎広行 2008 スクールソーシャルワーカー養成テキスト 中央法規 Pp.26-39.

日本学術会議社会学委員会社会福祉学分科会 2008 提言 近未来の社会福祉教育のあり方について―ソーシャルワーク専門職資格の再編成に向けて―

日本精神保健福祉士協会 2008 精神保健福祉士業務分類および業務指針作成に関する報告書（総務部「精神保健福祉士業務指針」提案委員会）

日本社会福祉士養成校協会 2008 スクール（学校）ソーシャルワーカー育成・研修等事業に関する調査研究報告書

日本社会福祉士養成校協会 2010 スクールソーシャルワーク教育課程認定に関する規定第6条第4項に規定する科目の教育内容、教員要件、スクールソーシャルワーク実習の指定施設、実習指導者の要件及び認定審査申請等の諸様式等について（通知） http://www.jascsw.jp/ssw/ssw_tsuuchi20100220.pdf （2010年3月1日閲覧）

佐賀県教育委員会 1956 佐賀県教育庁組織規則

白澤政和 2009 相談援助の理論と方法 I 中央法規 Pp.8-18.

米川和雄 2009 学校コーチング入門―スクールソーシャルワーカー・スクールカウンセラーのための予防的援助技術― ナカニシヤ出版 Pp.227-239.

引用・参考文献

■第2章
いとう総研資格取得支援センター　2008　見て覚える！　社会福祉士国試ナビ2009　中央法規　Pp.227-228.
岩崎久志　2001　教育臨床への学校ソーシャルワーク導入に関する研究　風間書房　Pp.113-115
ジャーメイン，B.C.・小島蓉子（著・訳）　1992　エコロジカル・ソーシャルワーク　カレル・ジャーメイン名論文集　学苑社
門田光司　2002　学校ソーシャルワーク入門　中央法規　Pp.51-57
小杉正太郎（編）　2002　ストレス心理学　個人差のプロセスとコーピング　川島書店　Pp.31-53
日本学校ソーシャルワーク学会（編）　2008　スクールソーシャルワーカー養成テキスト　中央法規　Pp.79-89
Richmond, M.E.　1922　*What is social case work? An introductory description.* New York: Russell Sage Foundation.　小松源助（訳）　1991　ソーシャルケースワークとは何か　中央法規出版

■第3章
Blagg, N.R　1989　*School phobia and its treatment.* Reprint by Routledge.
福田憲明　2002　第3章　学校アセスメント　村山正治・鵜養美昭（編）　実践！スクールカウンセリング　金剛出版　Pp.49-62.
藤岡孝志　2005　不登校臨床の心理学　誠信書房
本間友巳　2003　中学生におけるいじめの停止に関する要因といじめ加害者への対応　教育心理学研究，51，390-400.
生田純子　2000　学校教育相談の進め方―スクールカウンセラーや教育相談コンサルタントを経験して―　東海女子大学紀要，20，89-103.
伊藤亜矢子　2001　特集スクールカウンセリング　学校風土とスクールカウンセリング（臨床心理学第1巻第2号）　金剛出版　Pp.153-159.
岩田泰子　1998　児童虐待　児童青年期精神障害（臨床精神医学講座）11巻　中山書店　Pp.327-338.
國分康孝　1998　教師の使えるカウンセリング　金子書房　Pp.68-79.
松尾直博　2002　学校における暴力・いじめ防止プログラムの動向―学校・学級単位での取り組み―　教育心理学研究，50，487-499.
松山　真　2009　新・社会福祉士養成講座7　相談援助の理論と方法Ⅰ　中央法規　Pp.89-128.
森田洋司・清永賢二　1994　新訂版　いじめ―教室の病い―　金子書房　Pp.83-99.
太田義弘　1995　ソーシャル・ワークにおけるアセスメント―その意義と方法―　ソーシャルワーク研究，20(4)，260-266.
桜井茂男　1997　現代に生きる若者たちの心理―嗜癖・性格・動機づけ―　風間書房　Pp.79-84.
佐藤宏平・若島孔文・長谷川啓三　2000　小・中・高・専門学校生を対象としたいじめの調査―いじめの期間と本人の解決努力・解決様式との関連の検討―　日本カウンセリング学会第33回大会発表論文集　274-275.
Shazer, D.S.　1985　*Keys to Solution in Brief Therapy.* New York: W. W. Norton & Co Inc.　小野直弘（訳）　1994　短期療法解決の鍵　誠信書房
7.20ソーシャルワーカーデー中央集会参加者一同　2009　ソーシャルワーカーデー宣言（ソーシャルワーカーデー中央集会配布資料）
高野清純（編著）・桜井茂男（著）　1997　いじめのメカニズム「弱いものいじめと攻撃」　教育出版　Pp.79-104.
瀧本孝雄　2006　カウンセリングへの招待　サイエンス社　Pp.69-70.
瓜巣一美・森井利夫（監）大熊信成・梶原隆之（編）　2002　児童福祉援助技術実践―ケース研究―　久美出版　Pp.31-36.
山崎洋史・松原達哉・中里　敦　1997　いじめに関する実態と対処法―いじめに対する教師の対応と

効果― 日本教育心理学会発表論集, 39, 532.
横川和章・眞尾　正　1997　いじめに対する教師の認識と対応に関する研究（1）　日本教育心理学会発表論集, 39, 268.
米川和雄　2009　学校コーチング入門―スクールソーシャルワーカー・スクールカウンセラーのための予防的援助技術―　ナカニシヤ出版　Pp.59-60.

■第4章
相澤譲治　2006　スーパービジョンの方法　相川書房　Pp.14-18.
石隈利紀　1999　学校心理学 教師・スクールカウンセラー・保護者のチームによる心理教育的援助サービス　誠信書房　Pp.279-280.
國分久子　1994　教員のメンタルヘルスの自己管理　こころの科学58, 学校カウンセリング　日本評論社　P.69.
教員の心の健康等に関する調査研究協力者会議（編）　1993　教員の心の健康等に関する問題について（審議のまとめ）　文部省
諸富祥彦　1999　学校現場で使えるカウンセリング・テクニック（下）　誠信書房　P.240.
中島一憲　2003　先生が壊れていく―精神科医からみた教育の危機―　弘文堂　P.24.
西尾祐吾　1997　社会福祉におけるケース・カンファレンスの手法　武庫川女子大学大学院臨床教育学研究科研究誌第3号, 185-196.
西尾祐吾（編著）　1998　保健・福祉におけるケース・カンファレンスの実践　中央法規出版　はじめに
阪田憲二郎　2008　記録技法　ソーシャルワーク演習教材開発研究会（編）　ソーシャルワーク演習ワークブック　みらい　Pp.67-77.
産経新聞　2008　精神疾患の休職教員, 過去最多の4995人　わいせつ教師はやや減少　産経新聞社（2008年12月25日 朝刊）
塩村公子　2000　ソーシャルワーク・スーパービジョンの諸相　中央法規出版　P.94.
菅沼憲治・牧田光代　2004　エクササイズと事例で学ぶ　実践セルフ・アサーション・トレーニング　東京図書　P.216.
武田　建　1986　スーパービジョン　武田建・荒川義子（編）　臨床ケースワーク　クライエント援助の理論と方法　川島書店　Pp.189-199.
山野則子　2009　スクールソーシャルワーカー実践活動事例集　文部科学省　Pp.12-29.
米川和雄・菊池やす子・高木政代・砂川友美　2009　多職種ケース会議におけるケース担当者の認知的・行動的変容の効果―スクールソーシャルワーク演習方法の提案―　第11回日本子ども健康科学会 学術集会発表抄録　P.60.

■第5章
文部科学省　2008　スクールソーシャルワーカー活用事業
　http://www.mext.go.jp/a_menu/yosan/h21（2008年4月1日閲覧）
日本学校ソーシャルワーク学会（編）　2008　スクールソーシャルワーカー養成テキスト　中央法規
日本学校ソーシャルワーク学会（編）　2009　2008年度スクールソーシャルワーカー活用事業の現状と課題　学校ソーシャルワーク研究（特集号）
小川利夫・高橋正教（編著）　2001　教育福祉論入門　光生館
岡村重夫　1963　社会福祉学（各論）　柴田書店　P.141；P.167.
岡本泰弘　2008　スクールカウンセラー等活用事業―この1年を振り返る―　日本スクールソーシャルワーク協会会報, 31, 3-6.
鈴木庸裕　2007　スクールソーシャルワーカーの養成―実習指導や現職者育成の指導者の立場から　学校ソーシャルワーク研究（日本学校ソーシャルワーク学会編）, 2, 12-23.
全国生活指導研究協議会常任委員会　2005　子ども集団づくり入門―学級・学校が変わる―　明治図

書
全国生活指導研究協議会常任委員会（編） 2009 全生研全国大会紀要

■第6章
Flick, U. 1995 *Qualitative Forschung.* Hamburg : Rowohlt Taschenbuch Verlag GmbH. 小田博志・山本則子・春日 常・宮地尚子（訳） 2002 質的研究入門―〈人間の科学〉のための方法論 春秋社
Glaser, B.G. and Strauss, A.L. 1967 *The Discovery of Grounded Theory : Strategies for Qualitative Research.* New York: Aldine. 後藤 隆・大出春江・水野節夫（訳） 1996 データ対話型理論の発見：調査からいかに理論をうみだすか 新曜社
宮本和彦・梶原隆之・山村 豊（編） 2008 社会福祉士シリーズ5 社会調査の基礎 弘文堂 P.151.
米川和雄 2009 エンパワーメント・ソーシャルワーク・モデルの提案 健康支援, 11(1), 1-12.
米川和雄・津田 彰 2009 中学生の「生きる力促進モデル」の検討―自己受容と学校生活スキルに焦点を当てて― 健康心理学研究, 22(1), 33-43.

■第7章
井上 浩・中村 剛・竹内美保・工藤 歩 2006 品質マネジメントシステムに基づく実習教育の実践と検証―実習教育の質の確保を目指して― 関西福祉大学研究紀要, 9, 89-100.
井上 浩・中村 剛・竹内美保・工藤 歩 2007 社会福祉実習教育の効果測定 ―評価基準の尺度化に関する仮説的枠組みの提示― 関西福祉大学研究紀要, 10, 11-17.
工藤 歩 2008 スクールソーシャルワークにおける援助技術の考察―その1 特別支援教育に関連して― 関西福祉大学研究紀要, 11, 57-65.
工藤 歩 2009 スクールソーシャルワーカーの育成についての一考察 ―人材に求められる能力と、育成の現状における課題について― 関西福祉大学社会福祉学部研究紀要, 12, 101-107.
文部科学省 2002 通常の学級に在籍する特別な教育的支援を必要とする児童生徒に関する全国調査
文部科学省 2006 学校等における児童虐待防止に向けた取り組みについて（本文は要約）
日本学校ソーシャルワーク学会（編） 2008 スクールソーシャルワーカー養成テキスト 中央法規
日本社会福祉士養成校協会 2009 スクールソーシャルワーカー育成・研修事業等に関する調査研究〈報告書〉 http://www.jascsw.jp/ssw/h20ssw_jascsw.pdf（2010年3月1日閲覧）
日本社会福祉士養成校協会 2010 スクールソーシャルワーク教育課程認定に関する規定第6条第4項に規定する科目の教育内容，教員要件，スクールソーシャルワーク実習の指定施設，実習指導者の要件及び認定審査申請等の諸様式等について（通知） http://www.jascsw.jp/ssw/ssw_tsuuchi20100220.pdf（2010年3月1日閲覧）
三楽病院・ウェルリンク株式会社 2008 教員の多忙感に関する調査
http://www.welllink.co.jp/press/files/kyoin_summary_2008-10.pdf（2009年10月27日所得）

■第8章
飛鳥井望 1994 自殺の危険因子としての精神障害―生命的危険性の高い企図手段をもちいた自殺失敗者の診断学的検討 精神経誌, 96, 415-443
Benesse教育研究開発センター 2007 データクリップ！ 子どもと教育 http://benesse.jp/berd/data/dataclip/clip0004/clip0004a.pdf（2009年9月15日閲覧）
千葉県 2009 市町村子ども虐待防止ネットワーク対応マニュアル資料編 http://www.pref.chiba.lg.jp/syozoku/c_jika/gyakutaimanual/shiryouhen.pdf（2009年9月15日閲覧）
福岡県臨床心理士会（窪田由紀・向笠章子・林 幹夫・蒲田英範）（偏） 2005 学校コミュニティへの緊急支援の手引き 金剛出版 Pp.22-49.
International Federation of Social Workers〔IFSW〕. 2000 *Definition of Social Work.* 日本ソーシャルワーカー協会，日本社会福祉士会，日本医療社会事業協会で構成するIFSW日本国調整団体

引用・参考文献

（訳）2001　ソーシャルワークの定義
星野ハナ・横山範子・横山さやか・水野智美・徳田克己　2000　幼稚園教諭の感じる「困る保護者」とその対応　日本保育学会大会発表論文抄録　53，794-795．
法務省　2008　犯罪白書平成20年度版　http://hakusyo1.moj.go.jp/（2009年9月15日閲覧）
法務省　2009　平成21年版　犯罪白書～再犯防止施策の充実～　http://hakusyo1.moj.go.jp/（2010年3月1日閲覧）
伊藤美奈子　2000　教師のバーンアウト傾向を規定する諸要因に関する探索的研究—経験年数・教育観タイプに注目して—　教育心理学研究，48(1)，Pp.12-20．
伊藤佳代子・杉若弘子　2003　教師のストレス—バーンアウト反応に影響する要因の検討—日本健康心理学会第16回大会論文集，358-359．
岩崎浩三（訳）　2001　ソーシャルワークの教育および養成のためのグローバル基準　特定非営利活動法人日本ソーシャルワーカー協会　国際情報　http://www.jasw.jp/kokusaiinfo/globalstandard.pdf（2009年9月15日閲覧）
加藤曜子　2001　児童虐待リスクアセスメント　中央法規出版
川上憲人　2003　心の健康問題と対策基盤の実態に関する研究　厚生労働省厚生労働科学研究費補助金　厚生労働科学特別研究事業　平成14年度総括・分担研究報告書　http://mental.m.u-tokyo.ac.jp/h14tokubetsu/（2009年9月15日閲覧）
河村茂雄・鈴木啓嗣・岩井圭司　2004　教師に生ずる感情と指導の関係についての研究　―中学校教師を対象として―　教育心理学研究，52，Pp.1-11．
川崎市　2009　川崎市子どもの権利に関する行動計画　http://www.city.kawasaki.jp/25/25zinken/home/kodomo/kodo/2.htm（2009年9月15日閲覧）
警察庁　2008　平成20年の犯罪情勢　配偶者による殺人，傷害及び暴行事件の検挙件数の推移（配偶者によるもの）
　http://www.npa.go.jp/toukei/seianki7/h20hanzaizyousei.pdf（2010年1月4日閲覧）
警察庁　2009a　少年非行等の概要　http://www.npa.go.jp/safetylife/syonen38/syonenhikou_h20.pdf（2010年1月4日閲覧）
警察庁　2009b　平成21年上半期の犯罪情勢　http://www.npa.go.jp/toukei/seianki8/h21kamihanki.pdf（2010年1月4日閲覧）
警察庁　2009c　平成20年中における自殺の概要資料　http://www.npa.go.jp/safetylife/seianki81/210514_H20jisatsunogaiyou.pdf（2010年1月4日閲覧）
警察庁　2010　少年非行等の概要（平成21年1～12月）　http://www.npa.go.jp/safetylife/syonen/syonenhikou_h21.pdf（2010年3月1日閲覧）
国立教育政策研究所生徒指導研究センター　2002　「職業観・勤労観を育む学習プログラムの枠組み（例）」　http://www.nier.go.jp/shido/centerhp/index.htm（2009年9月15日閲覧）
向後礼子　2008　軽度発達障害者のための就労支援プログラムに関する研究—ワーク・チャレンジ・プログラム（試案）の開発—　障害者職業総合センター調査研究報告書，83，13-23．http://www.nivr.jeed.or.jp/research/report/houkoku/houkoku83.html（2009年9月15日閲覧）
厚生労働省　2000　21世紀における国民健康づくり運動（健康日本21）について　報告書　http://www1.mhlw.go.jp/topics/kenko21_11/pdf/all.pdf（2009年9月15日閲覧）
厚生労働省　2001　養護施設入所児童等調査結果の要点　http://www.mhlw.go.jp/topics/0101/tp0130-2.html（2009年9月15日閲覧）
厚生労働省　2005　厚生労働省実績評価書　配偶者からの暴力の被害者の適切な保護・支援を図ること　http://www.mhlw.go.jp/wp/seisaku/jigyou/05jisseki/6-6-2.html（2009年9月15日閲覧）
厚生労働省　2008a　自殺対策白書　心の健康づくりを進める取組　http://www8.cao.go.jp/jisatsutaisaku/whitepaper/w-2008/pdf/pdf_honpen/h094.pdf（2009年9月15日閲覧）
厚生労働省　2008b　児童養護施設入所児等調査　http://www.crc-japan.net/contents/notice/pdf/h20_0722.pdf（2009年9月15日閲覧）

厚生労働省　2009a　平成20年度における脳・心臓疾患及び精神障害等に係る労災補償状況について　http://www.mhlw.go.jp/houdou/2009/06/h0608-1.html（2009年9月15日閲覧）

厚生労働省　2009b　勤労者メンタルヘルス統計データ　http://www.e-stat.go.jp/SG1/estat/List.do?bid=000001020611&cycode=0（2009年9月15日閲覧）

厚生労働省　2009c　児童相談所における児童虐待相談対応件数及び子ども虐待による死亡事例等の検証結果等の第5次報告について　http://www.mhlw.go.jp/houdou/2009/07/dl/h0714-1a.pdf（2009年9月15日閲覧）

厚生労働省　2009d　平成20年度児童相談所における児童虐待相談対応件数（速報値）」について　http://www.crc-japan.net/contents/notice/pdf/h20_sokuhou.pdf（2009年9月15日閲覧）

厚生労働省　2009e　児童養護施設入所児童等調査結果　http://www.foster-family.jp/data-room/stock-file/200907korosho-nyushojido-chosa-H2002.pdf（2009年12月25日閲覧）

Lorenz, W.　2001　Social work in Europe-Portrait of a diverse professional group. In S. Hessle (Ed.). *International Standard Setting of Hgher Social Work Education*. Stockholm Studies of Social Work.

増田公男　2001　小学生における生活習慣，健康と遊びについての覚書き　金城学院大学論集人間科学編，26，31-42.

茂木俊彦　2007　障害児教育を考える　岩波新書

茂木俊彦　2009　特別支援教育の発展のために―教育条件の抜本的改革を　都市問題，100(5)，55-61.

文部科学省　教育基本法資料室へようこそ！　http://www.mext.go.jp/b_menu/kihon/about/index.htm（2009年9月15日閲覧）

文部科学省　2003a　「若者自立・挑戦プラン」（キャリア教育総合計画）の推進　http://www.mext.go.jp/a_menu/ikusei/wakamono/index.htm（2009年9月15日閲覧）

文部科学省　2003b　生徒指導上の諸問題　http://www.mext.go.jp/a_menu/shotou/seitoshidou/index.htm（2009年9月15日閲覧）

文部科学省　2004a　児童生徒の職業観・勤労観を育む教育の推進について

文部科学省　2004b　キャリア教育の推進に関する総合的調査研究協力者会議報告書―児童生徒一人一人の勤労観，職業観を育てるために―の骨子　http://www.mext.go.jp/b_menu/shingi/chousa/shotou/023/toushin/04012801/002.htm（2009年9月15日閲覧）

文部科学省　2005a　学校における受動喫煙防止対策実施状況調査について　http://www.mext.go.jp/b_menu/houdou/17/08/05083102.htm（2009年9月17日閲覧）

文部科学省　2005b　データからみる日本の教育　http://www.mext.go.jp/b_menu/shuppan/toukei/05071201.htm（2009年9月15日閲覧）

文部科学省　2005c　生徒指導上の諸問題の現状について　http://www.mext.go.jp/b_menu/houdou/18/12/07060501/001.pdf（2009年9月15日閲覧）

文部科学省　2006a　小学校・中学校・高等学校　キャリア教育推進の手引　―児童生徒一人一人の勤労観、職業観を育てるために―　http://www.mext.go.jp/a_menu/shotou/career/070815/all.pdf（2009年9月15日閲覧）

文部科学省　2006b　病気休職者数等の推移（平成8年度～平成17年度）　http://www.mext.go.jp/b_menu/houdou/18/12/06121205/011.htm（2009年4月1日閲覧）

文部科学省　2007　子どもの自殺予防のための取組に向けて（第1次報告）　http://www.mext.go.jp/a_menu/shotou/seitoshidou/kentouka/houkoku/07050801/001.pdf（2009年9月15日閲覧）

文部科学省　2008a　特別支援教育の対象の概念図　http://www.mext.go.jp/a_menu/shotou/tokubetu/main/001.pdf（2009年9月15日閲覧）

文部科学省　2008b　専修学校とは　http://www.mext.go.jp/a_menu/shougai/senshuu/1280727.htm（2009年9月15日閲覧）

引用・参考文献

文部科学省　2008c　スクールカウンセラー等活用事業補助　http://www.mext.go.jp/b_menu/shingi/chousa/shotou/046/shiryo/08032502/003.htm（2009 年 9 月 15 日閲覧）
文部科学省　2008d　平成 19 年度「児童生徒の問題行動等生徒指導上の諸問題に関する調査」について　http://www.mext.go.jp/b_menu/houdou/20/11/08111707.htm（2009 年 9 月 15 日閲覧）
文部科学省　2009a　平成 21 年度学校基本調査速報　http://www.mext.go.jp/b_menu/toukei/001/08121201/1282646.htm（2009 年 9 月 15 日閲覧）
文部科学省　2009b　平成 20 年度学校保健統計調査速報　http://www.mext.go.jp/b_menu/toukei/001/h20.htm　（2009 年 9 月 15 日閲覧）
文部科学省　2009c　平成 20 年度「児童生徒の問題行動等生徒指導上の諸問題に関する調査」について　http://www.mext.go.jp/b_menu/houdou/21/08/__icsFiles/afieldfile/2009/08/06/1282877_1_1.pdf（2010 年 1 月 4 日閲覧）
森下典子・山田重行・福島富士子　2000　虐待的な育児の世代伝播とアダルト・チルドレン　母性衛生, 41, 69-75.
内閣府男女共同参画局　2009　「男女間における暴力に関する調査」〈概要版〉　http://www.gender.go.jp/e-vaw/chousa/images/pdf/chousagaiyou2103.pdf（2009 年 9 月 15 日閲覧）
中島一憲　2003　先生が壊れていく—精神科医のみた教育の危機　弘文堂
中島一憲　2000　先生のストレス　先生のストレスとその対処法　教育と情報, 503, 14-19.
佐藤幸子　遠藤恵子　塩飽仁　矢本美子　2003　子どもの虐待に対する高校生の意識と意識形成の世代伝播　山形保健医療研究, 6, 9-15.
Sen, A.　1992　*Inequality reexamined*. New York: Russell Sage Foundation　池本幸生・野上裕生・佐藤　仁（訳）1999　不平等の再検討　岩波書店
シューポール, V.　ジョーンズ, D.　2001　ソーシャルワークの教育および養成のためのグローバル基準　岩崎浩三（訳）　http://www.jasw.jp/kokusaiinfo/globalstandard.pdf（2009 年 9 月 15 日閲覧）（特定非営利活動法人日本ソーシャルワーカー協会　国際情報）
信田さよ子　2002　DV と虐待—家族の中の暴力に援助者が出来ること—　医学書院
特定非営利活動法人日本ソーシャルワーカー協会　2005　ソーシャルワーカーの倫理綱領　http://www.jasw.jp/jaswtowa/jasw-rinri-050127.htm（2009 年 9 月 15 日閲覧）
東京都立衛生研究所年報　1999　日本における自殺の精密分析, 50, 337-344.
内野智之　2009　中学校調査からみた発達障害生徒の高校進学の困難・ニーズ　障害者問題研究, 36(4), 252-263.
山口創　2003　乳幼児期における母子の身体接触が将来の攻撃性に及ぼす影響　健康心理学研究, 16(2), 60-67.
米川和雄　2009a　中高一貫校でのピアコーチによる校内支援体制構築—学校ソーシャルワークのエビデンス・ベースド・アプローチ構築の挑戦—　日本学校ソーシャルワーク学会（第 4 回大会報告要旨集), 53-58.
米川和雄　2009b　学校コーチング入門—スクールソーシャルワーカー・スクールカウンセラーのための予防的援助技術—　ナカニシヤ出版　Pp.59-60
渡辺久子　1998　虐待の世代間伝達を断ち切る　助産婦雑誌, 52, 674-680.
World Health Organization (WHO)　2008　Suicide rates per 100,000 by country, year and sex (Table)　http://www.who.int/mental_health/prevention/suicide_rates/en/index.html（2009 年 9 月 15 日閲覧）

索 引

●あ
アスペルガー症候群　44
アセスメント　33, 72

●い
生きる権利　182
生きる力　132, 191
育児放棄（ネグレクト）　183
いじめ　36
いじめの発見　195
イラショナル・ビリーフ（irrational belief）　88
医療ソーシャルワーカー（medical social worker）　10
インターベンション　34, 72
インテーク　72

●う
ウェルビーイング（well-being）　1
うつ病　91
運動基礎能力　198

●え
エコマップ　47, 49
エコロジカルソーシャルワーク　25, 27
エコロジカルな視点　23
SPSS　118, 122
エバリュエーション　72
Amos　129
エリス（Ellis, A.）　84
エンパワメント（エンパワーメント）　1

●か
解決志向短期療法　63
介護福祉士　177
開放　2
カウンセリング　24
学習指導要領　101, 191
学習障害（Learning Disability: LD）　43
覚せい剤取締法違反　187
過重労働による健康障害防止のための総合対策　199
学校環境　45
学校教育法　190
学校風土　46
学校保健統計調査　197
観察法　120
管理的機能　77

●き
記述統計　124

喫煙　96
機能不全　2
基盤的価値　3
器物損壊　194
基本的人権の尊重　175
キャリア　179
キャリア開発　2
キャリアカウンセラー　113
キャリアカウンセリング　113
キャリア教育　2, 112, 113, 191
キャリア支援　193
キャリア発達　192
休職者　88, 194
教育委員会　12
教育基本法　175
教育センター　66
教育相談センター　66
教育相談　95
教育的機能　77
教育を受ける権利→育つ権利 を参照
教師のストレス　199

●く
ぐ犯少年　194
グラウンデッド・セオリー・アプローチ（Grounded Theory Approach）　130
グループ・スーパービジョン　76
グループワーク　114
グレイザー（Glaser, B.）　130
クロス集計　128

●け
警察OB　200
KJ法　130
刑法犯少年　194
ケース会議　81
ケース記録　71
健康教育　196
健康寿命　196
健康増進法　196
健康日本21　196
健康保持増進　198
健康問題　196
顕在的ニーズ　60
ケンドールの順位相関係数　127

●こ
高機能自閉症　43, 44
貢献　4
交互作用　26

211

索　引

校内暴力　193
幸福権の追求　175
コーピング（対処行動）　27
国際ソーシャルワーカー連盟（IFSW）　1, 179
国際連合（国連）　181
国連児童基金　181
子ども家庭支援センター　67
子どもの権利条約→児童の権利に関する条約 を参照
子どもの権利宣言　181
子ども・若者育成支援推進法　98
個別支援計画　93
コミュニケーション　113
コミュニティワーク（地域援助技術）　118
コンサルタント（相談を受ける側）　79
コンサルティ（相談する側）　79
コンサルテーション　79

●さ

サポート校　193
参加する権利　182

●し

シェーザー（Shazer, D.S.）　63
ジェノグラム（genogram）　47
自殺対策基本法　200
資質　154
資質向上の責務　179
支持的機能　77
施設ソーシャルワーカー（residential social worker）　10
実習記録　76, 150
質的調査　119
疾病予防　196
質問紙法　120
児童委員　178
児童虐待　35
児童虐待防止法（児童虐待の防止等に関する法律）　183
児童相談所（児童相談センター）　66, 182
児童の権利に関する条約（子どもの権利条約）　98, 181
児童福祉法　177, 179
児童養護施設　182
ジャーメイン（Germain, C.B.）　25
社会正義　1, 4
社会調査　117
社会福祉計画・施設運営管理（アドミニストレーション）　118
社会福祉士　179
社会福祉士及び介護福祉士法　179
社会福祉調査　117
社会福祉法　176
社会福祉六法　177

就労支援　193
手段的価値　3
シュトラウス（Strauss, A.）　130
生涯スポーツ　198
情緒障害学級　67
情緒障害児短期治療施設　67
少年法　187
食育　110
食習慣　196
職場復帰　91
触法少年（刑法）　195
食物アレルギー　196
叙述体　73
ジョブカフェ　112
ジレンマ　14
人権　1
身体障害者福祉法　177
身体的虐待　35, 183
心理的虐待　35, 183

●す

睡眠時間　197
スーパーバイザー（指導者）　76
スーパーバイジー（指導を受ける者）　76
スーパービジョン（supervision: SV）　77, 141
スクールカウンセラー（School Counselor: SC）　5
スクールソーシャルワーカーの配置形態　10
スクールソーシャルワーク教育課程　4
スクールソーシャルワークの定義　10
スケジュール　146
ストレス　27, 199
ストレス要因　87
ストレッサー　87
ストレングス（長所）　34
スピアマンの順位相関係数　127

●せ

生活指導　95, 101
生活習慣病　196
生活保護　100
生活保護法　177
生活モデル　25
誠実　4
誠実義務　179
精神科医　200
精神疾患　199
精神障害者　198
精神保健　98
精神保健及び精神障害者福祉に関する法律→精神保健福祉法 を参照
精神保健福祉士　177
精神保健福祉士法（精神保健及び精神障害者福祉に関する法律）　179

212

索引

精神保健福祉法（精神保健及び精神障害者福祉に関する法律） 198
生息地（habitat） 29
生存権 175
性的虐待 35, 183
生徒間暴力 194
生徒指導 91, 101
世界保健機構（World Health Organization: WHO） 199
説明体 74
セリエ（Selye, H.） 27
セルフ・スーパービジョン 76
ゼロトレランス 101
潜在的ニーズ 61
全数調査 119
専門的力量 4

●そ
相関分析 127
ソーシャルアクション 16
ソーシャルサポート 53
ソーシャルワーカーの倫理要領 179
ソーシャルワークの定義 1, 179
育つ権利（教育を受ける権利） 182
尊厳 4

●た
対教師暴力 194
対処行動→コーピング を参照
対人暴力 194
他職種との連携 179

●ち
地域福祉計画 178
チーム支援 114
知的障害者福祉法 177
知能検査 45
地方教育行政 12
注意欠陥多動性障害（Attention Deficit and Hyperactivity Disorder: ADHD） 43, 44
中央教育行政 12
朝食摂取 196

●て
DV防止法（配偶者からの暴力の防止及び被害者の保護に関する法律） 185
適応指導教室 66
適所（niche） 29
典型調査 119

●と
特定非営利活動法人日本ソーシャルワーカー協会 179

特別支援学校 66
特別支援教育 95
特別支援教育コーディネーター 191
特別支援教育支援員 191

●な
ナラティブ分析 130

●に
ニーズ 60
ニート 98
日本国憲法 175
日本社会福祉士養成校協会 25
認知的評価（cognitive appraisal） 27
認定就学者 190

●ね
ネグレクト 35
ネグレクト（育児放棄） 183
ネットワーク 41, 183

●は
パートナーシップ 14
バートレット（Bartlett, H.） 33
配偶者からの暴力の防止及び被害者の保護に関する法律→DV防止法 を参照
配置型（スクールソーシャルワーカー） 11
派遣型（スクールソーシャルワーカー） 11
パス解析 132
発達支援 43
発達障害 66
発達障害者支援センター 66
発達障害者支援法 189
ハローワーク 98
犯罪白書 186
犯罪発生率 187

●ひ
ピアコーチ 188
ピアサポーター 188
ピアサポート 39, 188
ピア・スーパービジョン 76
引きこもり 98
非行 98, 193
ヒストグラム 125
標準偏差 126
標本調査 119
貧困 98

●ふ
ファシリテーション 81
フィールド 139, 145
ブース（Booth, C.） 117

索 引

不登校　40, 98
プランニング　34, 72
フリースペース　66
フリーター志向　191
フロイト（Freud, S.）　64

●へ
平均　126
平均寿命　196
弁護士　200

●ほ
保育士　177
防衛機制　29
包括的アセスメント　55
包括的アセスメントシート　57
ボーエン（Bowen, M.）　47
保護者対応　199
母子及び寡婦福祉法　177

●ま
マクゴールドリック（McGoldrick, M.）　47
マクロ調査　121
マクロレベル　23
守られる権利　182

●み
ミクロ調査　121
ミクロレベル　23
民生委員　178

●む
虫歯　196

●め
メゾレベル　23
面接法　120
メンタルフレンド　66
メンタルヘルスケア　91, 198
メンタルヘルス　198

●も
モラトリアム傾向　191
問題解決　1
文部科学省　12

●ゆ
ユニット・スーパービジョン　76

●よ
要保護児童対策地域協議会　60
要約体　74
予防　2

●ら
来談者中心療法　61
ライフキャリア　2
ライブ・スーパービジョン　76
ライフステージ　30

●り
リッチモンド（Richmond, M.）　25
利用者（クライアント）　135
量的調査　119
臨床心理士　200
倫理　3

●る
ル・プレー（Le Play, F.）　117

●れ
レディネス　190

●ろ
老人福祉法　177
労働安全衛生法　198
労働者の疲労蓄積度チェックリスト　199
ロジャース（Rogers, C. R.）　61
論理療法　88

● 執筆者一覧（執筆順）　＊印は編者

＊米川和雄	久留米大学文学部	
		1-1～2，3-事例，3-表3-16，3-章末資料②，4-演習，
		6-4，6-演習，7-表7-10，7-章末資料⑩・⑪，8-演習
土井幸治	スクールソーシャルワーカー	1-3，7-2-2
大西　良	久留米大学文学部	2，3-1～5，3-章末資料①，8-5-6
梶原隆之	文京学院大学人間学部	3-6
岩崎久志	流通科学大学サービス産業学部	4
鈴木庸裕	福島大学大学院人間発達文化研究科	5-1・2・演習，7-演習
山田　治	中高一貫私立学校相談員	5-3-1
松尾　正	練馬区立教育センター練馬相談室	5-3-2
菊池やす子	茨城県水戸市教育委員会総合教育研究所教育相談室	5-3-3
砂川友美	熊本県菊池郡大津町教育委員会学校教育課	5-3-4
森田　浩	ジョブカフェ石川	5-3-5
山村　豊	立正大学心理学部	6-1～3
工藤　歩	沖縄大学人文学部	7-1，7-2-1・3，7-3，7-章末資料①～⑨・⑫
坂田　篤	杉並区立済美教育センター	7-4
奥田訓子	YMCA健康福祉専門学校	8-1～4，8-5-1～5

【編者紹介】

米川和雄（よねかわ・かずお）

久留米大学大学院心理学研究科後期博士課程満期退学（健康心理学修士）
自由学園スクールソーシャルワーカー（兼安全衛生委員会：教職員メンタルヘルス支援），特定非営利活動法人エンパワーメント理事長，帝京平成大学現代ライフ学部（スクールソーシャルワーク教育課程）非常勤講師等を経る
現　在　久留米大学文学部社会福祉学科　助教
　　　　（精神保健福祉士，指導健康心理士，2級キャリアコンサルティング技能士）

〈主著・論文〉
　超初心者向けSPSS統計解析マニュアル―統計の基礎から多変量解析まで―　2010年　北大路書房
　学校コーチング入門―スクールソーシャルワーカー・スクールカウンセラーのための予防的援助技術―　ナカニシヤ出版　2009年
　中学生の多理論統合モデルによるステージとソーシャルスキルとの関連性―コミュニケーションに焦点を当てたステージ指標の検討―（共著）　学校ソーシャルワーク研究　第4号，42-53.

スクールソーシャルワーク実習・演習テキスト

2010年3月20日　初版第1刷印刷
2010年4月1日　初版第1刷発行

定価はカバーに表示してあります。

編著者　米　川　和　雄
発行所　㈱北大路書房
〒603-8303　京都市北区紫野十二坊町12-8
電　話　(075) 431-0361㈹
ＦＡＸ　(075) 431-9393
振　替　01050-4-2083

ⓒ 2010

印刷・製本／シナノ書籍印刷㈱
検印省略　落丁・乱丁本はお取り替えいたします。
ISBN 978-4-7628-2710-5　　Printed in Japan